Quarante Ans

DE

THÉATRE

F. SARCEY A L'AGE DE QUARANTE ANS

Francisque SARCEY

Quarante Ans
DE
THÉATRE

(Feuilletons dramatiques)

E. AUGIER, O. FEUILLET, ERCKMANN-CHATRIAN
DUMAS FILS, H. DE BORNIER, etc.

BIBLIOTHÈQUE DES ANNALES
Politiques et Littéraires

PARIS — 15, RUE SAINT-GEORGES

1901

IL EST TIRÉ DE CET OUVRAGE

CINQUANTE EXEMPLAIRES NUMÉROTÉS A LA PRESSE

SUR PAPIER DE HOLLANDE

ÉMILE AUGIER

LA CIGUË

La *Ciguë* est la pièce de début d'Émile Augier. Il était intéressant de montrer aux générations nouvelles de quel point il était parti. La *Ciguë* a été écoutée avec déférence et sympathie pour l'homme ; on ne saurait dissimuler que l'œuvre en elle-même a été froidement accueillie ; elle a paru démodée.

J'avais besoin, pour échapper à l'air glacé de la salle, de me réfugier dans les souvenirs de ma jeunesse. Non, mes amis, vous ne vous douterez jamais comme à cette époque nous eûmes tous la tête tournée ; il faut l'avoir vu pour s'en faire une idée. J'étais encore au lycée en 1844, et je vous prie de croire qu'en ce temps-là on surveillait nos lectures plus sévèrement qu'on ne fait aujourd'hui. Nous ne lisions point de journaux, et les bruits du dehors pénétraient malaisément dans nos classes. Nous n'en savions que ce que voulaient bien nous en dire nos professeurs.

Parmi eux, nous avions un garçon tout jeune, que la Comédie-Française a bien connu ; car il y était toujours fourré, aimant le théâtre à la folie et possédant un talent de lecture à haute voix que lui auraient envié bien des artistes. Au reste, il était l'ami des plus célèbres, qui le consultaient à l'occasion. Il s'appelait Thiénot, et son nom est demeuré populaire dans l'Université.

C'est lui qui nous apporta la *Ciguë* et qui nous la lut, d'un bout à l'autre, comme il lisait, c'est-à-dire, à miracle. Il y a de cela près d'un demi-siècle, et je m'en souviens comme si c'était d'hier. Je n'eus de cesse que je me fusse procuré la brochure; j'appris la pièce par cœur, et il en traîne encore des lambeaux dans ma mémoire. Tous, nous trouvions cela charmant, exquis, et les maîtres du feuilleton d'alors avaient fait chorus; tous avaient vu briller dans cette piécette l'aurore d'une grande renommée future. Tous s'étaient répandus en éloges. Le nom d'Émile Augier, inconnu la veille, avait tout à coup surgi à la gloire.

Tenez! je ne puis mieux comparer cet enivrement qu'à la folie d'enthousiasme dont nous avons été saisis vingt-cinq ans plus tard, quand Mlle Sarah Bernhardt et Mme Agar nous ont joué le *Passant* de Coppée. Quelle joie et quelles acclamations! Qui m'assure, hélas! que dans un demi-siècle, si, pour faire honneur à Coppée, on remet le *Passant* à la scène, les sentiments qu'il exprime ne paraîtront pas vieillis, si le vers lui-même n'accusera pas des rides, si l'on ne se demandera pas avec un étonnement chagrin : C'est cela qu'ils ont tant applaudi!

Pour Émile Augier, nous avions au moins une excuse, c'est que la pièce révélait chez son jeune auteur le sens du théâtre. Il n'y avait pas à s'y tromper : un auteur dramatique nous était né. La *Ciguë* a toutes sortes de défauts, dont le plus grave est un parti pris de fatigant parallélisme. Chaque scène a toujours sa contre-partie obligée. Il est vrai qu'en 1844 ce défaut était moins sensible et qu'aux yeux de bien des gens il passait pour qualité. Mais le sujet est exposé avec une netteté rare ; il se déduit, les prémisses une fois posées, avec une imperturbable logique ; tout est clair et lumineux. Quant au style, c'est déjà celui qu'Augier parlera plus tard, avec plus de maîtrise ou de légèreté, dans *Gabrielle* ou dans *Philiberte*. Il est sain, robuste et, par endroits même, coloré, comme dans l'*Aventurière*. Tenez ! Est-ce que vous ne retrouvez pas les accents de la fameuse scène entre Clélie et dona Clorinde dans ce bout de dialogue qui nous charmait autrefois, quand nous lisions la *Ciguë* : Clinias vient d'affranchir la belle Hippolyte, à qui il permet de regagner Chypre, sa patrie ; et, en la regardant mieux, il s'aperçoit qu'elle est plus jolie qu'il n'avait pensé, et il lui fait des propositions déshonnêtes. Hippolyte se révolte, et, comme le viveur athénien s'étonne, elle reprend :

> Ah ! seigneur, si quelqu'un eût osé m'outrager
> C'est sur vous que j'aurais compté pour me venger.
> De revoir mon pays vous devant l'assurance,
> Je croyais simplement, dans ma reconnaissance,
> Que vous m'accorderiez votre protection
> Pour honorer en moi votre belle action.
> — Me serais-je trompé ?

se demande Clinias à part.

Et Hippolyte repart :

> ... Jusqu'où va cet outrage ;
> Vous m'insultez, malgré ma faiblesse et mon âge ;
> Vous m'insultez, malgré les liens chers à tous,
> La sainte parenté du bienfait entre nous ;
> Enfin, honte plus grande, impiété plus haute !
> Vous m'insultez chez vous, moi libre, moi votre hôte !

Et comme c'est en scène ! car tout est en scène dans ce premier essai d'un jeune homme qui abordait pour la première fois le théâtre. Tout cela, un peu voulu, un peu factice ; mais tout cela, de théâtre. Je me souviens encore des premières pièces de Pailleron ; il les a sans doute oubliées, lui ; et les *Parasites* et le *Premier mouvement*. Elles étaient pleines des mêmes défauts ; le parallélisme s'y accusait de la même façon. Mais nous ne nous y sommes trompés ni les uns ni les autres. Pailleron était un homme de théâtre. Il avait le don. C'est ce don qu'on ne distinguait pas très nettement dans le *Passant*, de Coppée, auquel je faisais allusion tout à l'heure. Poète charmant, Coppée ; cela est certain. Poète dramatique, c'est une autre affaire. Nous n'en savons rien encore, malgré les *Jacobites*, malgré *Severo Torelli*. Pour Pailleron, il n'y avait pas le moindre doute à concevoir ; encore moins pour Augier. Et c'est pour cela que la *Ciguë*, malgré les réserves du public de 1891, est une date. Ce soir-là, une étoile s'est levée et les hommes de théâtre ont crié en chœur : « Noël ! Noël ! »

La pièce a aujourd'hui un air suranné ; mais elle plaisait, au contraire, en ce temps-là, par un air de nouveauté singulière. C'était l'ère du néo-grec qui commençait au théâtre, et dont la peinture devait faire un si grand abus. On était enchanté de voir couchés à demi sur des lits, dans un triclinium, et couronnés de roses, Clinias, Pâris et Cléon, tandis que la belle Hippolyte s'avançait modestement, enveloppée de longs voiles et conduite par un intendant. Il semblait que l'on nageât en pleine antiquité hellénique.

Tout était moderne, hélas ! surtout les sentiments, mais ces sentiments étaient de ceux qui plaisaient à notre génération. Une mélancolie à fleur de peau, sous laquelle on sentait une robuste et pétillante joie de vivre : Clinias nous rappelait les admirables vers de Musset. Il s'agit de Faust et le poète l'envie :

> Quand le ciel *lui* donna de ressaisir la vie
> Au manteau virginal d'une enfant de quinze ans.

Et par opposition à cette tristesse, que tempérait un sourire, la grosse, l'énorme gaieté de ces deux goinfres, échappés, en dépit de leur costume athénien, des pantagruéliques tablées de Rabelais.

Ajoutez qu'en 1844 Victor Hugo n'était pas encore, comme il l'est devenu depuis, par droit de génie, maître de la situation. La bourgeoisie et même une partie de la jeunesse lui tenait rigueur et lui gardait rancune. On venait de laisser tomber dans l'indifférence et même de bousculer ces admirables *Burgraves*, qu'il faudra bien que l'on reprenne un jour à la Comédie-Française. En face du maître s'était dressée une autre école, que l'on appelait alors l'école du bon sens. En vain Ponsard se défendait, comme un beau diable, de l'avoir fondée; en vain Émile Augier protesta-t-il dès le commencement et durant toute sa carrière contre l'idée saugrenue d'élever autel contre autel, on vit dans ces deux jeunes gens des hérauts d'armes que l'on pouvait opposer au chef du romantisme. Le jeune auteur de la *Ciguë* bénéficia de ces dispositions du public, de cet état d'âme, comme nous dirions à présent.

Le succès fut prodigieux; toutes les portes s'ouvrirent devant l'heureux vainqueur, et lorsque Émile Augier apporta à la Comédie-Française son *Homme de bien*, qui n'était qu'une assez pâle comédie, il fut reçu d'emblée et put choisir le dessus du panier de la troupe d'alors. Je n'ai pas vu la *Ciguë* à l'origine et ne sais pas comment elle fut jouée à l'Odéon. Il est bien probable, au reste, qu'à cette distance mes souvenirs seraient fort incertains. Et puis, je me défie des tours qu'ils me jouent. Comme j'étais neuf aux choses du théâtre, comme je l'aimais passionnément, tout ce que j'ai vu à cette époque de ma vie me semblait merveilleux et a laissé dans ma mémoire d'ineffaçables empreintes de perfections. Je vois ce phénomène se reproduire chez mon fils que je conduis quelquefois au théâtre. Il est ravi de tout, et, comme il n'a pas de point de comparaison, il trouve tout excellent, exquis; il s'étonne de me voir parfois maussade. Et dans trente ans, il dira, lui aussi : « Ah ! mes amis, si vous aviez vu Reichemberg? si vous aviez vu Got ! »

Plus tard, je ne sais pas la date exacte, la *Ciguë* a émigré à la Comédie-Française. Il y avait alors rue Richelieu une jeune comédienne, d'une beauté merveilleuse, dont le visage et la taille rappelaient invinciblement le souvenir des déesses que la Grèce antique a taillées dans le marbre de Paros. C'était Mlle Angelo, celle-là même que nous vîmes plus tard dans les *Grandes Demoiselles* de Gondinet, au Gymnase, disputer la pomme à Mlles Pierson et Montaland, éclatantes de jeunesse toutes deux, l'une en blonde, l'autre en brune. La *Ciguë* fut en ce temps-là fort agréablement reçue du public; mais la pièce ne s'établit pas au répertoire, comme fit plus tard *Philiberte*. Ce qu'il y avait de factice dans la conception, ce qu'il y avait dans l'exécution de trop voulu, de trop arrêté empêcha sans doute qu'on n'y prît un plaisir sans mélange.

14 décembre 1891.

L'AVENTURIÈRE

M. Émile Augier n'avait tout au plus que vingt-cinq ans lorsqu'il écrivit l'*Aventurière*. Il sentait pétiller en lui la première sève de son génie; il possédait naturellement les qualités qui sont le fond de l'esprit français, le bon sens et la gaieté avec un grain de mélancolie; il s'était nourri de l'œuvre des maîtres qui resteront éternellement jeunes, Molière et La Fontaine, et parlait aussi aisément leur langue que si elle eût été la sienne; il ne savait presque rien de ce monde qu'il prétendait peindre, et il allait gaiement, avec l'insouciante confiance des gens que les périls ne peuvent arrêter parce qu'ils ne les soupçonnent point; il suivait en riant cette aimable imagination du premier âge dont l'expérience apprend à se défier plus tard; il était jeune, il fit une œuvre jeune comme lui.

Je serais fort en peine d'expliquer à ceux qui ne le comprendraient pas ce que c'est que la jeunesse dans une œuvre d'art. On ne peut que le faire sentir, et par comparaison. Je passais, il y a une heure à peine, dans le jardin des Tuileries : les nuages s'étaient pour un moment écartés et pendaient pêle-mêle à l'horizon; le soleil s'épanouissait dans une vaste éclaircie de ciel bleu, et ses rayons étincelaient sur le sable des allées, toutes mouillées encore de la pluie du matin; je voyais de loin, sur les branches grises des vieux arbres, des milliers de pousses vertes briller comme autant de points lumineux : rien de frais et de gai comme cette verdure. Les oiseaux voltigeaient et poussaient des petits cris de plaisir ; quelques promeneurs s'en allaient, ralentissant le pas, et semblaient languissamment baigner leurs yeux dans la lumière. Il faisait bon vivre ; le soleil brûlait, mais le fond de l'air était vif ; nous le respirions à pleine poitrine. Nous sentions circuler en nous, comme dans tout ce qui nous entourait, une force et une vie nouvelles. L'été a des cieux plus splendides, l'automne étale une nature plus riche, mais le printemps est plus aimable ; il a, comme toutes les choses qui commencent, comme un visage de seize ans, comme les premiers feux du matin, comme les premiers rayons de la gloire, un charme singulier, dont on est touché, malgré soi, sans le pouvoir définir. On jouit et du plaisir qu'elles donnent et de celui qu'elles promettent ; elles rassemblent en soi et les dons du présent et les espérances de l'avenir ; elles n'éveillent que des idées riantes ; elles sont pleines de séductions et d'enivrements.

Les poètes ont leur printemps aussi. *Polyeucte* est, sans aucun doute, la plus belle tragédie de Corneille : c'est le fruit savoureux de sa maturité. Le *Cid* me plaît davantage : c'est une œuvre jeune ; il y a là comme un pétillement de vers héroïques, comme un vin fumeux de sentiments chevaleresques, qui porte à la tête et qui grise. L'Académie a relevé bien des défauts dans cette pièce ; il serait facile d'en noter beaucoup d'autres ; mais quels défauts ne seraient pas emportés par ces explosions de jeunesse et d'enthousiasme :

> Paraissez, Navarrais, Maures et Castillans.
> Et tout ce que l'Espagne enferme de vaillants !

L'*Aventurière* est le *Cid* de M. Émile Augier. La fable en est mal construite, les caractères ne se tiennent pas toujours, les scènes y sont traitées souvent avec une incroyable gaucherie. Mais ce sont des gaucheries charmantes, comme peuvent l'être celles d'une jeune fille qui va pour la première fois dans le monde. Sur le fond un peu triste de son sujet, le poète a fait voltiger une fantaisie pleine de grâce; il y a mis la verve et la gaieté de ses vingt-cinq ans, il y a mis la jeunesse.

Voyez la différence : dix ans plus tard, M. Émile Augier reprend ce type de l'*Aventurière*; il fait le *Mariage d'Olympe*, une admirable étude de mœurs, mais d'une réalité si sombre que le public n'en a pu supporter la vue; il a détourné la tête avec horreur. C'est qu'aujourd'hui le poète regarde le monde avec des yeux fatigués et tristes; il le peint de couleurs sombres; il représente Olympe telle qu'il l'a vue, dans son affreuse laideur. Il n'avait jadis aperçu son aventurière qu'à travers le prisme de sa jeune imagination.

Quelle est cette dona Clorinde? qu'a-t-elle fait jusqu'au moment où s'ouvre la pièce? d'où vient-elle? — qui le sait? Le poète ne s'en soucie guère, et nous pas davantage. Elle vient de ce pays fantastique où fleurissent les créations merveilleuses ou grotesques écloses de l'imagination des poètes. Elle traîne à sa suite une espèce de matamore vantard et poltron, gourmand, ivrogne, libertin, sans foi ni loi, sans feu ni lieu, au demeurant le meilleur fils du monde; Franca-trippa dans le tête-à-tête, don Annibal pour la montre. C'est lui qui conduit et qui exploite la belle; il est né au même pays; il en rapporte la verve la plus fantasque, la gredinerie la plus bouffonne qui se puissent voir; « un amusant drôle, » comme disait jadis l'illustre Bilboquet.

Tous deux s'introduisent et s'impatronisent chez le vieux Monte-Prade... Est-ce bien Monte-Prade que le bonhomme s'appelle? N'est-ce pas plutôt l'immortel Cassandre, ce type admirable du vieillard amoureux? Il est cassé, il est laid, il est jaloux; il fait le beau, il s'adonise, il se parfume, il se teint les cheveux, il se donne des grâces; c'est un vieux fou, mais le cœur est bon : il a des enfants et il les aime; il est capable d'un mouvement généreux; son honneur lui est plus cher encore que son amour, et il est homme à remercier celui qui, ôtant le masque à sa coquine, lui rende le douloureux service de l'en délivrer.

Dans sa maison croissent deux jeunes gens : sa fille, une fleur de quinze ans, et son neveu, un garçon de vingt et un. Ils s'aiment tous deux comme des enfants qu'ils sont; ils ont les premières hardiesses et les premières pudeurs de l'amour chaste; ils répandent innocemment leur cœur en vers plus aimables et plus frais que la rosée du matin :

> Cher Horace, je t'aime et t'en donne ma foi;
> Je n'ai jamais aimé ni n'aimerai que toi;
> Je t'appartiens depuis l'enfance, et mon envie
> Est de t'appartenir jusqu'au bout de la vie.

Tous les personnages de cette pièce flottent ainsi, dans un lointain charmant, sur les confins de la réalité et de la poésie. On les voit très nettement, et néanmoins ils ont cette grâce mystérieuse dont la nature embellit tout ce dont elle n'a point encore achevé les traits, tout ce qu'elle laisse nager dans le vague.

Mais celui de tous qui me paraît le mieux venu, c'est encore Fabrice. Il a quitté jeune la maison paternelle, et il a dissipé, comme l'enfant prodigue, le peu de bien qu'il avait emporté. Il y revient, comme lui, et il trouve son vieux père aux mains d'une aventurière, prêt à l'épouser. Il faut le sauver malgré lui; il faut faire poser le masque à la femme hypocrite qui l'a séduit par de beaux semblants d'amour et de vertu.

Il y a dans ce caractère un singulier mélange des amers désenchantements que laisse après elle la précoce expérience et des ardeurs vives de la folle jeunesse. C'est la mélancolie d'un homme qui a tout épuisé et l'insouciante gaieté d'un cœur tout neuf. Il est resté jeune en dépit des malheurs et des déceptions. Il se peint lui-même dans cette plaisante boutade :

> J'ai fait un peu de tout, hormis ce qu'il faut faire;
> J'ai perdu dans mon cours de vie aventureux
> Beaucoup d'illusions, encor plus de cheveux,
> Et de cette bagarre en hâte je me sauve,
> Heureux de n'en sortir qu'à moitié triste et chauve.

Il sait la vie; il juge froidement les choses; quand on lui parle de la passion de son père, il la comprend, il l'excuse presque :

> L'amour, chez les vieillards, a d'étranges racines
> Et trouve, comme un lierre aux fentes des ruines,
> Dans ces cœurs ravagés par le temps et les maux,
> Cent brèches où pousser ses tenaces rameaux.
> Il se prend au besoin, égoïste et morose,
> D'espérer pour soi-même encore quelque chose,
> A l'ennui de se voir par d'autres remplacé,
> Au souvenir amer de l'heureux temps passé,
> Au chagrin d'être laid, en un mot à l'envie
> De rebrousser chemin pour rentrer dans la vie.

Et lui qui connaît si bien le cœur des autres, on sent que le sien n'est pas mort; il a ses retours de tendresse et ses emportements d'indignation. Quand dona Clorinde lui dit avec reproche :

> Songez en me parlant que je suis une femme,

il part comme un jeune homme :

> ... N'espérez pas vous couvrir de ce nom.
> Vous une femme ! Un lâche est-il un homme ? non ;
> Eh ! bien, je vous le dis, on doit le même outrage
> Aux femmes sans pudeur qu'aux hommes sans courage ;
> Car le droit au respect, la première grandeur,
> Pour nous c'est le courage et pour vous la pudeur.

Ces vers sont beaux ; ils étaient fort applaudis autrefois ; ils l'ont encore été mardi soir. Que le lecteur me pardonne de les lui citer : j'ai, hier, durant quatre heures d'horloge, entendu la prose de M. Victor Séjour ; je me débarbouille comme je peux.

M. Émile Augier, en remettant l'*Aventurière* au théâtre, a cru devoir la refondre. C'est toujours un travail dangereux que de reprendre son œuvre dix ans après l'avoir faite ; on n'y entre plus, on la gâte en prétendant la corriger. Je ne me suis pas assis dans ma stalle sans une certaine inquiétude ; je me défiais d'avance de cette transformation.

Je n'avais pas tort, hélas ! M. Émile Augier a rendu sa pièce infiniment plus raisonnable ; mais ce qui en faisait pour moi le charme s'est en grande partie évaporé. Monte-Prade n'est plus un vieux fou, un Cassandre dont je pouvais rire à mon aise : c'est un homme mûr, sérieusement épris, poursuivi des tourments de la jalousie, et qu'on ne peut s'empêcher de plaindre. Cette comédie s'est en quelque sorte rembrunie d'une teinte de tristesse ; elle a tourné au drame.

A mesure que les scènes passaient devant mes yeux, les vers supprimés ou changés me remontaient à la mémoire, et je me les rappelais avec un étonnement chagrin. Quand on pense... tenez, je vous en fais juges vous-mêmes, je puis me tromper, car il est bien difficile, lorsqu'on s'est habitué à une admiration, de rompre tout d'un coup avec elle. Mais voyez si ce n'est pas M. Émile Augier qui a tort.

Fabrice, pour ouvrir les yeux de son père sur dona Clorinde, s'était fait passer près de lui et près d'elle pour un prince italien. L'aventurière, friande d'un tel morceau, s'était laissé conter des douceurs par le jeune homme et lui avait promis de s'enfuir avec lui. Au moment où Fabrice tombe à ses genoux pour la remercier, Monte-Prade entre. Il est furieux à cette vue; il provoque l'amant, et comme l'autre refuse de se battre, il lève la main sur lui.

— Mon père! s'écrie Fabrice.

Le vieillard stupéfait demande des éclaircissements, et Fabrice, coupant court à toutes ces interrogations :

Mon père, embrassez donc Fabrice!

Monte-Prade s'arrête tout ému :

... *C'est bien, plus tard,* dit-il, en hésitant. Mais tout à coup il aperçoit une cicatrice que son fils s'était faite un jour, quand il était tout petit, en tombant de ses bras ; son cœur se fond à cet aspect :

Béni soit Dieu qui rend ce fils à ma vieillesse!
Tiens! je pleure et n'ai pas honte de ma faiblesse.

Le croiriez-vous? ce mouvement de tendresse si naturelle, ces vers d'une exquise sensibilité et qui allaient au cœur de toutes les mères, ils ont été supprimés. Fabrice ne dit plus :

Pleurez! pleurez! laissez couler ce doux pardon
Sur l'ingrat voyageur et sur son abandon,

ni Monte-Prade ne répond plus à ce tendre retour par ces élans paternels :

> Oui, oui, je te pardonne avec pleine indulgence,..
> L'heure de ton retour a payé ton absence :
> Tu ne t'en iras plus, n'est-ce pas?

Quel mot charmant ! Et il est effacé ! Je ne sais ce qu'en pensera le public, mais pour moi, j'en aurais pleuré de regret.

Je fis, il y a quelques semaines, une sorte de petit poème qu'on m'avait prié d'entreprendre, et je partis pour un voyage quarante-huit heures avant qu'il fût imprimé. Je le reçus quelques jours après. L'éditeur avait pris peur : il avait coupé de droite et de gauche, sans me consulter. L'œuvre me revenait affreusement mutilée, méconnaissable, un je ne sais quoi n'ayant plus de forme. J'en eus un violent dépit que comprendront ceux-là seuls à qui est arrrivée pareille mésaventure. J'ai senti quelque chose de pareil en écoutant, l'autre soir, la comédie de M. Augier. Il me semblait qu'on me faisait tort de tous les vers qui avaient disparu, et j'en voulais, malgré moi, à ceux que le poète avait mis à sa place.

Il n'y a pas jusqu'à ce pauvre Annibal qui n'ait, lui aussi, payé son tribut. On lui a retranché des plaisanteries, et la plus drôle de toutes : « Doucement, lui disait Fabrice, doucement, prenez garde à votre pauvre nez. — Oui, répondait Annibal, je n'en ai pas d'autres. » Cela, certes, est aussi gai que le fameux vers :

> Que feriez-vous, monsieur, du nez d'un marguillier?

Est-ce moi qui ai eu un instant de distraction ? Mais enfin je n'ai pas entendu le mot, et j'y ai eu regret, car je m'apprêtais à rire.

Les acteurs ont fait comme le poète : ils se sont donné bien de la peine pour rendre la pièce plus sérieuse. C'est M. Beauvallet qui joue à présent le rôle de Monte-Prade, qu'avait créé M. Samson. Je n'en veux point à M. Beauvallet d'en avoir fait un rôle triste, un rôle de drame : c'est l'auteur qui l'a désiré ; mais je crains que l'auteur n'ait donné à gauche. Il joue d'ailleurs avec une grande dignité. M. Geffroy est sévère dans le personnage de Fabrice ; il y est peut-être même un peu raide. J'aurais mieux aimé plus d'abandon, des attendrissements et des retours de gaieté plus vifs. Mais il est vrai qu'alors il eût fait tache sur l'ensemble. On dirait que M. Régnier lui-même a, comme à dessein, amorti les éclats de sa verve fantaisiste. Je ne dis rien de Mᵐᵉ Plessy : je ne pourrais en parler sans une certaine vivacité de mécontentement, et mieux vaut me taire. Mˡˡᵉ Favart est toute gracieuse dans de rôle de Célie.

16 avril 1869.

LE GENDRE DE M. POIRIER

I

Le Théâtre-Français a repris le *Gendre de M. Poirier*, qui avait été joué pour la première fois au Gymnase, il y a une douzaine d'années. On se souvient de l'immense succès qu'obtint cette pièce, qui est à coup sûr un des chefs-d'œuvre de ce temps-ci.

La reprise en a paru faire moins de plaisir, ou plutôt, car on ne peut guère, en ces sortes d'affaires, donner que son sentiment personnel, je n'ai pas retrouvé, en voyant le *Gendre de M. Poirier* au Théâtre-Français, les sensations que j'avais éprouvées au Gymnase.

Est-ce que j'ai vieilli? Cela est bien possible, car douze années sont quelque chose. On n'a plus à mon âge la même fraîcheur d'impressions qu'à vingt-quatre ans. On ne s'attendrit ni on ne s'amuse aussi aisément, et le métier même où nous sommes astreints est fait pour émousser la sensibilité. Je crois bien pourtant que ce n'est pas seulement en nous qu'il faut chercher les causes de ce changement. La pièce y est pour sa petite part.

Elle a, elle aussi, quelque peu vieilli, et s'est fanée par endroits. Les deux premiers actes ont paru longs, et certaines parties du dialogue qui nous avaient autrefois charmés par leur grâce ne nous ont pas semblé exemptes de préciosité et d'afféterie. Les deux auteurs, MM. Émile

Augier et Jules Sandeau, s'étaient efforcés de peindre, dans cette comédie, un moment du règne de Louis-Philippe. Nous y retrouvions alors avec plaisir un temps que nous venions de traverser, et des mœurs, des préjugés, un langage dont nous étions encore tout chauds.

Le torrent des événements nous a emportés bien loin de cette époque. La génération nouvelle ne se soucie de la Monarchie de Juillet, non plus que de la Restauration ou du premier Empire. A cette effroyable distance où trente ans de révolution nous en ont placés, tous ces gouvernements ne forment plus à notre esprit qu'une masse confuse que nous voyons sur un même plan. Les allusions de MM. Augier et Sandeau ont perdu beaucoup de leur intérêt et de leur piquant ; elles auraient presque, comme certaines plaisanteries de Molière et de Regnard, besoin d'un commentaire, et l'on n'en rit plus que par réflexion.

Ce qui ajoute encore à cette impression, c'est que l'un des deux auteurs a repris pour son compte les personnages de cette comédie, et nous les a montrés dans des œuvres plus modernes et plus vivantes. Ainsi, l'Antoinette du *Gendre de M. Poirier* est devenue la Fernande du *Fils de Giboyer*. Tout le monde a reconnu dans le bonhomme Poirier ce Maréchal dont les prétentions étaient si plaisamment raillées par le marquis d'Hauterive.

Je ne veux pas dire que le *Fils de Giboyer* soit supérieur à la comédie du Gymnase ; celle-ci me semble, à vrai dire, plus soutenue, plus achevée et mieux faite pour durer longtemps. Mais enfin avouons que l'autre a pour nous, hommes de 1864, plus de saveur, que nous en goûtons mieux la nouveauté hardie ; et il n'est pas étonnant que Maréchal nous gâte le bonhomme Poirier, sur qui il avait été copié d'origine.

Les acteurs ont eux-mêmes rendu cette ressemblance

plus sensible encore. A peine Provost a-t-il paru sur la scène, que tout le monde s'est écrié à part soi : Mais c'est Maréchal ! C'était lui, en effet. Mlle Favart n'a pu trouver pour Antoinette une autre physionomie que celle qu'elle avait donnée à Fernande : c'est qu'aussi toutes les deux ne font qu'une même personne.

L'oserai-je dire ? la pièce m'a paru moins bien jouée, ou tout au moins jouée d'une façon moins originale au Théâtre-Français qu'au Gymnase. Je mets de côté Mlle Favart, qui est excellente de tous points. Peut-être n'a-t-elle pas, aux deux premiers actes, le petit accent bourgeois qui était adorable chez Mme Rose Chéri. On sent toujours qu'elle a passé par la tragédie, elle ne saurait absolument se débarrasser de la marche à longs plis qui sied aux Aricies et aux Atalides. Mais elle est à la fois si tendre et si fière ! elle a si joliment exprimé certains enfantillages de la passion heureuse et jeune ! Avec quelle vivacité amoureuse elle met son chapeau, à la fin du second acte, et dit gaîment à son père : « Adieu ! adieu ! nous allons au bois ! » C'est elle qui a eu le meilleur du succès de la soirée.

Provost est excellent, il est parfait ; je n'ai qu'un reproche à lui adresser : il est trop parfait. L'image de Lesueur me revient malgré moi devant les yeux et m'importune. Lesueur n'est pas certes un comédien que l'on puisse comparer à Provost, et pourtant il sait donner aux personnages qu'il représente une physionomie si particulière, si caractéristique, qu'il est impossible de les oublier.

Vous vous rappelez tous ce petit vieillard aux gestes courts, au visage chafouin, mielleux à la fois et violent, qui était si désagréable, si grincheux, sous une apparence de bonhomie affectée. On sentait, rien qu'à le voir, toutes les petites passions rancunières dont il était dévoré. Il sifflait comme une vipère, plutôt qu'il ne parlait. Il donnait la chair de poule, quand il disait : Mon gendre m'ennuie ! Ah ! mais, il m'ennuie, mon gendre !

Provost est rond et franc, avec de grandes manières bourgeoises. Je sais bien ce qu'on va me dire ; je me le suis dit à moi-même : Poirier est un homme qui possède quatre millions ; il a dû prendre, dans le maniement d'affaires importantes, dans l'habitude des hautes relations sociales, d'autres façons de gestes et de langage qu'un mince rentier ou un petit commerçant.

L'objection est forte ; mais il y a quelque chose de bien plus fort que tous les raisonnements du monde, c'est un fait, et le fait qui me semble incontestable, c'est que Lesueur, avec moins de talent que Provost, rendait le rôle plus intéressant et plus terrible. Vous souvenez-vous de la scène où Antoinette défend à son mari d'aller se battre ? Le bonhomme Poirier y jette de temps à autre des phrases à double sens ; il souffle le feu avec une bonhomie perfide.

Lesueur les disait avec un tel accent de haine sournoise qu'on lui eût donné des soufflets. Elles révoltaient le public, qui prenait parti pour la jeune femme. Elles tombent aujourd'hui de la bouche de Provost sans que personne y fasse attention. L'excellent comédien du Théâtre-Français a des traditions de dignité classique qui l'empêchent de donner à rien un relief trop saisissant ; il est tenu par les lisières du bon goût.

Et Bressant ! il est charmant, cela va sans dire, il est charmant, et encore une fois il est charmant. Mais où est le ton âpre, où sont les tranchantes ironies de Berton ?

« Dis-moi, s'écrie Gaston, sais-tu pourquoi Philippe-Gaston de Presles a suivi Saint-Louis à la croisade ? Pourquoi Gaston-René de Presles s'est fait sauter à la Hogue avec son vaisseau ? etc., etc. »

Et Bressant a une ironie douce, et qui se termine au rire.

Mais Berton! on sentait sous cette gaieté un peu factice un si insultant mépris de son beau-père; tout l'orgueil du gentilhomme vibrait dans sa voix, à cette sanglante apostrophe, et avec un air si hautain, qu'on excusait presque ce vieux serpent de Poirier.

La scène était alors d'un effet violent. Elle fait plaisir au Théâtre-Français. Tous les angles en ont été soigneusement arrondis; rien que de convenable, rien que de discret; c'est un salon où causent des gens bien élevés; c'est un temple où des prêtres officient les chefs-d'œuvre.

La pièce a été froidement écoutée durant les deux premiers actes; les belles situations du troisième ont rompu la glace; le succès n'a fait que croître au quatrième, et le rideau est tombé au milieu des applaudissements les plus vifs.

9 mai 1864.

II

On nous a, cette semaine, joué le *Gendre de M. Poirier*, que je n'avais pas vu depuis quelque temps. On ne le représentait plus guère que le mardi et le jeudi, et, ces jours-là, je ne me sens aucun goût à me rendre rue Richelieu. Il n'est pas d'abord bien commode d'y trouver de la place, et puis ce public si comme il faut, qui ne sent rien, à qui tout est égal, m'irrite et me gâte le plaisir de la représentation. Je ne serais pas éloigné de croire que le *Gendre de M. Poirier* est le chef-d'œuvre de la comédie contemporaine (1). Il y a eu sans doute en ce siècle au théâtre des ou-

(1) On voit qu'à vingt-trois ans d'intervalle, l'opinion du critique s'était complètement modifiée sur le *Gendre de M. Poirier*. Avec sa bonne foi habituelle, Francisque Sarcey n'hésitait pas à revenir sur ses impressions antérieures; et d'ailleurs il reflétait, en cela, les changements d'humeur et les fluctuations du public.

vrages de plus vaste envergure, des études de mœurs plus puissantes ; je ne sais pas de comédie mieux équilibrée, plus harmonieuse : elle a, si j'ose m'exprimer ainsi, la sérénité de la perfection. Voilà bien quarante ans que le *Gendre de M. Poirier* a été joué pour la première fois au Gymnase ; la pièce n'a pas vieilli d'un jour. Il serait impossible d'y découvrir une ride. Il ne s'y rencontre pas une scène ou un mot que l'on voulût retrancher ; c'est la belle et égale lumière des œuvres classiques.

Got garde ce rôle de M. Poirier où il sera si difficile de le remplacer. Il l'a marqué d'une telle empreinte qu'il deviendra impossible de le jouer autrement et qu'il n'y aura pas moyen de le jouer comme lui. Féraudy s'y est essayé en province ; il imite avec beaucoup d'exactitude le grand modèle. C'est bien cela et ce n'est plus cela. Et cependant le rôle pourrait être conçu d'autre façon. J'ai vu dans le bonhomme Poirier ce merveilleux comédien qu'on appelait Lesueur. Il en avait fait un petit bourgeois, étriqué, tatillon, tout plein de convoitises rentrées et ardentes, dont l'œil s'illuminait au seul nom de baron, et comme il disait avec pudeur : Je suis ambitieux ! Il avait donné au personnage une physionomie que nous avions déclarée inoubliable et que Got a fait oublier.

Son bourgeois est plus cossu, plus large ; on ne serait pas trop étonné qu'en 1848 il arrivât pair de France et baron. Sa vanité est tout aussi ridicule ; elle a un air moins mesquin. C'est dans la diction que Got triomphe. Les gens de mon âge se rappellent la parole tantôt pâteuse et tantôt bredouillante de Lesueur. Got articule avec une netteté et une force singulières. Chaque phrase, chaque mot est marqué par lui d'une accentuation énergique. S'il y avait même une légère critique à lui adresser, ce serait de trop insister sur les mots de valeur, de les détacher avec trop de complaisance, de les souligner à chaque fois d'un geste un peu trop appuyé. Peut-être y a-t-il excès à cette heure. Mais comme ses intonations entrent profondément dans l'oreille et vont éveiller le rire!

— Voudrais-tu, lui dit Verdelet, que ton gendre vendit du calicot?

— Il en est bien incapable, s'écrie Poirier.

Qui n'a pas entendu ce mot « incapable » dit par Got n'a rien entendu. C'est un poème de mépris.

Verdelet est un des rôles où Barré est incomparable. Il y déploie une bonhomie et une tendresse charmantes. Quel modeste et excellent comédien que Barré! Il n'a jamais mené grand bruit dans le monde; on ne sentira la grandeur de sa perte que lorsqu'il prendra sa retraite, et malheureusement il touche à cette heure. Il est exquis dans le *Mariage de Victorine*, dans le Géronte des *Fourberies de Scapin*, dans le cuistre d'*On ne badine pas avec l'amour*. Il a là un récit de quinze lignes qu'il dit comme personne ne le dira jamais. C'est un acteur rare.

Worms jouait le marquis de Presles, où nous avons vu tour à tour Berton père, Bressant et Delaunay. C'est encore Berton père qui m'a laissé le plus flamboyant souvenir dans ce rôle. Il avait grand air, une allure hautaine et dédaigneuse; et surtout il possédait une voix nette, vibrante, qui semblait faite pour l'insolence et le sarcasme. Toute la salle était secouée lorsque, s'adressant à son ami Montmeyran, il lui demandait avec un rire d'indignation et de mépris :

— Sais-tu pourquoi Charles-Gaston de Presles s'est fait tuer en 1532 à la tête de son régiment? Sais-tu pourquoi Henri de Presles...? etc., etc.

Il y avait de tout dans cette voix-là : de l'orgueil insultant, de la légèreté impertinente, du rire sarcastique ; c'était comme une avalanche de railleries qui tombait à larges coups sur la tête de Poirier. Et comme Lesueur se redressait; comme on sentait la rage du petit bourgeois siffler dans sa réponse : — « Sais-tu pourquoi j'ai travaillé trente ans, jour et nuit...? » Les deux adversaires étaient dignes l'un de l'autre, et la lutte avait je ne sais quoi de grandiose; elle prenait un caractère épique; c'était la noblesse d'un côté, la bourgeoisie de l'autre.

La scène, avec Worms, n'a plus tout son effet. C'est que Worms est lui-même un fils très distingué de la bourgeoisie, ce n'est point le marquis de Presles. Il n'a ni l'insolence hautaine de Berton, ni l'impertinence aisée et souriante de Bressant, ni la légèreté aimable et spirituelle de Delaunay; il est simple, fier, digne et un peu triste. Il pourrait être le fils de Verdelet. Mme Barretta, de son côté, a la grâce d'une jeune bourgeoise, grâce qui est très suffisante dans les premiers actes, mais qui n'est plus dans le ton quand la fille de Poirier montre, aux deux derniers actes, qu'elle a véritablement le cœur de la marquise de Presles.

Tous deux, Worms et Mme Barretta, sont d'excellents comédiens; ils jouent avec beaucoup d'autorité leurs deux rôles; ils n'ont qu'un tort, c'est de donner au public la sensation d'un ménage où le mari, un avocat très distingué, aurait épousé une fleur de la rue du Sentier. Je ne leur en veux ni à l'un ni à l'autre; car ils jouent aussi bien que l'on peut jouer; mais c'est l'impression qu'ils donnent, et une impression qui tient à leur personne même plutôt qu'à leur intelligence ou à leur talent, en sorte qu'il n'y a rien à y faire. Joliet est assez plaisant dans le rôle de Vatel, où Thiron était d'un comique irrésistible.

4 juillet 1887.

LES LIONNES PAUVRES

C'était la première fois que je voyais les *Lionnes pauvres* au théâtre. Je les avais lues bien souvent, et m'étais pris pour elles d'une admiration très vive. Le dialogue est si spirituel, si incisif, si amusant! Les traits d'observation y abondent! Il pétille de mots profonds et cruels. L'action du drame paraît, à la lecture, devoir être très intéressante; on sent bien vaguement que Séraphine n'a pas l'envergure de Mme Marneffe, l'immortelle création de Balzac. Mais on trouve naturel qu'un écrivain dramatique, écrivant pour la scène, ayant à compter avec les susceptibilités et les pudeurs du public, ait adouci l'odieux de ce caractère et voilé l'horreur de la situation. J'aurais été, je le confesse, avant cette représentation, très embarrassé d'expliquer pourquoi la pièce, qui me semblait être un chef-d'œuvre, n'avait réussi qu'à moitié, lorsqu'elle fut donnée pour la première fois, et comment les reprises qu'on avait tentées depuis n'avaient pas jeté un éclat beaucoup plus vif. Je n'attribuais ces insuccès (insuccès relatifs, bien entendu) qu'à la mauvaise humeur de la foule contre un sujet hardi, qui froisse ses préjugés les plus chers.

Mon Dieu! il y a bien un peu de cela. Dumas, dans sa dernière préface, a très ingénieusement remarqué que le public admettait aisément au théâtre le premier amant d'une femme mariée; qu'il l'attendait même; qu'il n'avait jamais pu souffrir le second. Il rappelle la maxime de La Rochefoucauld, qu'il a par inadvertance attribuée à La Bruyère : « Il est plus rare de rencontrer une femme qui n'ait eu qu'un amant que d'en trouver une qui n'en ait jamais eu », et fait observer, qu'en dépit de l'assertion du moraliste et de la vérité, nous nous révoltons au spectacle si l'on nous présente une femme cédant à ce second amour, et il tire même de cette répugnance bien caractérisée du public une explication du peu de plaisir qu'a toujours fait à la scène la représentation du *Misanthrope*, qui est un chef-d'œuvre à la lecture. Célimène a quatre ou cinq amants à la fois; cette perversité nous étonne et nous choque; elle nous gâte tout le plaisir que nous donnerait l'étude faite par Molière sur le caractère d'Alceste. C'est là une vue ingénieuse et nouvelle, dont nous aurons à tenir compte si jamais nous revenons sur le *Misanthrope*.

Il est très vrai que Séraphine n'a dans les *Lionnes pauvres* qu'un amant avoué; mais tout le monde sait qu'elle en aura beaucoup d'autres, et que si l'auteur n'a pas montré ce terrible second, c'est par un artifice de poète, pour ménager les délicatesses et les pudeurs de son public.

C'est donc là une cause certaine de répulsion. Mais les auteurs n'y pouvaient échapper, car elle était essentielle au sujet choisi. Du moment qu'ils transportaient une Mme Marneffe au théâtre, ils ne pouvaient se dérober à la nécessité de la montrer coquette et trafiquant de sa coquetterie; se donnant à l'un, puis à l'autre, pour entretenir son luxe.

Je m'expliquais aisément qu'une étude faite sur le vif d'un vice aussi infâme eût causé, il y a tantôt vingt-cinq ans, un certain malaise, qu'elle eût effarouché le publio. Mais je me disais que depuis lors le temps et l'accoutumance avaient dû faire leur œuvre; que le type admis depuis longtemps dans la conversation courante ne choquerait plus à la scène, et qu'il nous resterait maintenant assez de liberté d'esprit pour goûter pleinement les beautés de l'œuvre.

Cette nouvelle épreuve m'a montré une fois de plus ce que je savais déjà par diverses expériences, combien il est facile de se tromper quand on prétend juger d'une pièce sur la simple lecture, quand on n'attend pas la représentation pour en raisonner.

Ce qui fait que les *Lionnes pauvres*, malgré l'audace de la conception, malgré l'originalité de quelques scènes, malgré l'étincellement du dialogue, malgré tant de qualités de premier ordre, ne donnent pas un plaisir sans mélange au théâtre, ce qui fait que le succès ne s'étendra jamais au delà d'une certaine élite de spectateurs qui sont plus sensibles aux beautés de détail; c'est que la pièce est affligée d'un vice primordial et irrémissible. Séraphine est la figure principale du drame; elle est la *Lionne pauvre;* c'est autour d'elle qu'il tourne tout entier. Eh! bien, le rôle n'est pas fait; il n'existe pas; il semble qu'Augier et Foussier aient mis en œuvre cette vieille plaisanterie de caserne : Pour faire un canon, vous prenez un trou, et vous versez du bronze autour.

Comment ce défaut ne saute-t-il pas aux yeux alors qu'on lit la brochure au coin de sa cheminée? Je ne saurais trop le dire. Le fait est que je m'en étais à peine aperçu. On est saisi à la représentation. Tout ce que nous savons sur Séraphine, ce n'est pas d'elle que nous l'apprenons, ni en la voyant agir; c'est par des conversations tenues sur son compte; c'est par les effets de sa conduite sur les gens qui l'entourent. Pommeau, le mari de Séraphine, Thérèse, la femme de l'amant qui entretient le luxe de Séraphine, Bordognon, un homme du monde qui attend son tour pour offrir ses services à Séraphine, sont toujours en scène, s'occupant de Séraphine, commentant les faits et gestes de Séraphine ; pour Séraphine elle-même, on ne la voit guère que de profil et en passant. Elle traverse la scène à deux reprises au premier acte ; elle fait une courte apparition au second ; tourne autour d'une table de jeu au troisième ; ce n'est qu'au quatrième qu'elle a avec son mari la grande scène d'explication, celle qu'il était impossible de ne pas faire. Au cinquième, elle a disparu. Pommeau et Thérèse restent en présence des spectateurs, comme si c'était pour eux que se donnait la fête.

C'est que, voyez-vous, et je m'en rends bien compte à présent, les auteurs ont reculé devant la hardiesse de leur sujet. Augier avait vingt-cinq ans de moins ; peut-être ne se sentait-il pas l'autorité ni la force nécessaires pour lutter de front contre le public, pour prendre, comme on dit, le taureau par les cornes et le terrasser d'un coup de maître. Il a, lui qui pourtant est l'homme de toutes les audaces, il a biaisé, tergiversé. Il s'est dit : pour nous faire excuser, il faut écarter le plus possible des yeux du public ce monstre de Séraphine, et les arrêter au contraire fort longtemps sur les sympathiques victimes de ses débordements, sur Pommeau et Thérèse. Pauvre Pommeau ! malheureuse Thérèse ! tandis qu'on pleurera sur leur honnêteté et leur infortune, on oubliera de se révolter contre notre héroïne, qui commettra ses forfaits à la cantonade.

Mauvais raisonnement ! Il est toujours permis à un écrivain dramatique de ne pas prendre un sujet répugnant, comme est celui des *Lionnes pauvres* ; mais, si une bonne fois il s'y résout, s'il choisit pour héroïne de son drame une Mme Marneffe, il n'a chance de succès qu'en l'imposant tout entière et d'un bloc au public, en n'ayant pas l'air de demander grâce pour elle. On ne gagne rien à esquiver un sujet, à tourner autour. Il faut l'aborder franchement et le pousser à toutes ses conséquences logiques, sans se mettre en peine de ce qu'en pensera le public. Le public se révoltera peut-être le premier jour, il s'est bien insurgé autrefois contre le *Mariage d'Olympe*. Il finira par être dompté, et son admiration sera d'autant plus vive qu'il aura des arrérages à payer.

On m'avait dit que le rôle de Séraphine n'avait jamais été bien joué. Je m'en étonnais. Car enfin il avait été porté tour à tour par Mlle Dinah Félix, jeune alors, qui était déjà ce qu'elle est restée plus tard, fine, spirituelle et bien disante ; par Mlle Cellier, qui n'était, cela est vrai, qu'une jolie et aimable femme ; et enfin par Mlle Desclée, qui n'était pas encore célèbre en ce temps-là, et que personne, à ce qu'il paraît, n'y remarqua. Et cependant il est bien probable que Mlle Desclée n'y fut pas indifférente. Pourquoi n'y réussit-elle point ? Eh ! mon Dieu ! par la même raison qui fait que cette pauvre Mlle Réjane vient, dans ce même personnage, d'être maltraitée de presque toute la presse. C'est que le rôle n'est pas bon, et, ce qui est plus triste encore pour la comédienne, il a l'air de l'être. C'est ce qu'on appelle en argot de théâtre : un faux bon rôle, et les faux bons rôles sont les pires de tous, parce que l'on demande beaucoup à l'artiste et que c'est à lui que l'on s'en prend de trouver si peu.

Et ce qui prouve que le rôle n'est pas nettement tracé, c'est qu'il y a divergence sur la façon de le comprendre ; c'est que nous ne sommes pas d'accord avec l'auteur, et non sur un détail, ce qui ne serait rien, mais sur l'intelligence même du personnage. J'ai reçu la visite d'Augier, qui m'a dit en propres termes : On a beaucoup critiqué le jeu de Mlle Réjane, et j'ai vu par votre feuilleton que vous même vous vous disposiez à vous joindre au chœur. Eh! bien, je vous supplie de dire au public que c'est moi qui ai voulu que la pièce fût jouée ainsi, et notamment la grande scène du quatrième acte. C'est moi qui ai imposé cette interprétation et qui en prends la responsabilité. — Soit, je ne demande pas mieux. Il y aurait évidemment quelque impertinence à discuter avec Augier sur son œuvre; il sait mieux que moi ce qu'il a voulu faire. L'a-t-il fait? C'est une autre question.

Qu'est-ce que la Séraphine de Mlle Réjane? une petite échappée des hauteurs de Belleville, évaporée de manières, perverse de mœurs, mais sans ombre d'éducation et sans grande allure. Au quatrième acte, quand Pommeau, qui vient d'apprendre la vérité, l'interroge, elle reste là, tête baissée, le visage hargneux, les yeux fichés en terre, comme un enfant boudeur à qui sa mère veut faire dire quelque chose et qui répond avec une obstination farouche : Non, je ne veux pas. Tenez! pour vous donner une idée de la scène, rappelez-vous dans le *Courrier de Lyon* Paulin Ménier pressé par le juge d'instruction et ponctuant cet interrogatoire d'exclamations ironiques et violentes, lancées d'une voix rauque. Telle était à peu près l'attitude de Mlle Réjane.

Ce n'est point cela que nous avions rêvé. Nous avions vu dans Séraphine une belle fille, très libre si l'on veut de tournure et de manières, mais ayant un je ne sais quoi du cheval de race, aspirant le plaisir à pleines narines, hautaine, insolente, avec de superbes éclats d'indignation et de colère. Quand son vieil imbécile de mari... Ah! ça, pourquoi ce maître sot de soixante ans épousait-il cette fleur de jeunesse et de beauté, qu'il n'espérait pas même pouvoir s'attacher par le lien d'un enfant? Lors donc que l'ennuyeux et pleurnicheur Pommeau s'en vient lui reprocher ses frasques, nous avons cru, nous, qu'elle allait répondre comme une cavale échappée, que les mots cinglants qui lui sont mis dans la bouche par l'auteur seraient cravachés à travers la figure de ce nigaud :

— Vous m'ennuyez, vous, avec vos sermons ! Vous êtes vieux, vous êtes laid, vous êtes assommant, vous n'êtes pas riche. Quand on n'est pas riche, on ne se marie pas. J'en ai assez de votre baraque. Je prends de la poudre d'escampette. Bien le bonsoir !

Voilà comme nous avions conçu la scène. Elle nous semblait résulter nécessairement de l'idée que nous nous étions faite du personnage. Il paraît que nous nous trompions. Dont acte à Mlle Réjane. Une fois son interprétation admise, elle a été excellente. Mais Augier aura beau dire. Ça n'est pas ça du tout ! ou plutôt, cette discussion ne prouve qu'une chose : c'est que le personnage de Séraphine est mal fait, ou pour mieux dire qu'il n'est pas fait.

Est-ce qu'au troisième acte... pardon ! Je parle de la pièce comme si vous la connaissiez : c'est que vous devez la connaître, c'est qu'avec ses défauts, c'est une maîtresse œuvre, que je vous engage à voir et dont l'intérêt sera pour vous très vif... Est-ce qu'au quatrième acte, elle ne devrait pas accepter les dix mille francs de Bordognon ? Comment ! elle est sur le bord de la ruine, elle sait que tout va se découvrir, et elle hésite à saisir cette bouée de salut qui lui est tendue par un homme d'esprit d'une manière si complaisante et si ingénieuse ? Elle a des scrupules !

Ah ! ce n'est pas elle de qui viennent ces scrupules. Ce sont malheureusement les auteurs qui les ont ressentis. Ce sont eux qui se sont dit à ce moment de leur pièce : Que va penser le public ? Une femme qui, sur la scène, se vend pour dix mille francs, quand déjà elle est coupable d'un adultère! Jamais ça ne passera... Eh! si, cela aurait passé; non pas le premier jour peut-être; mais en 1879. Je vous assure qu'aujourd'hui c'est une déception pour nous que de voir Mme Marneffe repousser par une vaine délicatesse ces dix mille francs qui lui tombent du ciel.

Une faute en traîne toujours d'autres à son pied.

Y a-t-il rien de moins vrai, de moins sensé que la façon dont M. Pommeau apprend son malheur?

La revendeuse à la toilette est là (je suppose toujours que vous connaissez la pièce). Elle a déclaré qu'il lui fallait de l'argent et, sur le coup de deux heures, elle vend la mèche pour être payée tout de suite.

Mais ce procédé est contre toute vraisemblance. Le métier de revendeuse à la toilette est précisément de faire des avances à ces sortes de femmes, sachant bien qu'un jour ou l'autre elles seront payées de leurs débours par quelque amant. Dans la réalité, Mme Charlot, plutôt que de tuer du coup la poule aux œufs d'or en révélant le mystère au mari, serait allée elle-même chercher Bordognon et aurait négocié l'affaire entre ce viveur et sa Mme Marneffe.

Et comme la scène, outre que l'idée n'en est pas juste, est faite à côté, en dehors de la vérité!

Ainsi, voilà cette Mme Charlot qui, après avoir dit au mari : Votre femme me doit dix mille francs, s'avise de lui faire un cours de droit professionnel, ne s'apercevant pas qu'elle livre ainsi sa cliente, qu'elle dit clairement au mari qu'il n'est pas seulement un mari trompé, mais pis encore.

Ah! comme je songeais, à part moi, à une autre scène. Oserai-je la donner ici? c'est que nous sommes bien malheureux, nous autres critiques. Quand nous blâmons une scène, sans la refaire, Dumas nous crie dans sa préface :

Vous savez bien montrer les défauts, mais vous n'indiquez jamais le remède. Mais quand par hasard à une situation nous en substituons une autre, c'est Sardou qui nous prend à partie : Ce n'est pas notre pièce que vous jugez ; vous nous en apportez une autre, et vous la trouvez meilleure ; cela n'est pas étonnant.

Je vais me hasarder néanmoins.

Pommeau trouve (comme dans la pièce d'Augier) Mᵐᵉ Charlot en train d'inventorier le mobilier ; il lui demande ce qu'elle fait là ; il le prend de très haut avec elle, de si haut que, cette fois, la bonne dame impatientée, et qui d'ailleurs peut croire à la complicité de ce mari, riche des frasques de sa femme, s'en va en grommelant quelque grosse injure entre ses dents. Pommeau l'entend, l'arrête :

— Qu'avez-vous dit là ? expliquez-vous !

— Allons ! ne faites donc pas la bête ! vous savez bien ce qu'il en est.

La scène se poursuit ainsi ; lui, la pressant, elle, se dérobant par des réponses évasives, jusqu'à ce que Séraphine entre. Elle est allée chercher les 10.000 fr. chez Bordognon ; elle les apporte. Mais elle tombe en pleine querelle ; il n'y a pas à dire, il faut s'expliquer.

Et alors, au lieu d'accepter d'abord les reproches de son mari, comme elle fait dans la pièce, elle regimbe tout aussitôt. Elle lui dit... Eh ! parbleu, elle lui dit des choses justes ! Quand on a soixante ans, on ne se marie pas à des enfants de dix-huit ; quand on aime la solitude et le travail, on reste seul à travailler ; quand on n'a pas d'argent, on ne met pas une jument de luxe dans son écurie, etc.

La voilà, la scène ! cruelle, terrible, abominable, tant qu'on voudra ; mais elle met aux prises, leur laissant à chacun et leurs arguments véritables et leur caractère logique, les deux personnages principaux du drame, et elle permet de revoir Séraphine au cinquième acte. C'est une plaisanterie de venir nous donner, comme un coup de l'art, la disparition du premier rôle au dénouement. Allons donc! Séraphine doit être là, toujours là, comme Célimène. Si elle s'évanouit au cinquième acte, c'est qu'elle était absente des quatre premiers.

Je m'emporte! et comme il arrive souvent dans ces analyses où l'on ne s'occupe qu'à mettre une seule idée en saillie, je deviens tout à fait injuste. Car tandis que je poursuis cette critique, qui pourrait être développée bien davantage, je laisse dans l'ombre les parties admirables de l'œuvre.

Il n'y a pas un homme de théâtre qui ne sente, par exemple, combien le second acte est dramatique. Une note de modiste est remise à Thérèse, la femme de l'avocat Lecarnier, celui-là même qui est l'amant de Séraphine. Elle l'ouvre, la lit, et y voit la description d'un chapeau dont le payement lui est réclamé. Ce chapeau, elle ne le connaît pas; elle ne porte point de chapeaux de trois cents francs. C'est donc un chapeau payé par son mari à quelque maîtresse. Mais quelle est cette maîtresse? Elle se désole, et passe la note à Pommeau, qui se trouve là par hasard pour écouter ces confidences et recevoir cette averse.

Tandis que le digne premier clerc cherche ses lunettes pour lire le papier, Séraphine arrive; elle porte le chapeau décrit sur la note, et la situation a été si habilement préparée qu'à son entrée en scène il s'élève dans toute la salle comme un frémissement de curiosité et de crainte. Thérèse va pour embrasser son amie; mais ses regards tombent sur le chapeau accusateur, elle recule; puis, se souvenant que le papier est aux mains du mari, elle se retourne vers lui et le lui arrache des mains. Jamais on n'est arrivé à des effets plus pathétiques par des moyens plus simples. C'est là du vrai théâtre, et du meilleur. Car la situation, qui est très forte, sort de la donnée même du sujet et des caractères.

1er décembre 1879.

LE FILS DE GIBOYER

I

Il faut garder précieusement la date de cette représentation ; elle fera époque dans l'histoire du Théâtre-Français. Je ne crois pas que, depuis le *Mariage de Figaro*, une œuvre plus hardie, plus singulière, plus émouvante, ait été présentée au public. M. Émile Augier a mis sur la scène notre état politique et social, comme autrefois Beaumarchais ; il a rassemblé nos idées, nos croyances, nos passions, sous des formes vivantes, qu'il a jetées dans un drame plein de mouvement et de vie.

Voilà déjà quelques années qu'on essaie de porter la politique au théâtre. Mais les tentatives n'avaient pas été fort heureuses jusque-là. On se croyait quitte avec elle, lorsqu'on avait saupoudré un vieux vaudeville de quelques tirades philosophiques ou sociales. Au moment où Gustave allait se jeter aux pieds de Caroline, l'auteur arrêtait tout d'un coup l'action ; les personnages prenaient un visage diplomatique, tout à fait accommodé à la circonstance ; l'un d'eux ouvrait la bouche et entonnait un dithyrambe en faveur du progrès, ou de la civilisation, ou de n'importe quel autre grand mot ; les autres répondaient pour le plaisir de se faire battre ; on s'échauffait un peu dans la discussion, après quoi le drame reprenait son petit train de tous les jours, la conscience nette et content de lui-même.

Les *Effrontés* avaient été un premier effort pour sortir de cette ornière ; mais, il faut bien le reconnaître, la tentative n'avait pas complètement réussi. La politique côtoyait le drame ; elle ne s'y mêlait pas, elle ne le dirigeait pas. On retombait du haut des conférences politiques dans l'éternelle histoire des questions d'amour et d'argent. M. Augier est à présent maître de sa manière ; la révolution qu'il voulait faire au théâtre est décidément accomplie. Il a créé une comédie nouvelle.

La politique est le grand ressort de notre vie moderne ; c'est elle aujourd'hui qui en gouverne, à notre insu, jusqu'aux moindres accidents. C'est elle aussi qui a la haute main dans la pièce de M. Augier. Son action n'éclate point çà et là par des tirades plus ou moins bien faites ; elle pénètre le drame tout entier, elle l'anime ; c'est d'elle qu'il reçoit son mouvement : idées et passions, tout s'y teint, pour ainsi dire, de ses couleurs. Point de situation, dans le drame, dont elle ne soit la cheville ouvrière ; elle est l'unité de l'œuvre, elle en est aussi le premier intérêt ; et en savez-vous un plus puissant pour les fils de 89 ?

Vous l'avez bien souvent lu dans ce journal : il y a, en ce moment, deux principes et deux partis, qui se disputent le monde : le droit divin et le droit du peuple, le parti des prêtres et celui des libres penseurs. Cet antagonisme, qui est si visible dans les questions politiques, se retrouve encore dans la vie civile, et jusques au foyer domestique : c'est le mal dont nous souffrons tous et à toute heure ; et le rapide succès de l'*Opinion nationale* vient surtout, on peut le dire, de ce qu'il l'a plus nettement, plus hardiment que tout autre, signalé au public, et poursuivi dans toutes ses manifestations.

C'est ce mal que M. Augier a prétendu mettre à la scène. Le danger était d'habiller en hommes des idées abstraites, et de faire choquer les unes contre les autres des tirades philosophiques. Si l'auteur y était tombé, il eût fait œuvre de journaliste et non de poète; un drame ne se compose pas de premiers-Paris, fussent-ils les plus éloquents du monde.

Mais non, M. Augier a le don de créer et de faire vivre des personnages. Il n'oppose point l'une à l'autre de froides et sèches abstractions; il met des hommes sur la scène, des hommes qui ne sont pas là seulement pour représenter une idée, mais qui ont un tour particulier d'esprit et de figure, une façon propre d'envisager les choses, des humeurs, des sentiments, des habitudes, où il est facile de les reconnaître. Chacun d'eux sert son parti à sa mode; chacun d'eux le montre sous un point de vue nouveau; et du jeu de ces passions qui se croisent et se heurtent, il se forme un drame très varié, très multiple; un, toutefois, car il n'y a pas une scène où l'on ne puisse, au fond, retrouver l'idée mère de la pièce : l'antagonisme du parti clérical et du libéralisme.

Les cléricaux sont les plus nombreux. Le premier de tous, c'est le marquis d'Auberive. Vous le connaissez, celui-là; vous l'avez vu dans les *Effrontés*. Il est plus vieux de dix-sept ans; mais il est resté vert. Il a toutes les grâces de l'ancien régime; il en a aussi le cynisme d'idées et d'expressions. Il ne croit plus à rien; il se moque lui-même de son parti, dont il est regardé comme l'enfant terrible. Une certaine noblesse de sentiments a surnagé; il met facilement l'épée à la main, et n'aimerait pas qu'on rît de ses ancêtres.

Il veut leur donner un fils qui perpétue le nom. Sa femme est morte sans lui laisser d'enfants. Il fait donc venir du fond de la province un jeune parent, à qui il destine son nom, sa fortune et Mlle Maréchal. Pourquoi Mlle Maréchal? car voilà un nom bien roturier. C'est qu'autrefois le marquis a été bon compagnon. Mme Maréchal n'a pas été insensible aux galanteries de ce vieux Lauzun ; elle a donné à l'estimable Maréchal, son mari, une fille qui pourrait bien avoir du sang bleu dans les veines. Le marquis, après la mort de la mère, s'est fait nommer tuteur de l'enfant ; il est tout naturel qu'il veuille la marier.

Le jeune parent arrive; un grand garçon, long, maigre, pâle, les yeux constamment baissés, la chevelure s'aplatissant de côté sur le front avec une coquetterie ecclésiastique, un habillement plus que sévère, le parler doucereux et fleuri :

— Diantre ! s'écrie le marquis, mon héritier a l'air d'un sacristain.

Le mot n'est pas poli ; il est assez juste. Ce jeune homme n'a connu encore que M. de Saint-Agathe, une des lumières de la religion, son précepteur, et il en parle sans cesse. Il est si bien dressé à ne point penser par lui-même, qu'il répète, sans s'en apercevoir, à une tierce personne, les phrases qu'il a entendu dire au marquis. Ses mœurs sont pures, et il affirme qu'il apportera à sa future épouse un cœur et une personne sans tache. Mais un feu étrange brille dans ses yeux, quand il jette sur les femmes un regard de côté.

Voilà en présence les deux colonnes de la légitimité : un vieillard cynique, pourri de scepticisme, mais spirituel et aimable; un petit sot, qu'on a dès l'enfance empli de préjugés; têtu, d'ailleurs, comme tous les esprits étroits, qui deviendra, par impuissance naturelle, ce que le marquis est par indifférence, par bon air, parfaitement incapable d'un grand effort, ce que les gens du peuple nomment dans leur langue énergique : *un propre à rien.*

M. Maréchal arrive à la rescousse. Pauvre M. Maréchal ! pauvre noblesse qui a besoin de tels auxiliaires ! Ce Maréchal est un maître de forges enrichi ; il a trois ou quatre millions. Que lui manque-t-il pour être heureux ? presque rien : le plaisir de saluer le marquis d'Auberive par son petit nom ; de serrer la main à des gens titrés ; d'en être appelé : « Mon cher Maréchal. » A ce bonheur suprême, il sacrifierait sa famille, sa fortune et ses convictions. Mais heureusement qu'il n'a pas de convictions.

C'est un homme intelligent dans sa partie ; un peu niais quand il s'agit d'autre chose que de faire fortune en vendant des fers. Il se carre dans l'importance nouvelle que lui donne son entrée dans le parti légitimiste. Le marquis d'Auberive, qui a ses raisons pour le pousser, veut qu'il soit à la Chambre l'orateur de la faction, qu'il se couvre de gloire. C'est donc lui qu'on choisit pour prononcer le discours, le manifeste des cléricaux. Il est bien entendu qu'on le lui donne tout fait ; il n'aura qu'à le réciter. Il est tout gonflé d'orgueil et de joie ; il faut l'entendre dire : Mon discours ! ma gloire !

N'est-ce pas là un type excellent ? ne représente-t-il pas à merveille cette bourgeoisie, sans foi politique non plus que religieuse, qui ne se laisse conduire qu'à une vanité puérile. Que de gens, hélas ! roturiers comme vous et moi, ne se disent légitimistes que pour se faire prendre par les imbéciles pour des gens *comme il faut!* Le soir même de la première, que j'en ai vu dans les couloirs, de ces *Maréchal* qui disaient d'un petit air doctoral et pincé : « Oh ! ce n'est pas distingué ! cette pièce. M. Émile Augier ne respecte rien ! » On t'en donnera du respect et de la distinction ! Va donc faire le joli cœur dans les salons de ces dames ; d'autres sauveront la démocratie en péril.

Ce sont là les trois têtes du parti ; il n'irait pas loin avec de pareils chefs, s'il n'avait pour lui, comme autrefois le serpent, la toute belle et toute-puissante Ève. Les femmes appartiennent toutes plus ou moins à la faction cléricale. Elles ont toutes reçu leurs idées des mains des prêtres, et c'est nous qui avons eu la bonhomie de les leur confier.

Celle qui joue le principal rôle, c'est la baronne de Pfeiffer. La baronne n'est pas de première noblesse; mais c'est une intrigante de première classe. Elle veut se faire un salon influent au faubourg Saint-Germain, et tous les moyens lui sont bons pour arriver à ses fins; elle a toujours *son* ecclésiastique dans sa voiture, et s'en va chez les mourants illustres, les réconcilier avec Dieu. Elle brode des nappes d'autel pour les églises; elle tracasse dans les sociétés de bienfaisance pour les rachats de petits Chinois; elle parle sans cesse du bon Dieu, et cherche partout un mari qui redore son blason : *quærens leo quem devoret.*

Le premier jour qu'elle aperçoit le jeune parent du marquis, elle jette le dévolu sur ce petit niais. Il porte d'azur à trois besans d'or; quel honneur! Il est d'une naïveté admirable; quel bonheur! Elle pourra l'accrocher dans sa chambre comme un portrait d'aïeul, et restera maîtresse de brouiller les cartes à la fantaisie. C'est déjà dans son salon que le parti délibère; que sera-ce donc plus tard !

Mme Maréchal, la seconde femme de M. Maréchal et la belle-mère de Fernande, est légitimiste, elle aussi; elle signe : « née de la Verpillière »; mais elle est de la Verpillière comme son mari est de Saint-Cloud. Elle n'en a pas moins de hautes prétentions, et elle se donne encore plus de mouvement que la baronne pour les justifier, car elle a plus à faire. C'est elle qui a poussé son mari à se jeter dans le parti clérical; elle l'excite, elle le soutient quand il faiblit. Dame de charité comme la baronne, elle est de toutes les bonnes œuvres. On s'appelle *chère*, on tripote ensemble, ce que Giboyer appelle, dans son style pittoresque, *la grande chouannerie des salons, avec ramifications dans les boudoirs et les alcôves.*

Fernande, la belle-fille de Mᵐᵉ Maréchal, n'est rien encore ; elle est ce que la fera son mari. Elle n'a pas eu de mère, c'est ce qui explique son indifférence : les filles qui se sont élevées seules sont des coquines, ou des modèles de raison. Le fond était bon chez Fernande ; elle a bien tourné. C'est une fille sérieuse, un peu hautaine, mais vaillante au bien et qui est toujours prête à tout sacrifier à l'idée qu'elle se fait du devoir.

Quand le marquis lui offre son petit séminariste, elle l'accepte sans enthousiasme, mais avec une tristesse ferme, comme Pauline dut prendre autrefois Polyeucte. Il y a pourtant chez son père un jeune homme du nom de Maximilien, qui est le secrétaire du maître de forges passé homme d'État. Elle se sent portée vers lui par un attrait obscur, mais elle ne l'en traite que plus mal. Elle a d'ailleurs observé que tous les secrétaires de M. Maréchal ont été protégés, placés par sa belle-mère ; elle a autrefois surpris quelques scènes un peu compromettantes pour l'honneur conjugal de son père ; elle voit ou croit voir que Maximilien s'abandonne au même courant ; elle en conçoit un profond mépris qui se trahit par des mots brusques et secs.

Ce Maximilien est le fils secret de Giboyer, et nous rentrons par là dans le camp de la démocratie. Giboyer, notre Giboyer des *Effrontés,* a eu d'une pieuse de journaux un fils naturel, tout comme le marquis en a eu un de Mᵐᵉ Maréchal. Le vieux noble parle du sien avec une aisance qui sent tout à fait son gentilhomme ; Giboyer, avec des entrailles de père.

Il aime cet enfant, et il se dévoue pour lui, non pas seulement parce qu'il est son fils : ce serait là un sentiment vulgaire, qui a été mis souvent au théâtre; Giboyer ne serait, en ce cas, que le Triboulet de la plume. Il l'aime pour des raisons politiques, si je puis m'exprimer ainsi ; sa tendresse paternelle n'est point un agrément ajouté après coup à la comédie, pour en accroître l'intérêt ; elle naît, en quelque sorte, du fond même du sujet qu'a choisi l'auteur.

Giboyer est un homme de génie jeté dans un milieu où il ne pouvait se développer librement, comme le grain de l'Évangile qui tombe sur la pierre. Dès son enfance, les pressantes nécessités de la vie ont pesé sur lui : il a fait de tous les métiers pour ne pas mourir de faim.

Il était démocrate *jusques aux moelles*, comme il le disait si énergiquement lui-même dans les *Effrontés* ; il se sentait assez de talent pour défendre cette cause, qui était pour lui comme le sang de ses veines. Il a vendu, pour un écu, sa conscience et sa plume. Il a écrit des biographies qui lui ont fait un nom exécrable dans les lettres. Ne fallait-il pas vivre ? Ne fallait-il pas payer l'éducation du petit ?

Au moment où nous le retrouvons, il a été mandé de Lyon, où il avait plongé dans un emploi obscur et mal rétribué, par le marquis d'Auberive, qui veut lui donner la succession de Déodat dans le journal du parti. Giboyer accepte : que lui importe ? il en a vu bien d'autres. Il remplacera Déodat : il tirera de la canne devant l'arche; il jouera le *Dies iræ* sur le mirliton. Peut-il tomber plus bas qu'il n'est ?

— Et pouvez-vous nous faire un discours pour la Chambre ? lui dit son protecteur.

— Je tiens aussi l'éloquence, répond-il dans ce langage railleur et cynique qu'il a emporté de la Bohême, et qu'il garde comme une marque indélébile de son origine.

C'est un misérable, oui, sans doute. Mais quel regret

amer de son abjection! Soldat de la démocratie, il a trahi sa cause et ses dieux. Il leur doit un remplaçant; ce remplaçant, ce sera son fils. Sur la tête de ce jeune homme, il reporte son honnêteté, sa gloire, ses convictions, son talent.

Il fera, ce fils bien-aimé, ce que n'a pu faire l'enfant des portiers de la rue de l'Université. Il faut à une famille du peuple plus d'une génération pour escalader les rangs de la haute bourgeoisie. Quand les soldats montent à l'assaut d'une ville, les premiers tombent dans le fossé, et font fascine de leur corps à leurs camarades, qui plantent enfin le drapeau sur les tours de la cité prise. Giboyer s'est couché volontairement dans ce fossé; il s'est roulé dans la boue; mais son fils arrivera, et déploiera le drapeau que le père avait gardé dans sa poche.

— Il me plaît d'être un fumier d'où il sortira un lys.

Comprenez donc bien ce caractère : il ne s'agit pas là d'un père quelconque, qui se sacrifie pour son fils, mais d'un soldat de la vérité, mais d'un démocrate, qui ne s'est consolé de sa honteuse désertion qu'en passant à son jeune fils sa plume et son fusil. Il a écrit un beau livre, le malheureux! il ne le signera pas; est-ce que son nom ne déshonorerait pas l'ouvrage! Mais ce fils, qu'il n'a point reconnu pour ne pas lui infliger la honte de ce nom, signera l'œuvre, et le succès de tous deux le réjouira dans son coin isolé.

Jamais on n'avait peint encore les désespoirs farouches et les tendresses infinies de ces êtres déclassés que la misère de leur naissance retient encore dans les fanges du bas peuple, mais que leurs aspirations et leur génie emportent vers des classes plus élevées, qui meurent soumis et résignés en contemplant un idéal qu'ils n'ont pu atteindre, et se consolent par la pensée que leur fils en prendra possession.

M. Augier a mis ces douleurs sur la scène avec une grandeur et une émotion qui le placent au rang des maîtres. J'ai couru en vain toute la littérature, je ne sais rien de plus puissant et de plus tendre. On aura beau clabauder contre l'auteur et ses tendances ; cela est admirable et digne des plus belles œuvres du temps passé. J'en appelle à tous ceux qui ont vu la pièce : est-il possible d'entendre la dernière scène du troisième acte sans avoir l'âme comme élargie d'un généreux chagrin ?

Maximilien s'est pris d'amour pour la fille de M. Maréchal. Cet amour ébranle singulièrement ses convictions politiques. Hélas ! nous sommes ainsi faits ! un regard de femme met toutes les bonnes raisons en déroute ! Il doit croire, et il croit que Fernande partage les idées de son père, qu'elle est du grand parti clérical. Cela le trouble, et il met ses doutes au compte du discours de M. Maréchal, qu'il vient de copier.

— Ce discours m'a persuadé, dit-il à Giboyer, qu'il ne sait pas être son père, qu'il croit un parent éloigné.

Giboyer éclate de rire :

— Ce discours est de moi ! s'écrie-t-il. Tu vois ce qu'en vaut l'aune.

A cet aveu qui a échappé à l'enfant perdu du journalisme, le jeune homme se révolte ; il a de l'honneur, lui, car on a eu le moyen de lui payer cette denrée si chère.

— Ah ! s'écrie-t-il, voilà le métier que tu fais ?

Giboyer reste confondu ; il lutte pourtant, et avec quel désespoir, avec quels sanglots !

— Malheureux enfant ! lui dit-il, je ne te demande pas ton estime ; mais rends-moi la droiture de ton esprit.

Quel mot ! quel admirable mot ! Cela veut dire : Foule-moi aux pieds, écrase-moi ! que m'importe ! mais crois-moi ; n'abandonne pas cette démocratie, cet idéal, dont j'ai, tout en le trahissant, gardé au fond de mon cœur la sainte et inviolable religion. Sois l'homme que je n'ai pu être!

Maximilien résiste, et Giboyer le presse avec une éloquence farouche, mêlée de ces métaphores familières qui sentent le petit journal. Il tombe enfin anéanti sur un fauteuil:

— Ah! s'écrie-t-il en sanglotant, je ne suis pourtant pas un méchant homme! Ce sont des devoirs trop lourds qui m'ont perdu! Jeune, je me suis dévoué pour mon père, et plus tard...

Il s'arrête, il n'ose achever; mais Maximilien a compris, et tombant à genoux:

— Et plus tard, pour ton fils!

Je le répète, je ne connais pas de scène plus vraie, plus grande, plus émouvante. Le public a été transporté d'enthousiasme; il a rappelé à grands cris les artistes; il sentait le besoin d'épancher au dehors le trop-plein de son cœur. C'était un de ces triomphes comme on en voit rarement; car il ne s'y mêlait aucune surprise; rien de plus franc et de plus net.

Le mariage de Fernande avec le petit séminariste a été rompu, grâce aux intrigues de la baronne, qui veut accaparer pour elle ce gentilhomme « aux trois besans d'or ». Elle a fait, malgré le marquis, retirer à M. Maréchal le discours qu'il devait prononcer, et cela juste au moment où il le savait par cœur. Maréchal est entré en fureur; Giboyer a saisi le moment.

« Répondez à ce discours, lui souffle-t-il à l'oreille. Pulvérisez-le. Maximilien vous fera le vôtre. C'est un garçon de talent que ce Maximilien, il m'a converti moi-même, et je donne ma démission de rédacteur en chef du journal légitimiste. »

Voilà Maréchal enchanté; il se souvient alors, comme le

mulet de la fable, de son père l'âne. Il est démocrate ; il l'a toujours été. Pauvre homme ! la démocratie te méprise, toi et tes millions, plus encore que ne faisait la vieille noblesse ! Tu es bien le digne fils de cette bourgeoisie gâtée, qui n'a d'autre souci que celui de sa fortune, d'autres convictions que son intérêt ; et qui tourne, comme une girouette, à tous les vents du hasard.

M. Maréchal a prononcé ce fameux discours ; il a eu un succès de tous les diables : tout le parti légitimiste le renie ; sa femme le traite d'apostat, de révolutionnaire, de socialiste. Mais il ne s'en soucie guère. Il est infatué de sa gloire nouvelle. Il est aussi forcené démocrate qu'il était enragé légitimiste. Il se prélasse dans son importance ; le voilà chef de parti.

Giboyer arrive en ce moment ; il annonce au grand orateur qu'il part avec son fils pour l'Amérique. Cette nouvelle tombe sur les fumées d'orgueil de M. Maréchal comme une goutte d'eau glacée.

— Diable ! diable ! mais qui me fera ma réponse ? Je vais être attaqué de toutes parts ; vous ne pouvez pas me laisser dans cet embarras.

Giboyer, après bien des réticences, habilement calculées, se laisse enfin arracher le secret de ce départ : Maximilien aime ; il faut l'enlever à cet amour sans espoir.

— Et qui aime-t-il ? Je le marierai.

Giboyer se fait encore tirer lentement les vers du nez ; il lâche enfin le grand mot : Maximilien aime Fernande !

A ce nom, M. Maréchal a une magnifique explosion d'étonnement et de mépris.

— Mon secrétaire qui ose lever les yeux sur ma fille !

Mais Giboyer s'y attendait ; il suggère peu à peu des réflexions plus sages à ce bon M. Maréchal. La scène est charmante et conduite avec un art merveilleux. Ce millionnaire finit par se dire qu'après tout, il est démocrate, qu'il faut mettre ses actes en harmonie avec ses idées.

— Et d'ailleurs, ajoute-t-il en forme de conclusion, je ne puis pas faire autrement.

— Et! allons donc! dit à part lui Giboyer, qui le voit mordre à l'hameçon.

Il faut bien le reconnaître, Giboyer tire là ce qu'il appellerait *une carotte*. Mais c'est un trait de caractère; il a toujours été bohémien; il l'est encore; les convictions et le talent ne font rien à cela. La délicatesse est une plante rare qui ne pousse qu'en serre chaude.

Il a poussé, lui, dans la rue entre deux pavés boueux; il trouve tout naturel d'avoir recours, pour marier son fils avec celle qu'il aime, pour lui donner à la fois la fortune et le bonheur, à des moyens que ce fils répudierait sans doute s'il les connaissait. Il s'applaudit de son stratagème quand Maximilien entre.

M. Maréchal est ivre de joie de la belle action qu'il va faire; il voudrait que l'univers fût là pour le contempler quand il unit les mains des deux jeunes gens. Mais Maximilien, qui ne comprend rien à ce bonheur, soupçonne quelque surprise. Il parle de sa naissance.

— Votre naissance? mais qu'a-t-elle de particulier?

— Je porte le nom de ma mère.

Voilà M. Maréchal dans une étrange perplexité.

— Et vous ne me disiez pas cela, vous! s'écrie-t-il. Diable! diable! c'est que voyez-vous, je brave les préjugés, moi, mais je les respecte!

Enfin M. Maréchal prendrait encore son parti du père inconnu; mais, malgré les supplications de Giboyer, Maximilien le nomme.

— Giboyer! le pamphlétaire! s'écrie M. Maréchal, qui ne se doute pas que M. de Boyergis, le successeur de Déodat, celui qu'il a sous les yeux, n'est autre que ce Giboyer si décrié.

Il se débat longtemps.

— Enfin ! dit-il, vous ne portez pas son nom ; vous ne le reverrez jamais.

Mais ce n'est pas ainsi que l'entend le jeune homme, et, dans un moment d'émotion extraordinaire qui a emporté toute la salle :

— Non, je ne répudierai pas celui qui a tout sacrifié pour moi ; non, je ne le priverai point de la vue du seul être qui puisse lui serrer la main à son lit de mort.

Qui eût dit à Giboyer que son nom seul deviendrait un obstacle ! Il prie, il supplie son fils de l'oublier. Il jure à M. Maréchal, au nom de ce père inconnu, qu'on ne le reverra plus jamais ; il y a dans ses discours je ne sais quoi de tendre et de farouche, de douloureux et de violent. Maximilien tient bon.

— C'est que vous n'aimez pas ma fille, dit M. Maréchal.
— Je ne l'aime pas !

Et il se laisse aller sur un fauteuil, pleurant à chaudes larmes.

Nous étions là, tous, haletants, ne pouvant deviner comment cette situation se dénouerait. Le drame semblait acculé à une impasse. Il s'en échappe par un coup de génie.

Fernande a écouté cette longue et triste discussion, elle a tout de suite compris ce qu'est M. de Boyergis ; cette fille sérieuse, hardie et chaste n'en aime que plus le noble fils qui se dévoue pour un tel père. Au moment de se retirer et de lui dire adieu, elle lui saisit la tête à deux mains, et l'embrasse au front.

La salle éclata tout entière en longs applaudissements. M. Maréchal est vaincu ; il donne sa fille, et à ce même moment le marquis entre. On lui apprend ce mariage ; il va pour s'y opposer, mais d'un mot M. Maréchal l'arrête :

— Ma fille est ma fille, lui dit-il.

Et Fernande, un doigt sur la bouche :

— Je l'aime.

Le marquis déconcerté propose alors à Maximilien de l'adopter, et de lui donner cette fortune et ce nom qu'il destinait au mari de Fernande. Mais Maximilien est démocrate, et sa femme le sera comme lui. Il refuse, et elle approuve.

— C'est bien ! dit le marquis. J'adopterai mon petit-fils.

Mais qui sait si l'on acceptera pour lui ? Maximilien sera un grand écrivain, un chef de parti.

Il aura un nom honoré, qu'il ne devra qu'à lui-même ; son fils n'en voudra point porter d'autres. Giboyer peut mourir content ; il aura fait souche d'honnêtes gens.

Je parlerai lundi prochain sur la façon dont la pièce est jouée, et ce sera une occasion de revenir sur quelques scènes, que j'ai dû négliger aujourd'hui.

8 décembre 1862.

II

Le succès du *Fils de Giboyer* croît tous les jours à la Comédie-Française ; la salle est tout entière louée quinze jours à l'avance ; la queue se forme au bureau de location dès onze heures du matin et se continue jusqu'à six heures du soir ; c'est une rage, c'est une folie. Les plus vieux comédiens n'ont pas mémoire d'un pareil empressement ; il faut, pour en trouver un exemple, remonter jusque dans l'autre siècle, au *Mariage de Figaro*.

On craignait que ce triomphe, qui doit chagriner certaines gens, ne fût l'occasion de scènes de désordre. J'ai même lu, dans quelques correspondances, que ces scènes avaient eu lieu, et le bruit s'en est répandu dans le public. Rien n'est plus faux. J'ai, par mes amis ou par moi-même, assisté à toutes les représentations de la pièce nouvelle ; la seconde seule a été troublée par deux coups de sifflet, qui sont partis du balcon, au troisième acte ; ils ont été couverts aussitôt par les applaudissements de toute la salle. Il n'y a pas eu d'autre manifestation hostile.

Ce n'est pas sans doute que le parti qu'attaque M. Émile Augier ne soit très puissant et surtout très remuant. Bien des gens, depuis quinze jours, sont venus s'asseoir à l'orchestre de la Comédie-Française, avec la bonne envie de siffler. Mais le sifflet leur est tombé des mains. C'est le beau côté du théâtre. Les hommes, quand ils y sont réunis, se laissent toujours, comme disait Molière, prendre par les entrailles. Si l'œuvre est belle, et qu'ils en soient émus, ils oublient leurs petites rancunes et n'ont plus de force que pour admirer. La pièce de M. Émile Augier passera, sans atteinte, à travers tous les ressentiments qu'elle soulève, parce qu'elle charme ceux mêmes qu'elle irrite le plus. J'ai tâché, dans mon dernier feuilleton, d'expliquer le genre d'intérêt qu'elle présente. Il me reste à parler des artistes qui la jouent.

Il n'y a eu qu'une voix sur ce point dans le public et dans la presse. Jamais on n'a vu, même à la Comédie-Française, un ensemble plus merveilleux d'excellents comédiens. Il me semble qu'il est juste de mettre Mme Plessy au premier rang.

Mme Plessy a bien voulu, par considération pour l'auteur des *Effrontés*, accepter un rôle qui semblait tout à fait secondaire. Elle en a fait, par son talent, un des premiers de la pièce. Vous avez aujourd'hui le *Fils de Giboyer* entre les mains : lisez-le ; vous serez étonné de voir comme, à la lecture, le rôle de la baronne fond et disparaît. Elle n'a presque rien à dire, et le peu qu'elle dit est déplaisant ; elle froisse, comme à plaisir, tout ce qu'il y a en nous d'instincts honnêtes et délicats.

Mᵐᵉ Plessy n'a pas seulement sauvé le rôle ; elle l'a imposé. Il y avait, le premier soir, un peu de lenteur dans son débit ; on lui en a fait l'observation, et elle s'est tout aussitôt rendue. Aujourd'hui, elle joue d'une façon parfaite ce personnage odieux, qu'elle seule était capable de faire supporter.

Sa voix, dont l'ampleur est admirable, a des tons d'une finesse et d'une causticité qui ravissent d'étonnement. Vous savez qu'elle veut séduire d'Outreville, ce jeune sacristain qui porte d'azur à trois besans d'or. Il s'agit donc de faire croire à ce petit niais que son premier mari n'a rien été pour elle que le plus respectueux des pères. La confidence est scabreuse, avec un jeune homme de vingt ans. Elle est toute en réticences et en sous-entendus ; Mᵐᵉ Plessy les touche avec une légèreté incomparable.

— Ma jeunesse a été austère ! dit-elle.

La phrase est bien simple ; mais que de choses elle y a mises par l'intention ! Il y avait de tout dans la façon dont ce mot d'*austère* a été prononcé : et le regret des plaisirs perdus, et la résignation d'un cœur qui les a sacrifiés à Dieu, et la joie d'apporter un cœur neuf à l'être que l'on commence d'aimer, et jusqu'à une pointe de raillerie qui perçait à travers tant de sentiments si complexes.

La scène qui suit cet aveu est bien délicate ; il fallait, pour la traverser sans encombre, le tact exquis d'une femme du grand monde. Vous vous souvenez de celle où Tartufe tâte la robe et chiffonne la collerette d'Elmire.

Celle qu'a imaginée M. Augier est encore plus hasardeuse : car enfin Tartufe est un homme, après tout, et il fait comme il peut son métier de séducteur. Mais ici, c'est la femme qui est chargée des avances ; on sent bien qu'un seul mot trop vivement dit, une note trop expressive, tout était perdu.

Mme Plessy a conduit toute la scène avec une mesure dont les grands artistes seuls sont capables. Il y avait dans sa contenance, dans sa voix, dans son geste, je ne sais quoi de caressant, d'engageant et de pieusement contenu à la fois. Son bracelet s'est dénoué, elle prie le jeune séminariste de le lui rattacher, et découvre à moitié un beau bras blanc, qu'elle lui livre. Le pauvre benêt y voit un peu trouble, et n'en est que plus maladroit.

— Deux mains ne suffisent pas, dit la baronne, tirant la sienne de son manchon ; voyons si avec trois nous serons plus heureux.

Et de ses doigts gantés elle effleure la main du petit jeune homme ; deux regards se croisent, la baronne baisse la tête, comme si elle rougissait à cette première commotion des sens ; et c'est tout. C'est bien assez ; on comprend et l'on n'est point choqué. N'est-ce pas le comble d'un art exquis et raffiné ? Ces nuances si délicates ne passent point inaperçues à la Comédie-Française, et Mme Plessy n'a point à se repentir de l'abnégation qu'elle a montrée en acceptant un rôle ingrat.

C'est toujours M. Samson qui représente le marquis d'Auberive. Il n'a pas l'air éminemment marquis, et l'ancienne cour ne lui eût peut-être pas trouvé les manières assez régence. Il a de plus le parler lent, et il semble toujours retenir le trait pour le lancer avec plus de force. Ce sont là des défauts ; mais enfin personne ne met plus d'esprit et de malice dans sa diction. Le rôle est ironique d'un bout à l'autre, et si tout autre était chargé de le dire, il ne manquerait pas d'appuyer sur cette note, qui finirait, à la longue, par fatiguer. Mais M. Samson met tant de variété dans son débit, il dissimule l'ironie perpétuelle de la phrase sous des inflexions si naturelles et si fines, qu'on est à chaque instant comme réveillé et comme tenu en suspens. Tantôt il accompagne son épigramme d'un malicieux coup d'œil qui en achève le sens, tantôt il l'enveloppe d'un air froid qui lui donne encore plus de prix, quand on la découvre. C'est un contraste parfait avec M. Maréchal, avec M. Provost.

M. Provost a obtenu un immense succès dans ce rôle, et bien des gens n'hésitent pas à lui donner tous les honneurs de la soirée. Oserai-je dire qu'à mon avis, il a trop fait de M. Maréchal un Prudhomme imbécile. Ce côté-là n'est pas, ce me semble, aussi fortement marqué dans la pièce. Peut-être le personnage eût-il gagné à être joué d'une façon plus serrée, avec une moins bruyante expansion de sottise. Nous connaissons beaucoup de Maréchals; ils ne sont pas rares en ce temps-ci. Ils ont une vanité moins naïve, moins *bon enfant.*

M. Provost touche, par endroits, à la niaiserie. Il ne faut pourtant pas que Maréchal soit un pur niais; sans quoi l'on ne comprendra jamais qu'un parti lui ait confié le soin de défendre ses intérêts. Je suis convaincu, sans en avoir de preuves, que ceux à qui l'on a fait cet honneur avant 1848, comme depuis, étaient des gens d'une tenue sévère, et dont le parler même avait quelque chose de raide; des sots très suffisants peut-être, mais toujours dignes. L'air grave et profond a été de tout temps le masque de la nullité.

Le rôle de Giboyer restera pour M. Got le meilleur et le plus complet qu'il ait joué. Il était bien plus difficile que dans les *Effrontés*. Au temps des *Effrontés*, Giboyer était jeune ; un bohême à tous crins, qui se moquait des convenances, et ne ménageait rien ni personne. M. Got n'avait qu'à s'abandonner à cette verve éclatante et fantasque qui est le caractère de son talent. Tout lui était permis alors. Mais dans la pièce nouvelle, Giboyer a vieilli ; il a bien gardé de son premier métier les manières sauvages, les paroles pittoresques, et je ne sais quel décousu dans toutes ses allures ; mais le temps n'est plus où il disait :

— Après ça, vous savez, monsieur le marquis, moi, ça m'est bien égal !

Cela ne lui est plus égal. Il a écrit un beau livre sur la démocratie, et il s'est, en l'écrivant, raffermi dans sa foi politique. Il est père, et toutes les fois qu'il parle de ce fils, son unique espoir, il s'exprime avec cette éloquence farouche qu'inspirent les sentiments violents à des caractères fortement trempés.

Il y a donc dans ce rôle un mélange de laisser-aller bohême, d'ardente conviction, de sentiments nobles et d'actions grossières, qui le rend presque impossible à rendre d'une façon complète. M. Got y a réussi au delà de tout ce qu'on pourrait imaginer. Ce n'est pas sans de grands efforts, sans de longues perplexités.

M. Got, en étudiant ce terrible rôle, a eu ses moments d'enthousiasme, et il a aussi traversé des crises de découragement. Personne n'est plus sûr de lui, ni de son public ; mais il est artiste, il sent vivement, la responsabilité qui pesait sur lui l'effrayait à juste titre. Il voulut un soir rendre le rôle à M. Émile Augier ; il en avait peur : M. Augier me contait la peine qu'il avait eue à remettre un peu de calme dans cet esprit inquiet. Comparez ces défiances d'un grand artiste à la superbe assurance de ces petits jeunes gens ou de ces jolies jeunes personnes qui ne doutent de rien, qui jouent Elmire ou Sylvia au pied levé, et se croient naïvement supérieures à Mme Plessy.

La veille encore de la première représentation, j'entendais M. Got dire à un homme de lettres :

— Je ne vois plus rien dans ce rôle. Je ne sais plus ce que je fais ; j'y serai exécrable, à moins que je n'y sois excellent.

M. Got doit être aujourd'hui rassuré : il a été excellent. On n'est pas plus tendre, plus pathétique, avec des allures plus bohèmes et un langage plus pittoresque. La scène du troisième acte est aujourd'hui célèbre à Paris ; mais je ne trouve pas M. Got moins admirable au cinquième, quand il engage son fils à l'abandonner. Il y a dans son accent je ne sais quoi de profond, de violent, de farouche, dont on est ému jusqu'au fond du cœur.

J'arrive enfin au rôle de Fernande ; c'est Mlle Favart qui le joue. Eh ! bien, avions-nous assez raison, quand nous assurions que Mlle Favart était devenue tout doucement une des premières comédiennes du Théâtre-Français, et la seule qui fût possible dans les rôles de jeunes premières ? On ne voulait pas nous croire ; on nous accusait de parti pris ; mais nous qui la voyions tous les soirs jouer indifféremment l'ancien et le nouveau répertoire, et devenir à chaque fois meilleure ; nous qui, depuis trois ans, avions chaque jour mesuré ses progrès, nous savions bien ce que nous disions, et que tôt ou tard le public serait de notre avis.

Cela n'a pas tardé ; il a bien fallu convenir, au moment où l'on a représenté *Dolorès*, qu'il n'y avait au théâtre que Mlle Favart pour donner une physionomie à ce rôle ingrat. M. Augier n'a pas cru pouvoir mettre celui de Fernande en de meilleures mains. Elle y a obtenu un plein et universel succès. Elle a admirablement rendu cette figure à la fois chaste et hardie, hautaine et tendre, pleine de bon sens et capable d'enthousiasme.

Ce rôle, un des mieux faits et des plus soutenus de la pièce, ne me semble pas avoir été compris de tous les critiques. Fernande s'est élevée sans mère : elle a vu et entendu bien des choses qu'une mère épargne le plus souvent aux yeux et aux oreilles de sa fille. Mais le fond était bon chez elle, et vaillant ; elle est donc restée chaste de cœur et d'imagination. Elle a vu sa belle-mère cajoler et placer les secrétaires de son père ; ses instincts pudiques ont été révoltés ; elle souffre de rester dans une maison, où son père n'est point aimé, où elle a surpris des lettres dont le souvenir lui fait honte.

Elle le dit à Maximilien, par un besoin naturel que tout le monde et même les jeunes filles éprouvent à épancher un secret qui les étouffe. Et puis n'a-t-elle pas à s'excuser, devant celui qu'elle aime déjà obscurément, de prendre pour mari un sot comme le comte d'Outreville. Maximilien, entraîné par la situation, lui dit alors, ce qui est vrai, ce qu'il sait par le marquis d'Auberive, que les torts de Mme Maréchal ne sont pas si grands qu'elle imagine, qu'ils se bornent à quelques lettres échangées, à quelques aveux indiscrètement faits.

— Et que pourrait-ce être autre chose ? répond-elle.

Le mot a transporté la salle le premier soir. On s'est ravisé depuis. Un critique fort spirituel a dit que les jeunes filles avaient d'ordinaire des notions d'histoire naturelle plus précises. En est-il bien sûr ? Il y a jeunes filles et jeunes filles. Ne peut-on pas croire que le cœur chaste d'une vierge, nourrie dans la maison paternelle, n'a qu'une science fort confuse de certaines choses et que son imagination ne se porte guère jusqu'aux derniers secrets ?

La pudeur native de son sexe et la pureté de son âme ont toujours écarté ces images de sa pensée, et le mot de Fernande aurait pu être dit, je crois, par bien des jeunes filles qui ne seraient pas pour cela de sottes Agnès.

M#lle# Favart l'a dit avec un mélange de naïveté et de hautaine pudeur qui était tout à fait dans le caractère de son rôle. Le ton sec et âpre dont elle avait toujours parlé à ce jeune homme, qu'elle haïssait d'autant plus que, le croyant un misérable, elle sentait pour lui une inclination vague, s'est détendu et attendri. Elle n'a plus avec lui que cette réserve qui n'abandonne guère les jeunes filles, au milieu même de leurs plus vifs épanchements. Avec quelle fierté tendre et triste, se voyant séparée de lui pour toujours, elle lui dit un éternel adieu !

Je vous ai déjà conté la scène du baiser, qui termine la pièce. Elle est belle sans doute, mais pourquoi ? Qu'a donc cette idée de si original ?

— Eh ! parbleu ! me disait quelqu'un, ne voilà-t-il pas de quoi tant admirer ! C'est la jeune fille qui se sauve chez son amant pour forcer son père à le lui donner.

Eh ! oui, sans doute ; mais celle-ci garde, en se compromettant ainsi, son parfum de chasteté. Elle fait un acte hardi, voulez-vous plus, un acte cynique, ou du moins que nos mœurs déclarent tel, et elle le fait pudiquement; personne n'a le courage de l'en blâmer. Il semble qu'elle ne viole ni l'honneur de son sexe, ni ses devoirs de fille.

Là est le talent de M. Augier, qui a su, durant cinq actes, préparer ce dénoûment, le rendre possible, et même vraisemblable. Prenez dans le vieux répertoire n'importe quelle autre jeune fille, mettez-la dans la situation où se trouve Fernande : si elle embrasse son amant, tout le monde sera révolté. C'est que Fernande seule pourrait le faire avec honneur.

Voyez aussi, quand vous irez au théâtre, avec quel art admirable l'actrice prépare et fait attendre ce baiser! Comme elle écoute avec attendrissement les supplications de Giboyer, avec orgueil et joie les réponses de Maximilien; et au moment de partir, quand tout semble rompu, comme on voit qu'elle mûrit avec réflexion un grand projet. C'est comme une secousse électrique; mais elle n'a reçu le coup qu'après s'y être en quelque sorte tendue par la méditation; elle fait par bon sens un acte de folie.

Et ils se marient tous deux; et en eux se réconcilie ce long divorce de la femme élevée par les prêtres, de l'homme nourri dans l'Université. Maximilien sera plus heureux que nous ne sommes. A qui, de notre génération, n'est-il pas arrivé plus d'une fois, contemplant une tête adorée, de se dire avec un douloureux dépit : « Combien de pensées s'agitent sous ce front blanc, qui ne m'appartiennent pas, où ne je pénétrerai jamais! Le meilleur de la personne m'échappe, et je ne puis rien à cela. Un invincible attrait nous rapproche, un abîme nous sépare. » Ils n'auront ni l'un ni l'autre le chagrin de ces doutes; ils se posséderont pleinement, ils élèveront ensemble leurs enfants, garçons et filles, dans les mêmes idées; ils ne retrouveront jamais, se dressant entre eux, cet antagonisme entre l'esprit ancien et l'esprit moderne, que M. Augier signale avec tant de raison dans la préface de sa comédie.

15 décembre 1862.

III

RÉPONSE A LOUIS VEUILLOT

On disait partout : Il la fera, — il ne la fera pas. — Il la fait. — Elle va paraître. Émile Augier n'a qu'à se bien tenir; il aura son compte. Déodat le lui donnera bon. — Tout le monde attendait avec anxiété cette terrible réponse, dont le *Fils de Giboyer* devait être écrasé sans remède.

Elle a enfin paru, vous la trouverez chez Gaume, l'ordinaire éditeur de ces sortes de choses. Deux cent soixante pages in-octavo, pas une de plus, pas une de moins. *Il le fallait*, comme dit le saltimbanque. Une simple brochure est soumise au timbre; et M. Louis Veuillot aime à présenter au public un joli papier, vierge de toute maculature. Il a d'ailleurs fort doucement pris son parti de cette petite contrariété; prenons donc le nôtre, et donnons nos trois francs; c'est pour rien.

Je viens de la lire, cette énorme partition. Eh! bien, mais M. Augier n'est pas si pourfendu qu'on voulait bien le dire; le coup n'est pas mortel; il s'en relèvera. Veuillot baisse; il n'a plus la main; où est ce monstrueux rotin durci au feu de la Bible, dont il assommait, sec et net, les ennemis de l'Église et les siens. C'est Dieu, sans doute, le dieu des bonnes gens, qui le lui a changé contre un de ces bâtons en caoutchouc, qu'on trouve dans les accessoires de la Comédie-Française.

J'en ai eu, moi aussi, les épaules légèrement touchées, et ne m'en porte pas plus mal. M. Louis Veuillot s'en est allé déterrer, dans un tout petit journal, un de ces articles, comme il arrive à tous les journalistes d'en faire, écrits au courant de la plume, sur un bout de table, pour un directeur à court de *copie*. Il y a vu mon nom au bas, et il a tressailli d'aise. Il en a détaché dix lignes; il a souligné avec soin toutes les fautes de français qu'il a cru y trouver; il y a ajouté de sa grâce et pour faire bonne mesure, une sottise que je n'avais point dite; et il s'est égayé sur le corps de cette prose, comme M. Purgon sur le corps de ses malades. Je demande pardon au lecteur de la comparaison; mais j'ai lu ce matin deux cent soixante pages de Veuillot; j'en reviens tout parfumé de métaphores. On n'est pas la rose; mais on a passé deux heures auprès d'elle.

Je suis puni par où j'ai péché; j'ai si longtemps corrigé des devoirs, qu'il est bien naturel qu'on épluche aujourd'hui mes feuilletons. A moi aussi, on me met en marge, comme j'écrivais autrefois : *Solécisme! locution vicieuse!* C'est un terrible homme que ce Louis Veuillot ! Que disait-on qu'il est le bâtonniste de l'arche. C'est le suisse de la grammaire française. Sa hallebarde lui sert de férule ; il en frappe à tort et à travers, jusque sur ses doigts, qu'il attrape quelquefois sans y penser, et par pure maladresse. Il n'épargne rien ; ni les inadvertances qui me sont échappées, ni les niaiseries qu'il me prête à titre gratuit; il les larde toutes, avec une impartialité qui est devenue bien rare dans ce siècle de fer; il les passe au fil de son arme, et se promène triomphalement, comme un taupier, portant sur l'épaule une brochette de solécismes exterminés par lui.

Mon Dieu ! je passerai condamnation, si l'on veut, sur ces dix lignes. Je n'ai pas, comme M. Louis Veuillot, la prétention de n'écrire jamais qu'un français irréprochable. Mais ce que je n'ai pas encore bien pu comprendre, c'est la conséquence que le susdit Veuillot tire de mes erreurs de langue contre la pièce de M. Émile Augier. Cet écrivain si pur me paraît faible dans l'argumentation ; il a plus de grammaire que de logique. Il devrait toujours écrire et ne raisonner jamais.

Je me souviens d'un temps où l'on disait au fougueux rédacteur de l'*Univers* : Vous êtes grêlé, donc il faut mettre le pape à la porte de Rome. Vous nous traitez de *navets*, et cette plaisanterie, qui n'était pas fort spirituelle dans sa nouveauté, est devenue quelque peu rance à la longue;

donc la religion catholique a fait son temps. Vous n'êtes point la fleur de la politesse ; donc ceux qui vous lisent sont des jésuites.

Cette façon d'argumenter amusait beaucoup M. Veuillot. Il en riait, comme il rit, à se tenir les côtes. Il en use aujourd'hui. Sarcey écrit mal, donc Augier est un polisson. Sarcey s'imagine *crever d'esprit*, donc le *Fils de Giboyer* est la pièce de la *canaille*. Allons! si j'ai manqué mes classes de grammaire, M. Veuillot ne me paraît pas avoir fait sa logique avec assez de soin.

Ce n'est pas du reste que je sois très mécontent de ce que M. Veuillot a dit de moi. Je trouve, au contraire, qu'il me fait beaucoup d'honneur. Il dit en propres termes : « *Je ne néglige jamais un morceau de M. Francisque Sarcey. Aucun procédé ne saurait donner plus juste le niveau intellectuel et littéraire de la presse démocratique.* »

Eh! mais, ce n'est pas là un mince éloge, et je n'en suis pas médiocrement fier. Quoi! je serais assez heureux pour que M. Veuillot ne laissât échapper aucun de mes articles, même ceux que j'écris au *Courrier artistique*. Je n'en savais rien, et l'on fait bien de me prévenir. Je ne m'étais occupé jusqu'à ce jour que de dire nettement des choses justes. Je tâcherai, pour plaire à ce farouche puriste, de mettre dans l'expression du bon sens cette correction continue qu'il est si difficile d'atteindre, et que les plus grands écrivains même n'ont pas toujours su garder. J'aurai toujours sur ma table : à droite, la grammaire de Noël et Chapsal; à gauche, le dictionnaire de l'Académie, et, devant moi, la grande ombre de ce juste qui, n'ayant jamais péché contre la langue, est en droit de nous jeter la pierre à tous.

Remarquez-vous encore ce qu'ajoute M. Louis Veuillot : que je lui donne le niveau intellectuel et littéraire de la presse démocratique. Jamais je n'aurais osé m'accorder une telle louange. Je me croyais un des plus consciencieux, mais aussi un des plus obscurs combattants de la grande armée libérale. Dans cette presse, où il serait si facile de citer tant d'excellents écrivains et d'hommes illustres, je ne savais pas occuper un si haut rang. M. Louis Veuillot est bien aimable de me l'apprendre, et je veux lui rendre sa politesse.

Allons, monsieur Veuillot, approchez, que je vous rende votre politesse. Et vous aussi, vous nous étiez fort utile, au temps où vous écriviez, pour constater le niveau du mouvement religieux en France. Vos violences nous rassuraient. S'il se sentait maître de la situation, nous disions-nous, il serait plus calme. Chacune de vos injures tombait sur notre cœur comme une rosée consolante. Il se fâche, donc il a tort, devant le public tout au moins; et cette conviction suffisait à nous rasséréner.

Le *Monde* n'a qu'un très petit nombre d'abonnés aujourd'hui, mais nous ne pouvons tirer de ce peu d'empressement de la foule aucun argument en notre faveur. Au temps où vous rédigiez l'*Univers*, le journal ne réunissait pas autour de lui un beaucoup plus grand nombre de sympathies payantes. On le lisait davantage; on faisait cercle autour de vos articles, comme la foule s'assemble autour d'un hercule de la foire. Mais quand il s'agissait de mettre la main à la poche, les amateurs étaient aussi rares que les catholiques convaincus de la nécessité du pouvoir temporel. Vous nous donniez ainsi la mesure de l'indifférence publique pour la cause que vous souteniez. Vous aussi, vous nous serviez d'étiage, dans la presse religieuse, comme je puis vous en servir aujourd'hui dans la presse démocratique.

Voilà ma politesse faite; je suis en règle avec M. Veuillot. Je le prie cependant de ne point s'en aller encore. Un moment, Veuillot, je n'en ai point fini avec vous. Vous me raillez fort agréablement de ce que j'ai été le seul à louer la pièce de M. Émile Augier. « *Comme œuvre littéraire* — dites-vous — *personne, sauf le seul Sarcey, ne fait difficulté d'avouer que c'est pauvre.* » Sauf le seul Sarcey ! Sent-on bien tout ce qu'il y a d'ironie badine dans ce mot ?

Et d'abord, est-il bien vrai que j'aie été si seul que cela. J'avais cru le contraire. Il m'avait semblé que ceux même qui avaient le plus violemment attaqué les tendances et l'esprit de M. Augier, avaient rendu justice au mérite de sa pièce. Ils faisaient leurs réserves sur la question politique et sociale ; mais ils avouaient sans la moindre difficulté que l'œuvre était belle.

Ils ne traitaient point de *canaille* la foule qui se portait tous les soirs à la Comédie-Française pour l'entendre. Ces termes ont peut-être perdu leur sens pour M. Veuillot, qui les emploie sans y regarder de très près. On hésite à s'en servir dans les journaux de la démocratie, le niveau n'y est pas encore monté jusqu'au langage des halles ; mais ils font bien dans une brochure catholique de deux cent soixante pages. Loin que j'aie été le seul à proclamer la grande valeur du *Fils de Giboyer*, je pourrais dire, avec plus de raison, que personne, sauf le seul Veuillot, n'a fait difficulté de le reconnaître.

Mais, en supposant que j'eusse été le seul critique à faire de la pièce nouvelle l'éloge qu'elle mérite, mon isolement prouverait-il que j'eusse tort ? Il y a trois ou quatre ans, j'écrivis un long article sur M. Veuillot. J'y disais que M. Veuillot n'est pas seulement un merveilleux polémiste, mais qu'il n'y a pas de raison pour ne pas le regarder comme un très honnête homme et un chrétien convaincu ; qu'on doit croire à la sincérité des gens, jusqu'à preuve du contraire, et que cette preuve n'était point faite pour M. Veuillot; que je le tenais donc pour un ennemi, mais un ennemi aussi loyal qu'il était habile et redoutable.

Je fus tout seul de mon avis, oh! mais, là, ce qui s'appelle tout seul : ce fut sur moi et sur mon article un haro général. Personne, sauf le seul Sarcey, ne faisait difficulté d'avouer que l'Arpin du catholicisme méritait le nom qu'il applique, avec une si cordiale aménité, aux spectateurs du *Fils de Giboyer*. J'eus tout le monde contre moi; mais il ne me déplaît pas d'être seul avec la vérité et le bon sens, et M. Veuillot ne fera pas difficulté d'avouer qu'en cette circonstance, au moins, il n'était pas déshonorant de rester seul.

Je suis au contraire en très nombreuse et très bonne compagnie, quand je loue M. Émile Augier, et les 260 pages de M. Veuillot n'y feront rien. Il a versé là beaucoup d'encre et de bile en pure perte. Il prend à partie M. Émile Augier sur son style et lui reproche, comme à moi, ses fautes de grammaire. A moi, passe encore; mais M. Émile Augier est de l'Académie; il doit connaître sa langue, c'est le cas de le dire, comme s'il l'avait faite.

Aussi, M. Veuillot n'est-il pas très heureux dans sa correction; le métier de pédagogue n'est pas fort difficile, mais encore faudrait-il le bien faire. M. Émile Augier avait mis dans sa préface : « *On feint de croire*, » là-dessus, le grammairien Veuillot de s'écrier : Quel solécisme horrible ! *On feint de croire!* Un académicien ! Il n'en revient pas. Vous ne voyez pas trop où est la faute ; permettez-moi de retourner un instant à mon ancien métier, et de vous expliquer l'étonnement de M. Veuillot.

Au dix-septième siècle, au bon temps, *feindre de*, suivi d'un infinitif, n'avait qu'un sens, il signifiait : *hésiter à*, et on ne l'employait qu'avec une négation. Ainsi « *les dévots ne feignent pas de répondre aux bonnes raisons par des injures* » eût été aussi bien écrit que bien pensé. *Feindre*, dans le sens de *simuler*, ne prenait qu'un régime direct ; exemple : « *Les Veuillots de tous les temps ont feint un grand mépris pour leurs adversaires.* » Cette signification est restée parfaitement française, l'autre a vieilli. M. Veuillot ne feint pas s'en servir ; j'hésiterais à l'employer.

Feindre suivi d'une préposition et de l'infinitif a pris peu à peu le sens de faire semblant : « M. Veuillot feint de rire, quand on frappe sur les jésuites. » *Il fait semblant de rire!* La locution a passé dans la langue aujourd'hui. Car il en est de la langue comme de tout le reste. Elle change, quoi qu'en pense M. Veuillot, qui s'en tient mordicus aux choses de l'ancien régime. Les préjugés et les formes de langage vieillissent et tombent, et tous les Veuillots du monde ne sauveront pas ceux qui ont disparu.

Le même Veuillot marque à l'encre rouge : *Ils sont en train d'escalader* le char du triomphe. « C'est qu'en effet au siècle du père Letellier, on disait d'une affaire « qu'elle est en bon train ». On n'eût jamais dit qu'une personne « est en train de la faire ». Cela est plus moderne et date de l'expulsion des Jésuites. Louis Veuillot déjà nommé ne veut pas non plus qu'on dise : « Debout à une tribune ». Il souligne cette locution avec horreur. Pourquoi! c'est un secret. Ne le pressez point de le révéler ; vous lui arracheriez plutôt la vie qu'un mot d'explication.

Eh! bien, vous voyez que pour un homme qui ne fait plus son métier d'éplucher des solécismes, je ne m'en tire pas trop mal encore. — Ce n'est pas sans doute le tranchant et le décisif de M. Veuillot ; je présente modestement mes raisons. Mais les grands esprits ne s'abaissent pas à ce détail. Ils donnent un coup de crayon au travers d'un solécisme. C'est un coup de massue pour l'auteur.

4.

Voilà M. Augier assommé, et Veuillot, ce Terrible Savoyard de la grammaire, enchanté de ses exploits. Qu'il en rabatte un peu : cette besogne n'a rien de si glorieux ; le moindre professeur la fait tous les jours dans sa classe, et n'en est pas plus fier. Il ne faut pas même être, pour la mener à bonne fin, ce que M. Veuillot appelle un virtuose de l'École normale ; un régent de septième y suffit ; l'Université en compte un grand nombre qui, sur cet article, en remontreraient au grand Veuillot lui-même. Il n'est pas besoin d'être un grand écrivain pour être un grammairien exact, et l'on peut posséder parfaitement sa langue, sans avoir de style.

Qu'est-ce donc que le style ? — « C'est un don de voir et de dire juste, mais de dire juste dans un continuel essor d'imagination qui colore, qui anime, qui crée l'originalité en gardant la simplicité. C'est la chose spontanée et savante avec quoi Mme de Sévigné fait sa lettre, La Fontaine sa fable, Molière son dialogue, Montaigne sa divagation. Cette chose-là, chose exquise, les ramasseurs ne la ramassent jamais, et parmi ceux qu'on appelle gens d'esprit, beaucoup même ne la savent pas discerner. Ce n'est point le mot, ce n'est point l'éclat, ni le coup de feu, ni le coup de dent ; c'est la grâce et la fleur de l'intelligence, plus délicieuses qu'ailleurs chez Mme de Sévigné, à cause de son perpétuel épanouissement d'honnête joie. »

Qui a dit cela ? M. Louis Veuillot lui-même ; et il est impossible d'exprimer en termes plus délicats des idées plus judicieuses. Mais il est impossible aussi de porter soi-même, sur sa propre manière, une plus sévère et plus juste condamnation. Où trouverez-vous dans les écrits de M. Veuillot cet épanouissement d'honnête joie qu'il aime tant chez les autres ? Il ne s'épanouit pas, il se lâche dans sa joie, et il en éclabousse ceux qui le lisent. Il parle quelque part du *joli rire* dont est doué M. Taxile Delord. Le sien n'a rien de joli, cela est incontestable. C'est un rire insultant, un rire violent, le rire de ce dieu des vengeances, qui disait : *Ridebo eis et subsannabo;* un ricanement, un grincement plutôt qu'un rire. Les éclats de sa joie n'ont rien d'honnête ; ils sont poussés jusqu'à la brutalité.

M. Veuillot, dans sa brochure, suppose Émile Augier, lisant sa pièce dans le salon de Mme Swetchine, devant MM. Donoso-Cortès, de Broglie et autres gens éminemment sérieux et ducs. Qu'auraient-ils pensé de *Giboyer?* s'écrie-t-il. Je n'en sais rien; mais peut-être M. Augier ne faisait-il pas *Giboyer* pour être encensé du faubourg Saint-Germain.

C'est pour lui, au contraire, qu'écrit M. Veuillot ; imaginez-le, je vous prie, lisant son pamphlet, chez les précieux du néo-catholicisme! Quel désastre, s'il n'était pas convenu que la foi purifie tout ce qu'elle touche!

Vous représentez-vous M. Veuillot arrivant au passage où il introduit Maximilien Giboyer, le fils de Giboyer, en livrée de domestique et ivre : Je ne puis résister au plaisir de citer ce petit dialogue, qui a la prétention d'être ironique :

MAXIMILIEN.

Monsieur, ça y est.

LE MARQUIS.

Comment! ça y est.

MAXIMILIEN.

Eh bien! ça y est sur la table. C'est servi, quoi!

LE COMTE.

Il est ivre.

LE MARQUIS.

Maximilien, vous avez vu le père Giboyer aujourd'hui?

MAXIMILIEN.

Puisqu'il dit qu'il est mon père!... Je n'en suis pas cause, moi... Il faut bien que je croie mon père, qu'il dit qu'il m'a donné mon éducation.

LE MARQUIS.

Je vous ai commandé, toutes les fois que vous auriez vu le père Giboyer, d'aller vous coucher, et de ne paraître devant moi que le lendemain.

MAXIMILIEN.

Et mon service? il faut bien que je le fasse. Je ne veux pas voler mes gages, moi.

LE MARQUIS.

... Allez vous coucher. Et nous, messieurs, allons dîner.

MAXIMILIEN, seul.

Ganaches!... Néanmoins, que mon soi-disant père est un indiscret. Il me fait boire le soir; ça m'expose... Et c'est encore moi qui ; ie!... Je ne trouve pas que ça soit bien.

Et la pièce finit là-dessus. Quel atticisme! quelle fleur de bon goût! quelle légèreté de main! Si MM. de Broglie et Donoso-Cortès, si les ducs et les duchesses ne se pâment pas d'aise à ces délicatesses de leur champion, c'est qu'ils sont vraiment difficiles. Que parlait-on d'un mélange de Bourdaloue et de Turlupin. C'est du Turlupin tout pur, Turlupin en pointe de petit bleu.

M. Augier s'est attaqué à forte partie. Aussi voyez comme on le démolit :

LE MARQUIS.

Puisque Aristophane il y a, je reconnais un mérite à votre Aristophane.

COUTURIER.

Bien! il sied aux vaincus d'être justes. Allons! monsieur le marquis, décrivez-nous le mérite du vainqueur.

LE MARQUIS.

Devinez : je veux contrôler mes impressions par les vôtres.

COUTURIER.

L'observation?

LE MARQUIS.

Aucunement.

COUTURIER.

L'invention ?

LE MARQUIS.

Pas du tout.

COUTURIER.

Ma foi ! puisque vous lui refusez déjà l'esprit et le style...

LE MARQUIS.

L'esprit, à peu près ; le style absolument.

COUTURIER.

Alors, vous lui accordez le courage ?

LE MARQUIS.

Ah ! non, pas cela ! pas même l'audace.

Je ne veux pas vous tenir plus longtemps dans le doute. Ce que ce terrible marquis accorde à Émile Augier, c'est l'effronterie. Que dites-vous de cette façon de critiquer ? N'est-ce pas d'une désinvolture tout à fait gracieuse ? Est-il possible d'imaginer une raillerie plus fine et plus agréable ? Si c'était là l'esprit dont se contentaient les habitués de Mme Swetchine, plaignons-les. On n'en voudrait pas même dans un estaminet.

Ce Louis Veuillot est en vérité une énigme. Je dirai de lui, toutes proportions gardées, ce que disait La Bruyère de Rabelais : Où il est bon, il va jusqu'à l'exquis ; c'est le mets des plus délicats. — Mais où il est mauvais, il passe bien loin au delà du pire ; c'est le charme de la canaille.

Je n'aurais pas osé lâcher le mot ; mais il est de La Bruyère ; et M. Veuillot ne m'en voudra pas, lui qui ne *feint pas* de nous le jeter si souvent au nez. Nous ne sommes pourtant pas si *canaille* qu'il le prétend ; car nous n'avons goûté, dans son nouveau pamphlet, qu'un très petit nombre de pages. On en trouve quelques-unes qui vont, en effet, *jusqu'à l'exquis ;* elles étincellent de malice et de verve; mais elles sont rares. Il y a bien du rabâchage dans ce gros volume.

M. Veuillot n'a d'haleine que pour un article de journal. Quand il s'enfle jusqu'à la brochure, il a déjà des parties médiocres; s'il pousse au volume, il est mauvais. Quelques pages surnagent; ce sont d'admirables fragments d'articles. La trame du style n'est point ferme ni solide. L'auteur ne sait pas ordonner ses idées; il va, il revient; il bat la campagne. Il ne se sauve de l'ennui que par des boutades d'esprit; il est vrai qu'il en a d'une vivacité et d'un agrément incomparables.

Il regrette le journal. C'est, dit-il avec beaucoup de justesse, l'arme de précision. Je suis fâché pour la liberté, et même pour notre plaisir de dilettante, qu'on la lui ait violemment arrachée des mains. Je voudrais qu'on la lui rendît, et je n'aurais certes pas, pour ma part, écrit un seul mot contre M. Veuillot désarmé, si, en m'attaquant le premier, il n'avait autorisé des représailles.

16 mars 1863.

MAITRE GUÉRIN

Le défaut primordial de *Maître Guérin*, c'est que l'auteur avait rêvé une pièce et qu'il en a écrit une autre. A mi-chemin, il a bifurqué sur un accident de la route et, poussant toujours dans le même sens, il est arrivé fort loin du terme qu'il s'était prescrit. C'est une erreur dont il y a des exemples au théâtre. Cette année même, je m'entretenais avec Jules Lemaître de son drame : — Votre principal personnage, lui disais-je, c'est Rousseau, ce pauvre diable de professeur qui a épousé par amour l'horrible pessimiste que vous avez appelée la révoltée. La scène capitale de votre drame, c'est l'explication qu'il a avec elle au troisième acte; c'est elle qui a enlevé le public et assuré le succès de l'ouvrage. Eh! bien, votre Rousseau n'ouvre pas la pièce ni ne la ferme. Vous donnez au début une importance extraordinaire à des personnages, qui ne sont que de second plan. Vous nous arrêtez un temps infini sur cette histoire de Mme de Vove, qui a élevé une fille naturelle, sans en rien dire à personne, qui l'a mariée, dotée, et la protège, sans que le monde sache pourquoi; qui se trouve acculée à la nécessité de révéler à son fils son pénible secret, puis de le laisser deviner à d'autres. Nous ne pouvons guère nous y intéresser; ce n'est pas le sujet. Tous ces détails n'ont qu'une utilité dans le drame, c'est de nous expliquer certains points du caractère de la révoltée, qui, sans cela, demeureraient obscurs.

— Ah ! voilà, me dit Jules Lemaître. C'est que pour moi l'histoire de Mme de Vove, ses scrupules, ses terreurs, ses ennuis, ses désespoirs, c'était le sujet. J'avais vu cette situation dans le monde, et j'avais cru la pouvoir porter au théâtre. Il a bien fallu marier la jeune fille. J'ai songé naturellement à lui donner pour époux un homme que je connaissais, que j'avais pu étudier longtemps dans le monde universitaire, un professeur. Et une fois cette figure introduite dans le drame, je m'y suis attaché avec passion. Elle a lentement passé, je ne dirai pas malgré moi, mais presque à mon insu, au premier plan. En sorte que j'ai eu deux pièces qui ne se rattachaient que péniblement l'une à l'autre. Il aurait fallu tout recommencer ; je n'en ai pas eu le courage et peut-être n'en serais-je pas venu à bout.

Ce ne sont pas là, bien entendu, les paroles de Jules Lemaître, qui a dans la conversation plus de vivacité et de bonne grâce de langage. Mais c'en est le sens très exact. *Habemus confitentem reum.* Il avait pris un sujet, et il en a traité un autre, et il s'est trouvé que cet autre était infiniment plus intéressant et plus pathétique que le premier. Et ne croyez pas que ce soit là un cas exceptionnel, ou même fort rare, et peut-être même y a-t-il tel ou tel de nos chefs-d'œuvre classiques, où l'on retrouverait ainsi la trace d'une semblable dualité de conception.

Elle éclate dans *Maître Guérin.*

Émile Augier était parti de cette idée : mettre l'inventeur au théâtre. Elle en a séduit bien d'autres ; je ne crois pourtant pas qu'elle soit heureuse. L'inventeur, qui fait si bonne figure dans le roman, ne semble pas être un personnage de théâtre. C'est qu'au théâtre on s'adresse à la foule, et que la foule ne s'intéresse guère qu'aux gens qu'elle connaît, ne prend part qu'aux sentiments qu'elle a éprouvés elle-même, les sentiments généraux de l'humanité.

L'inventeur est un être particulier, dont les joies et les douleurs ne sont que malaisément accessibles au public. Comment pourrions-nous, au théâtre, nous intéresser à M. Van-Claes, qui répudie, au profit d'une passion que nous ne comprenons guère, ne la connaissant pas du tout, les sentiments les plus naturels du cœur humain et qui les foule aux pieds? Un inventeur aura toujours contre lui, à la scène, le préjugé et la convention. Il sera inintelligible et insupportable.

Ajoutez qu'au théâtre il faut que ce nom d'inventeur se matérialise dans une invention quelconque qui soit visible au spectateur. Quand je mets un notaire sur la scène, je n'ai pas besoin d'y montrer son étude. Mais si je veux peindre un inventeur, il n'y a pas à dire : il faut que je lui prête une invention. Balzac a choisi la transmutation du carbone en diamant; Hector Malot, la navigation aérienne. Rien de plus simple en un roman; l'auteur peut entrer dans le détail, imaginer des expériences, les exposer dans tous leurs détails, mais au théâtre, on ne croit que ce qu'on voit : *Quæ sunt oculis subjecta fidelibus,* comme dit Horace. Comment porter une expérience de physique ou de chimie à la scène? comment la faire comprendre? comment y intéresser?... Et si le public ne croit pas à l'invention, comment voulez-vous qu'il ait la moindre sympathie pour l'inventeur? Il le tiendra pour un vieux fou.

Émile Augier avait cru se tirer d'affaire en portant au théâtre l'histoire d'une invention à laquelle il avait assisté et la figure d'un inventeur qu'il avait connu. L'inventeur, c'était M. Laffore, et l'invention, c'était la méthode lafforienne, autrement dit la *statilégie*. Je suis très fort en statilégie ; car si je n'ai pas connu M. Laffore lui-même, qui était mort depuis longtemps quand je suis entré dans le journalisme, j'ai eu l'honneur de recevoir souvent chez moi M. Laffore fils, qui était médecin en chef à l'hôpital des Quinze-Vingts, je crois. Il était très fier de l'invention de son père, et comme il savait que je m'occupais beaucoup de pédagogie, il était venu me l'exposer et me prier de la relancer dans la publicité.

La statilégie était une méthode à l'aide de laquelle l'inventeur se faisait fort d'apprendre à lire, en huit jours, non seulement aux enfants dont la mémoire est fraîche et dont l'intelligence est prompte, mais aux adultes les plus réfractaires. Les vieux abonnés du *Temps* se peuvent rappeler que Mme Sand, qui dans les dernières années de sa vie écrivait pour nous des manières de chronique hebdomadaire, a exposé tout au long le système de M. Laffore en s'extasiant sur les résultats que l'on en avait obtenus autour d'elle. Elle avait, comme vous savez, l'enthousiasme facile autant que contagieux. Elle s'était, ce jour-là, sérieusement emballée.

J'avais été moi-même séduit par la nouveauté, la clarté et l'élégance du système, quand M. Laffore fils me l'exposa, m'affirmant qu'il avait fait non pas dix fois, mais cent fois cette expérience. On lui confiait une chambrée de soldats qui ne savaient pas leurs lettres. Au bout de quatre leçons, tous commençaient à déchiffrer ; au bout de huit, tous savaient lire.

Ces résultats me paraissaient surprenants. En pédagogie, on ne va pas si vite, d'ordinaire. J'avais de la méfiance. Je me fis donner les livres, je les étudiai, et me mis en tête de voir par moi-même ce que valait le système. Je pris le valet de chambre d'un de mes amis, un homme de trente ans, qui était enragé de ne savoir pas lire. Je lui demandai s'il voulait m'accepter pour maître d'école. Comme il n'avait pas d'autre heure qui s'accordât avec les miennes, il venait tous les matins, en hiver, à six heures, avant que personne fût levé chez lui. J'ai toujours été très matinal. Le pauvre garçon! je ne puis jamais songer à cette histoire, sans un mouvement de compassion triste. Il se donnait, pour comprendre, un mal dont on n'a pas idée. Je voyais les veines de son front se gonfler sous l'effort de l'attention, et, bien que nous fussions en hiver, la sueur lui coulait du visage. Il n'était pourtant pas sot et passait dans son service pour intelligent et soigneux. Mais il était fermé à ces notions. La méthode lafforienne et moi, qui cependant m'y étais mis de tout cœur, nous perdions notre latin. Les huit leçons réglementaires étaient écoulées; c'est à peine s'il ânonnait quelques mots. Je n'osais pas le congédier, car il s'obstinait, se raidissait.

Son maître me dit un jour : « Vous m'avez changé ce garçon-là; je ne le reconnais plus. Il est absorbé et comme abruti. Je crains qu'il ne tombe malade ».

Il voyait juste : le malheureux fut pris d'une fièvre cérébrale et mourut en quelques jours, sans savoir lire. C'est là tout le résultat qu'a jamais eu la méthode lafforienne entre mes mains. Il faut croire que j'étais tombé sur une exception. J'ai dans ma famille une personne qui dirige une des écoles communales de la ville de Paris; je la priai de prendre connaissance des brochures et de m'en donner son avis.

— Cela est fort ingénieux, me dit-elle, et peut en effet être de quelque utilité pour les adultes. Nos enfants n'ont pas besoin de méthode nouvelle. Ils apprennent à lire en se jouant, parce que tout le monde, à chaque instant, leur donne des leçons en dehors de l'école. Elles ne vont pas voir un parent, ne rencontrent pas une voisine, qui ne leur dise, leur montrant une enseigne, une affiche, un journal : Comment s'appelle cette lettre ? lis-moi ce mot ? Un beau jour, elles savent lire, sans avoir pour ainsi dire appris. Si on les instruisait d'après une méthode particulière, elles ne feraient peut-être pas beaucoup plus de progrès à l'école, parce qu'elles sont incapables d'une attention prolongée; mais on les priverait de ce supplément d'instruction qu'elles reçoivent de la vie quotidienne.

Cette vue me sembla si juste, que je renonçai à la méthode lafforienne. Il est clair qu'avec l'instruction primaire obligatoire, c'est sur les enfants que nous devons opérer. Une méthode qui n'est bonne que pour les adultes doit forcément devenir inutile. Ce n'est plus qu'un joujou curieux.

Elle avait été prise très au sérieux au temps où l'inventeur. M. Laffore, la produisait pour la première fois. Je lisais tout dernièrement, dans l'article qu'écrivit un de mes confrères au lendemain de la reprise de *Maître Guérin*, qu'Émile Augier aurait dû, voulant nous montrer un inventeur, s'enquérir d'une invention qui fût au moins vraisemblable. Il était absurde de supposer qu'il y eût jamais eu un Desroncerets assez fou pour croire qu'il gagnerait des millions avec une méthode de lecture. Comment espérer qu'on ferait avaler cette bourde au public, que pour établir cette méthode il en avait coûté à l'inventeur et sa fortune et celle de sa fille ? Tout cela, disait-il, est d'une impossibilité évidente, d'une déraisonnable extravagance !

Ce qu'il y a de plus amusant dans l'affaire, c'est qu'au point de vue du théâtre mon confrère raisonnait juste. Oui, ce Desroncerets, avec sa méthode de lecture, nous fait l'effet d'un fou ; et plus fous encore sont ceux qui l'écoutent. Nous nous demandons dans quels pays se passent ces ridicules chimères.

Et voilà bien qui prouve la vérité de cette théorie, que je ramène sans cesse dans mes études hebdomadaires. C'est que la vérité, quand elle est portée toute nue au théâtre, paraît y crier d'invraisemblance; c'est qu'il n'y a rien de si difficile que d'y rendre la vérité vraisemblable.

Émile Augier avait vu, dans son enfance, se dérouler sous ses yeux toute l'histoire de M. de Laffore et de sa méthode. Il avait gardé dans sa mémoire un souvenir très net de cette physionomie originale. Il avait vu son père, gagné à la conviction de l'inventeur, lui remettre trente mille francs, qui furent suivis de beaucoup d'autres. Il avait vu, de ses yeux vu, ce spectacle inouï de la méthode mise en actions. Les actionnaires, qui avaient chacun apporté une même somme, s'étaient partagé la France; chacun avait, pour sa part, une région où seul il possédait le droit d'exploiter la méthode, en fondant des écoles, et en apprenant à lire à la population des villes et des campagnes. Et tous croyaient sincèrement, fortement, ardemment, gagner des millions à cette opération fabuleuse. Tous étaient convaincus qu'ils n'auraient qu'à se présenter, un alphabet à la main, annonçant la bonne nouvelle, pour que le peuple tout entier, hommes et femmes, se précipitât à leur rencontre et leur achetât cet inestimable orviétan : le savoir.

Oui, ces illusions ont hanté et tourné la cervelle d'une douzaine de riches bourgeois qui avaient l'esprit sain et qui étaient instruits. Elles nous paraissent inouïes, à nous qui voyons la peine que l'on a à faire accepter gratuitement le bienfait de cette éducation à des entêtés qui n'en sentent pas le besoin.

Émile Augier en avait eu le spectacle sous les yeux. Pendant vingt années, il avait, à la table de famille, entendu parler du trou creusé dans la fortune de la maison par la méthode lafforienne. Laffore était pour lui un être de chair et d'os, qu'il avait connu, pratiqué, dont l'authenticité ne pouvait sérieusement être mise en doute. Et la méthode? Il l'avait vue fonctionner; il en avait mesuré les dégâts; il avait observé les dérangements de cervelle qu'elle avait provoqués. Et, tablant là-dessus, il avait porté le tout à la scène. C'était la vérité prise sur le fait; comment pourrait-il se faire qu'elle n'y parût pas vraie? Et elle n'a pas paru vraie, précisément parce que c'était une vérité, et qu'au théâtre, je ne me lasserai pas de le répéter sous toutes les formes, la question est de donner au public non la vérité, mais l'illusion de la vérité.

C'était donc M. Desroncerets (*alias* M. de Laffore) qui devait être le personnage principal de *Maître Guérin*, et la meilleure preuve en est que la pièce eut d'abord pour titre l'*Inventeur*, dans l'esprit d'Émile Augier. Mais il était naturel que l'inventeur (une fois son personnage donné) fût aux prises avec un homme d'affaires qui subviendrait à ses besoins d'argent et contribuerait à sa ruine. Cet homme d'affaires, quel qu'il fût, usurier de ville ou petit huissier retors de campagne, ne pouvait être qu'un personnage épisodique. Épisodique n'est peut-être pas le mot propre, puisqu'il devait entrer dans l'action et y jouer un rôle effectif, disons plutôt: un personnage de second plan.

Mais lorsque Augier en vint à la conception de cet homme d'argent, qui devait être une des chevilles ouvrières de sa pièce, il se produisit dans son esprit un phénomène singulier, dont l'analyse vous semblera curieuse.

La plupart d'entre vous ont sans doute oublié une comédie en vers, *Féline, ou l'Homme de bien*, qui est la seconde en date du répertoire d'Augier, car elle vint juste après le grand succès de la *Ciguë*.

Féline, c'était un Tartufe d'espèce toute particulière,

très capable d'une action mauvaise, mais qui n'aimait à se la permettre que lorsqu'il l'avait revêtue, non seulement aux yeux des autres, mais à ses propres yeux, d'une apparence respectable; qui voulait se tromper lui-même avant de tromper le prochain; qui s'arrangeait pour faire endosser aux autres la responsabilité des perfidies dont il tirait profit lui-même; malhonnête homme au fond, mais toujours en règle avec la loi et, ce qui est plus singulier, avec sa conscience; se faisant louer par tout le monde des iniquités qu'il commettait, et acceptant de bonne foi ces éloges.

La pièce tomba; elle n'eut, je crois, qu'une demi-douzaine de représentations. Il faut dire qu'elle ne valait pas grand'chose. Elle était peu nette en sa conception et obscure en ses développements. Émile Augier était bien jeune encore; il avait trop peu l'expérience de la vie et du théâtre pour sonder ses profondeurs subtiles et les mettre à nu, éclairées de la lumière crue de la rampe.

Augier avait fait son deuil de cette comédie, qui n'a jamais été reprise et qui ne saurait l'être. Mais l'idée était demeurée enfouie et comme en sommeil dans son esprit. Il est bien probable que, par je ne sais quel progrès mystérieux et lent, elle s'était sourdement développée, s'accroissant peu à peu de toutes les réflexions qu'apportait à Émile Augier l'observation de la vie humaine et l'étude de son art.

Comment s'empara-t-elle de lui quand il en arriva à peindre celui qui, dans l'*Inventeur*, devait être l'homme d'argent et l'agent de la ruine de M. Desroncerets, je ne me charge pas de le dire. Rien de plus obscur, rien qui échappe plus à l'analyse que la génération des idées chez les hommes de génie. Ce qu'il y a de certain, c'est que, sans s'en rendre compte peut-être, il trouva là une occasion de reprendre un sujet qu'il avait manqué quinze ans auparavant : ce sujet, c'est la conscience humaine et la façon dont la plupart des hommes se comportent vis-à-vis d'elle.

Personne (à moins d'être un franc et avéré scélérat) n'est assez abandonné pour en mépriser absolument la voix. Mais on prend aisément l'habitude de la payer de belles raisons, de raisons colorées, comme dit Molière. On s'excuse à soi-même les plus méchantes actions, en se les colorant, puisque colorer il y a, de prétextes spécieux, et ce sont ces prétextes que l'on étale aux yeux du monde, pour lui surprendre son estime, après qu'on s'est volé la sienne propre. On finit, après avoir dupé les autres, par être dupe de soi-même.

De même que certaines âmes, nobles et tendres, ont la pudeur du bien, de même aussi le plus grand nombre des hommes auraient la honte du mal s'il ne se déguisait pas sous un masque de vertu. Les belles âmes se gardent à elles-mêmes et au monde le secret de leurs dévouements, et, soit grandeur d'âme qui s'oublie, soit innocence qui s'ignore, elles cachent ce qu'elles valent et dérobent à tous, même à elles, le secret de leurs mérites. Renversez la proposition. Les vilaines gens se dissimulent à eux-mêmes le mystère de leurs vils calculs, de leurs honteuses ou abominables actions.

Cette idée abstraite ne s'était, dans *Féline ou l'Homme de bien*, produite que sous forme d'abstraction. Féline, à vrai dire, n'était pas une figure vivante, c'était en effet une abstraction figée dans l'alexandrin. Augier se retrouvait pour la seconde fois devant cette même idée ; mais, cette fois, il la voyait marcher et se mouvoir devant lui.

Et ce qui ajoutait à l'illusion, c'est qu'il la voyait marcher et se mouvoir, personnifiée dans un grand comédien français. Got est, à l'heure qu'il est, le doyen vénéré de la

Comédie-Française; mais il faut avoir pratiqué la Comédie-Française aux environs de 1860, il y a près de trente ans, pour comprendre la place énorme qu'il occupait dans le théâtre. Il avait incarné avec une supériorité prodigieuse le Giboyer des *Effrontés* et celui du *Fils de Giboyer*. Il était l'acteur préféré d'Augier, le comédien sûr tout ensemble et capable de toutes les audaces. Il connaissait et respectait la tradition; mais il avait le sens de l'homme moderne. Il mettait en lumière les traits généraux d'un personnage; mais il savait aussi en noter les accidents de physionomie, d'allure et de langage; il poussait jusqu'aux tics. Il était à la fois large et précis; il atteignait la vérité particulière derrière la vérité générale.

Vous commencez sans doute à deviner ce qui se passa. Émile Augier était sans doute infiniment plus expert en théâtre que ne peut l'être encore notre confrère Jules Lemaître. Mais, oubliant comme lui son sujet initial, il céda comme lui à la séduction de ce personnage qu'il rencontrait sur sa route. Il porta tout l'effort de son travail sur maître Guérin, et il en fit une des figures les plus caractéristiques du théâtre contemporain.

Regardez-le, ce petit notaire de province, au crâne chauve, aux yeux gris et froids, aux favoris grisonnants, qui affecte des allures de bonhomme et dont la parole est tour à tour si importante et si brève. Ce n'est pas précisément un malhonnête homme; non, le juge d'instruction le plus sévère pourrait fouiller toute sa vie sans y trouver le plus petit mot à dire.

Il se rend à lui-même ce témoignage. J'ai une honnête aisance, le bonheur domestique, l'estime de mes concitoyens, la paix de la conscience; que faut-il de plus? *Hoc erat in votis.* Et personne ne s'inscrit en faux. Sa femme le regarde avec admiration.

— Quelle tête tu as ? lui dit-elle.

— Mais oui, assez bonne.

— Tu es le meilleur des hommes ! reprend-elle dans un transport de reconnaissance.

— Je te l'ai toujours dit, répond-il naturellement.

Et il n'est pas loin de le croire. Il n'a jamais regardé au fond, bien au fond de sa conscience.

— Le fond, s'écriait-il, oh ! le fond ! vois-tu, le seul moyen d'avoir une règle en ce monde, c'est de s'attacher à la forme, car il n'y a que cela sur quoi tous les hommes soient d'accord.

Et lui, il a toujours été le rigide observateur de la forme.

— Mais vous tournez la loi, lui dit son fils.

— Je la tourne ; donc, je la respecte.

Il a raison. Tout lui a réussi. Il s'est fait une belle fortune qu'il s'occupe à rendre plus considérable. Il établira richement son fils, deviendra député, conquerra le ruban rouge. Que lui manquera-t-il alors pour être un homme considérable et considéré ?

Rien, absolument rien. Et notez que ce n'est pas lui qui court après tous ces avantages. Les bonnes affaires sont venues le chercher. Il ne les a faites que pour rendre service à de pauvres diables dans l'embarras. Il prêtait sur hypothèques pour obliger des gens qu'il savait fort bien ne pouvoir rendre ; et si le gage lui restait aux mains, ce n'était pas sa faute.

Il acceptera la croix pour faire plaisir à sa femme.

— N'aimeriez-vous pas bien, petite vaniteuse, voir briller le ruban rouge à la boutonnière de votre Adrien ?

C'est pour sa bru qu'il sacrifiera son amour du repos et se fera nommer député. Il a acheté la terre de Valteneuse ; il veut marier son fils à une grande dame veuve qui porte le titre de Valteneuse, et son fils, en l'épousant, prendra le nom de la terre qui est celui de la femme. Mme Guérin, qui est une bonne provinciale, n'apprend pas ce projet sans quelque tristesse :

— Eh! quoi, notre fils ne s'appellera pas Guérin, comme nous?

— Tu as raison, répond l'autre. Je comprends toutes ces délicatesses. C'est moi qui prendrai le nom de Valteneuse et le transmettrai à mon fils. On rira de moi et non de lui.

Il a imaginé une combinaison par laquelle il met légalement dans sa poche une partie de l'avoir de Mme de Valteneuse.

— C'est pour le bonheur de mon fils, dit-il ; quand la fortune de cette dame sera réduite de moitié, elle se montrera plus traitable.

Ce faux bonhomme est un vrai loup-cervier. Impitoyable en affaires avec ceux dont il médite la ruine, brusque et dur avec les siens, il traite sa femme comme une servante, comme une paria.

— Combien crois-tu, lui demande-t-il, que je donne de dot à notre fille?

— Dame! Guérin, je ne connais pas ta fortune.

— Et tu n'as pas besoin de la connaître, répond-il durement.

Il la met à la porte sans le moindre procédé, aussitôt qu'il entre une visite.

— Vous avez une excellente femme, lui dit le visiteur.

— La femme des autres est toujours la meilleure de toutes.

Il décachette les lettres adressées à son fils, et comme Mme Guérin le lui reproche doucement.

— Oh! dame! s'écrie-t-il, on ne fait pas d'omelettes sans casser les œufs.

Les passions les plus basses et les plus laides croissent et rampent comme des plantes vénéneuses dans ce cœur empoisonné. Il aime les bons morceaux et boit volontiers tout seul. Il court le cotillon, et Françoise, sa domestique, est maîtresse au logis. C'est sa pauvre femme qui essuie les meubles, et il la gronde rudement.

Quand son fils revient d'une campagne, colonel et commandeur de la Légion d'honneur, son premier sentiment est d'envie :

— Commandeur ! bougonne-t-il avec amertume, commandeur ! quand son père n'est pas même chevalier !

Il lui parle comme à un petit garçon, d'un ton tranchant et âpre ; et le fils obéit. Toute la famille a été pliée de longue date à trembler à sa voix. Mme Guérin en est comme abêtie, ratatinée.

Un dernier trait qui achève cette physionomie, c'est qu'il aime l'emphase du discours, et la mêle par intervalle à la langue courte et vive des affaires, qu'il parle fort bien à l'occasion :

— Votre neveu, dit-il à Mme Lecoutellier, c'est le tonneau des Danaïdes, c'est... (et il cherche quelque temps), c'est... que vous dirai-je ? un panier percé.

Et, ailleurs : Le coupable seul craint de s'asseoir sur la sellette de l'accusé ; pour l'honnête homme, elle se change en piédestal.

Il cite à tout propos Horace et les passages consacrés. Il a des réflexions qui sentent leur Prudhomme d'une lieue :

— Bast ! dit quelqu'un devant lui, si tous les Français savaient lire, il n'y aurait plus de gouvernement possible.

— C'est positif ! répond-il en humant sa prise avec une importance convaincue.

Cette figure, Augier l'a fouillée avec amour. Mais, à mesure qu'il la marquait de traits plus nombreux et plus caractéristiques, à mesure qu'il faisait tomber sur elle une lumière plus vive, elle prenait dans la pièce une place plus grande et repoussait dans l'ombre, au second plan, le personnage de l'inventeur.

Il eût fallu qu'Émile Augier eût le courage de rebâtir sa comédie tout entière sur un nouveau plan. Mais il n'y a rien de difficile, quand on a vécu toute une année avec une idée, de s'en déprendre; on ne voit plus clair dans une œuvre de théâtre, quand on y est resté trop longtemps enfermé.

Et cela est si vrai, qu'Augier, sa pièce terminée, ne se rendait pas compte de cette dualité fâcheuse. M. Édouard Thierry a conté dans la *Revue d'art dramatique*, qu'on avait longtemps balancé et discuté quel nom l'on donnerait à la pièce nouvelle, que l'on était en train de monter. Augier tenait pour l'*Inventeur* ou la *Fille de l'inventeur*. M. Édouard Thierry, averti par son sens de critique, lui disait : « Mais non, ce n'est pas l'idée mère de la pièce.

— Comment! pas l'idée mère? s'écriait Augier.

— Ce n'en est pas le fond; ce n'en est pas l'intérêt. L'intérêt de la pièce, c'est maître Guérin.

Eh! bien, alors, dit Got, appelons-la *Maître Guérin*.

Émile Augier se rendit, sans être bien convaincu. Mais la représentation accentua dans une proportion énorme ce dont M. Thierry n'avait eu qu'une obscure intuition à la lecture, la dualité de l'œuvre et la prédominance du sujet qui n'était que l'accident sur le sujet réellement choisi par l'auteur.

Desroncerets était pourtant joué par un comédien de premier ordre, Geffroy. Il m'avait rappelé par la coupe des habits qui flottaient sur son corps, par l'envolement des cheveux, par ses grands gestes et son air inspiré, ce pauvre père Chevé, qui, lui aussi, était un inventeur de génie et, rapprochement curieux, un inventeur de méthode pédagogique. Il était l'homme du rôle; mais le rôle parut inintelligible, extravagant. Ce Desroncerets, — j'ai gardé de tout cela un souvenir très exact, — fit l'effet d'un vieux et terrible raseur.

Qu'est-il arrivé?

Eh! mon Dieu! c'est qu'Augier a suivi les indications du public. Il a pris de larges ciseaux, et il a coupé tout au travers de ce rôle. Chose bizarre! la scène sur laquelle il comptait le plus, une des scènes pour lesquelles avait été certainement écrite la pièce, a disparu tout entière, et l'on ne s'en aperçoit pas.

Desroncerets a besoin de cent mille francs; s'il les a, il renversera une des plus savantes combinaisons de maître Guérin, et, pour les avoir, il faut qu'il aille les chercher à Strasbourg, où un ami les met à sa disposition. Il ne lui reste plus qu'un jour et qu'un train, et le train part dans une demi-heure.

Il s'agit donc pour maître Guérin de faire manquer à son homme ce train unique. Il le met sur un sujet de conversation qu'il sait absorbant pour un inventeur, son invention. Il l'écoute, il le contredit, il le pique, tout en lui répétant sans cesse : Prenez garde! vous allez manquer le train! Le temps passe! Vous ne pourrez pas dire que je ne vous ai pas averti. L'autre part, enfin : — Je pousserai mon cheval, dit-il. Et Guérin, le suivant des yeux : — Va, pousse ton cheval, il sera toujours distancé par ton dada.

Il est évident que l'auteur comptait énormément sur cette scène, qui mettait aux prises ces deux caractères. Mais le public avait marqué son impatience et son incrédulité de la façon la plus significative. Tous les développements de ce vieux fou lui avaient semblé plus ennuyeux encore qu'extravagants. Il a fallu, à la reprise, retrancher la scène.

Ce vide ne fait pas trou ; mais vous comprenez à présent pourquoi la pièce s'en va de guingois, pourquoi elle ne satisfait pas pleinement l'esprit. Du personnage qui était, dans la conception première du drame, le personnage principal, il ne reste presque plus rien ; mais on n'a pu retrancher de même une foule de détails qui tournaient en quelque sorte autour de lui et qui ne s'expliquent plus, à présent qu'il a pour ainsi dire disparu.

Maître Guérin n'en demeure pas moins une très belle œuvre. Guérin est peint en pleine pâte, et sa femme est une des figures les plus vraies, les plus douces, les plus charmantes qu'Augier ait mises sur la scène.

Le public tient l'ouvrage en grande estime, et il a bien raison. Guérin est un des plus beaux rôles de Got, et Mme Pauline Granger est incomparable dans celui de Mme Guérin.

12 août 1889.

LES FOURCHAMBAULT

Les *Fourchambault* viennent d'obtenir un des plus éclatants succès que nous ayons jamais vus se produire sur un théâtre à la première représentation, et il est probable que ce succès ne fera que croître aux représentations suivantes. C'est que la pièce n'est pas de celles qui peuvent plaire seulement à une élite de lettrés, elle est faite pour être comprise de la foule et la remuer.

M. Émile Augier a déployé plus d'une fois la même puissance de talent; les *Fourchambault* ne sont supérieurs ni par la force de la conception, ni par la vaillante économie du drame, ni par l'énergie du style, à beaucoup d'autres pièces de lui qui n'ont réussi qu'à moitié : les *Lionnes pauvres*; la *Contagion*; *Madame Caverlet*; cet admirable *Mariage d'Olympe* qui n'a triomphé qu'à la longue de la résistance du public, et j'ajouterai même une comédie parfaitement oubliée aujourd'hui et qui m'a toujours semblé, à moi, de premier ordre : la *Pierre de touche*. Mais, dans toutes ces œuvres, Émile Augier avait essayé de traduire sur la scène des idées peu sympathiques à la foule, de soutenir des thèses qui, pour justes qu'elles fussent en soi, sonnaient à ses oreilles comme un inquiétant paradoxe.

Il n'y a point de thèse, à proprement parler, dans les

Fourchambault ; mais les vérités dont la pièce est imprégnée et qui s'en exhalent sont des vérités de morale universelle et courante, des vérités acceptées de tous, chères à tous. Quelles sont ces vérités? C'est qu'il vaut mieux pour une jeune fille se marier selon son cœur que d'épouser une situation dans le monde; c'est qu'un jeune homme, s'il aime une fille pauvre, et qu'il ait le tort de la séduire, aura encore avantage à réparer sa faute en donnant son nom à la mère de son enfant; elle lui apportera en échange le bonheur qu'une fille richement dotée ne lui aurait sans doute pas départi. C'est qu'il ne faut pas demander à un honnête homme d'où il vient, mais ce qu'il vaut; que ce n'est pas sa faute s'il est né hors mariage, et qu'il n'en est que plus estimable, s'il a du cœur. C'est enfin que la bonne et la mauvaise éducation sont toutes-puissantes pour former les enfants; que telle petite évaporée, qui est au fond la meilleure personne du monde, ne fait que s'inspirer des fausses maximes et copier les mauvais exemples qu'elle trouve dans sa famille.

Ce ne sont pas là, en effet, des vérités bien neuves; mais c'est précisément parce qu'elles sont vieilles que le public au théâtre les retrouve toujours avec plaisir, et qu'il est charmé, quand on les lui met dans un nouveau jour, quand on lui en rafraîchit la saveur par une nouvelle façon de les assaisonner.

Et remarquez-le bien : le grand attrait des *Fourchambault*, c'est que l'auteur ne s'y est pas proposé, comme il l'avait fait dans *Gabrielle*, comme nous l'avons vu faire dans le *Duc Job*, dans le *Cœur et la Dot*, de présenter ces vérités morales sous forme de thèse; point de développements philosophiques ni de tirades. Non, ces idées sont mêlées à l'action du drame et s'en dégagent, comme un invisible et délicieux parfum.

Le premier acte est une peinture de la famille Fourchambault. C'est une famille, hélas! comme on en voit beaucoup; car Augier a eu le rare mérite de se tenir dans l'observation exacte de la classe moyenne, de ne point chercher des types particuliers ou excentriques, mais de nous montrer sur la scène la bonne et honnête bourgeoisie, telle qu'elle se comporte sous nos yeux, telle que nous la pourrions voir nous-mêmes, si nous n'étions pas presque tous myopes.

Le père Fourchambault est un brave homme, bon comme le bon pain, tout en mie : il a eu, comme tout le monde, sa petite aventure de jeunesse. A vingt ans, il s'est fait aimer de la maîtresse de piano de sa sœur; il l'aurait épousée, car c'était un honnête garçon, amoureux et faible. Mais son père a eu l'art de jeter des doutes dans son esprit sur la vertu de la jeune fille : on lui a présenté une héritière de huit cent mille francs de dot. Il s'est laissé faire. Il a oublié et sa maîtresse et l'enfant qui est né de leur commerce. Il s'est marié richement ; il a continué au Havre la maison Fourchambault et Cie.

Il entend quelque peu les affaires ; mais il n'a su diriger ni sa femme, ni le fils et la fille qu'elle lui a donnés. La femme, sous prétexte qu'elle lui a apporté 800.000 francs de dot, s'est mise à dépenser avec fureur; le train de sa maison et de ses toilettes lui coûte 80.000 fr. par an. Elle a communiqué à sa fille ses goûts de luxe frivole. Elle était assez bien née, cette pauvre Blanche; la nature avait déposé en elle un fond sérieux de qualités simples et honnêtes. Mais sous l'influence de cette détestable éducation domestique, elle est devenue une petite poupée, répétant des phrases apprises, et de vilaines phrases, tout entière à la vanité, et disant que, puisque le mariage est la seule carrière des jeunes filles, autant vaut-il qu'elle soit brillante.

Le fils n'a pas mieux tourné : ce garçon était né honnête ; il y avait en lui l'étoffe d'un homme d'honneur ; il était capable même de sentiments chevaleresques. Mais il a été déformé par le milieu où il a vécu. Il est devenu un gommeux de la pire espèce. Ses frasques sans esprit ont fait scandale au Havre.

Au moment où la pièce s'ouvre, il a rompu avec ses maîtresses ; mais ce n'est point une conversion. Les Fourchambault donnent en ce moment l'hospitalité à une jeune créole, Mlle Marie Letellier, pauvre orpheline, qui leur a été envoyée de l'Ile-Bourbon, et qu'ils se sont engagés à garder chez eux jusqu'à ce qu'elle ait trouvé une place d'institutrice. On l'a accueillie avec plaisir, on l'entoure de soins ; car, je le répète, ce sont de bonnes gens. Le fils a suivi la tradition ; il lui fait la cour ; elle accueille ses déclarations avec la désinvolture qu'autorise la liberté des mœurs de sa patrie. Mais elle s'en moque ; car c'est une honnête fille, sous ses allures un peu lestes.

Le père et la mère s'aperçoivent de ce manège. La mère en est ravie sous main. Cela n'est peut-être pas très propre, mais enfin Mme Fourchambault, qui n'a guère à son service que la morale courante du monde, professe cette maxime que, maîtresse pour maîtresse, une Mlle Letellier vaut mieux encore à son fils. C'est une fille distinguée, instruite, qui ne lui fera point faire de trop grosses folies, qui aidera à attendre le jour où le jeune homme se rangera au mariage avec une autre, et que l'on dédommagera aisément, ce jour venu. La bonne dame n'exprime pas formellement ces façons de voir, qui eussent révolté le public ; on les sent qui circulent sous sa conversation et qui l'animent.

Le père est de moins bonne composition. Il fait des remontrances amicales à son fils ; mais il passe rapidement sur le côté moral, sur l'indignité qu'il y aurait à perdre une jeune fille confiée à leurs soins. Ce qui le frappe, c'est le danger de ces liaisons. Il le connaît bien. Et il conte sa propre histoire, en la mettant, selon l'usage, sur le compte d'un ami. Léopold n'est pas dupe de cet artifice de langage. Il connaît cette anecdote, dont le récit l'a déjà plus d'une fois amusé. Il raille les craintes de son père, il blague l'auteur de ses jours...

Tous les traits qui marquent cette situation ont été choisis et mis en relief avec un art exquis par M. Émile Augier. On voit là les effets dépravants de cette détestable éducation, qui est trop commune dans notre bourgeoisie riche. Tous ces gens-là ne sont pas foncièrement mauvais. Seulement le père est faible, la mère dissipée ; tous deux ne connaissent d'autre morale que l'honneur mondain. Le fils et la fille se pervertissent et deviendront pires encore, si quelque main étrangère ne vient remettre l'ordre dans la maison. La fille, qui aimait un brave commis de banque, Victor Chauvet, épousera par gloriole le fils d'un baron ruiné, préfet du Havre pour le moment. Au fils on destine quelque riche héritière.

Le second acte nous transporte dans un tout autre milieu. Une grande femme, cheveux blancs, visage digne et pâle, courbée sur un pupitre, achève des comptes. Elle se tourne vers son fils :

— L'inventaire est terminé ; tu possèdes, en ce moment, lui dit-elle, deux millions moins trois francs.

Le fils se retourne, fouille dans sa poche, et gaiement :

— Voilà les trois francs. Fais le compte rond.

C'est un robuste gaillard que ce fils, l'armateur Bernard, connu sur la place du Havre pour sa probité, son bon sens, son énergie ; un peu hérissé d'aspect et farouche, mais si franc, si loyal !

C'est qu'il a été, lui, élevé par une vraie mère. Rien de plus noble, de plus tendre et de plus touchant que l'entretien de ces deux cœurs qui n'ont rien de caché l'un pour l'autre. La mère de Bernard ne s'appelle point M⁰ᵉ Bernard, elle a pris un faux nom, à la suite d'une faute, d'où est né Bernard.

Elle a été séduite, délaissée ; elle s'est vouée tout entière à l'éducation de ce fils, dont elle a fait l'homme que voilà. Elle ne lui a jamais révélé le nom de son père ; et, comme Bernard s'échappe en malédictions contre lui, elle le rappelle à la miséricorde, à la justice même. Il aurait donné son nom à la pauvre et humble maîtresse de piano, si elle n'avait pas été calomniée près de lui par son père.

Quel est le lien qui unit la famille Fourchambault à la famille Bernard, le second tableau au premier ?

Vous avez déjà deviné qu'il y en a un mystérieux ; que M⁽ᵉ⁾ Bernard est cette maîtresse de piano dont M. Fourchambault a parlé à son fils au premier acte, et que Bernard est le fils du riche négociant.

Mais il y en a un autre qui relie ces deux milieux. C'est Bernard qui a ramené de l'Ile-Bourbon, sur son vaisseau, M⁽ˡˡᵉ⁾ Marie Letellier. Il n'a pu voir tant de beauté et de grâce sans en être touché : l'aime-t-il ? il ne le sait ; et d'ailleurs il s'est juré de ne jamais se marier, pour ne pas donner à sa mère une bru qui peut-être n'aurait pas pour elle le respect profond qu'il lui porte. Ce qu'il y a de certain, c'est qu'il s'intéresse à cette enfant, qui, comme sa mère, est institutrice dans une grande maison, qui est exposée aux mêmes séductions où a succombé sa mère.

M⁽ˡˡᵉ⁾ Marie Letellier a souvent parlé aux Fourchambault des qualités sévères de Bernard, qu'elle admire. La curiosité des dames Fourchambault a été piquée ; elles ont fait le projet de venir, sous un prétexte de quête de charité, voir cette Mme Bernard et ce fils qu'on leur a tant vantés. C'est ainsi que des relations mondaines se sont établies.

Un coup imprévu va les resserrer d'une étrange façon.

Une forte maison de banque du Havre a suspendu ses payements; les Fourchambault se trouvent pris dans la faillite pour 240.000 fr. Ils vont sombrer. Bernard arrive, annonçant ce désastre à sa mère, de l'air indifférent d'un homme qui donne une nouvelle commerciale. Vous imaginez le coup reçu par Mme Bernard. Elle se lève, et, d'un ton de prière qui passe bientôt à celui du commandement, elle demande à son fils de prêter cette somme à M. Fourchambault. Bernard résiste d'abord; à quel titre irait-il ainsi jeter dans un gouffre une aussi grosse somme? Et puis, il donnerait les 240.000 fr. que le déficit ne serait pas comblé. Cela ne ferait que retarder la faillite.

— Eh! bien, mon fils, il faut t'associer avec M. Fourchambault...

— Moi, avec cet imbécile!

— Mon fils, dit-elle, grave, hautaine et scandant ses mots, il le faut, tu le dois, je le veux!

— C'est mon père! s'écrie Bernard.

Toute la salle a tressailli d'une commotion électrique. La scène est d'une simplicité si grande et si pathétique! Bien des yeux, je vous jure, étaient mouillés de larmes. Et voyez comme c'est là une pièce bien faite! Ces deux actes ne sont pas un vain parlage d'où sortira un drame qui n'a aucun rapport avec eux. Il ne s'y trouve pas un mot qui ne doive servir plus tard, soit à élucider l'action, soit à expliquer le caractère de ceux qui y prendront part. Quand le rideau tombe sur ce mot « C'est mon père », je vois tout de suite deux scènes à faire, et je sais qu'elles seront faites. La scène entre le fils et le père qu'il va sauver; celle entre Bernard et son frère Léopold, puisque tous deux sont amoureux de la même femme, l'un par galanterie, l'autre secrètement, fièrement. Que se diront-ils? Je l'ignore; mais c'est précisément cette attente, toute pleine d'incertitude, qui est un des charmes du théâtre. Je me dis à part moi : Ah! ils vont se parler! Que va-t-il sortir de là? Et c'est si bien là la pensée de tout le public que, lorsque les deux personnages de la scène à faire se rencontrent, il s'élève dans l'auditoire un frémissement universel.

Au troisième acte, nous assistons au désastre des Fourchambault.

Le père a cherché partout de l'argent et n'en a trouvé nulle part. Il se résigne à en demander à sa femme, dont la dot est intacte.

— Et ce n'est pas à moi que vous vous êtes adressé d'abord, s'écrie-t-elle.

— Merci pour ce bon mouvement. C'est que je craignais d'être refusé.

— Mais, sans doute, je refuse.

Et elle explique toutes les raisons de son refus : l'intérêt de ses enfants, la dot de sa fille, toutes les considérations mondaines, que l'on fait valoir en pareil cas pour ne pas obéir à l'instinct du cœur, qui est d'accord avec la loi morale. Le père prie et pleure; le fils, emporté d'un mouvement de générosité, se joint à lui. Elle est inexorable. C'est alors que Bernard entre, froid et brusque. Il n'est pas de trop dans cette discussion de famille :

— Vous avez besoin de 240.000 fr. Je vous les apporte.

Cette délicatesse semble suspecte à Léopold, qui trouve singulière l'ingérence continuelle de cet étranger dans leurs affaires et surtout dans celles de Mlle Marie Letellier. Tandis que son père se confond en remerciments, il marque, lui, je ne sais quel déplaisir que Bernard dissipe d'un mot :

— C'est une association que je viens proposer à la maison Fourchambault. Elle n'a point d'obligation à m'avoir ; c'est une affaire que je traite, qui sera, je l'espère, avantageuse et pour elle et pour moi.

Fourchambault père n'est pas dupe de ce langage. Il sait la grandeur du service qu'on lui rend ; mais il ne l'attribue et ne peut l'attribuer qu'à la générosité d'une âme noble :

— Monsieur, dit-il, c'est affaire conclue ; mais entre gens d'honneur une main touchée vaut autant qu'une signature. Voici la mienne.

Et il la tend.

Que dites-vous de ce jeu de scène ? Comme il est naturel et ingénieux tout ensemble ! Bernard n'aime point, il hait presque ce père, qui a lâchement abandonné sa mère, un pauvre homme d'ailleurs, faible et mal entouré. Le sauver, à la bonne heure ! il le doit ; mais lui donner une poignée de main, qui équivaut pour lui à un acte de reconnaissance ; il y répugne secrètement. Il n'en surmonte pas moins ce sentiment secret ; il met sa main dans la main du vieux négociant, et tandis que l'un ne voit dans ce serrement de main qu'un pacte commercial conclu, l'autre y met une reconnaissance tacite : Vous m'avez donné la vie ; je vous sauve l'honneur ; nous sommes quittes.

Une fois associé à son père, Bernard veut compléter son œuvre en réformant cette maison où la femme a organisé le plus odieux des gaspillages. Il signifie en termes brefs et impérieux à Mme Fourchambault qu'elle aura à réduire son train. Elle commence par jeter des cris de paon, elle se targue de sa dot ; et alors Bernard, dans une de ces phrases nettes, d'un métal vibrant et sonore, qu'Émile Augier excelle à couler d'un bloc : Votre dot ! elle était de huit cent mille francs ! Vous en dépensez 80.000 par an depuis vingt-cinq ans ; voyez ce qu'il en reste.

Mme Bernard courbe la tête, et quand il est parti :

— Le brutal! s'écrie-t-elle, et par réflexion : C'est pourtant un mari comme cela qu'il m'aurait fallu.

Émile Augier avait réservé pour le dernier acte, pour le coup de la fin, la scène des deux frères. Il nous faut donc, pour y arriver, traverser le quatrième acte.

Il se trouve dans le quatrième acte une des plus jolies scènes du théâtre contemporain; une scène qui n'est pas précisément épisodique, puisqu'elle se rattache intimement au dessein de l'auteur qui est de montrer les effets de la mauvaise éducation donnée aux enfants de la bourgeoisie, mais qui n'est pas dans le courant de l'action principale.

Blanche a été demandée en mariage par le baron Rastiboulois, qui s'est retiré quand il a appris le désastre, qui a posé de nouveau sa candidature, lorsqu'il a su le sauvetage opéré par Bernard. Ces tergiversations mêmes ont fourni la matière de scènes plaisantes, un peu grosses à mon avis, et où la convention (une mauvaise convention) entre pour une trop forte part. N'importe! elles sont spirituellement traitées, et elles ont beaucoup diverti le public. Si Blanche écoutait son cœur, elle se rappellerait l'amour qu'elle a senti jadis pour ce brave Victor Chauvet, qui, lui, est resté éperdûment épris d'elle. Mais elle a été empoisonnée des conseils de sa mère.

Il est vrai que Mme Fourchambault a congédié son luxe, et qu'elle veut maintenant étonner le monde par sa simplicité, comme elle l'a autrefois subjugué par l'éclat de ses toilettes. Pose pour pose, son mari préfère celle-là. Mais ce n'est qu'une pose nouvelle chez cette incorrigible évaporée. Elle est restée tout aussi frivole, tout aussi sèche de cœur, et c'est elle qui a persuadé à sa malheureuse fille qu'épouser un simple commis, ce serait déroger.

Le mariage se fera donc avec le fils du préfet, le jeune

baron Rastiboulois. Mais Bernard, qui est l'ami de Chauvet, ne saurait souffrir que sa sœur (c'est sa sœur, après tout), conclue une si sotte union. Il intervient, prend à partie le père, qui est bien de son avis au fond, mais c'est sa fille qu'il faut persuader.

Et Bernard, s'adressant à elle, lui montre l'ennui qu'il y a pour une femme de passer avec un homme qu'elle n'aime pas ses jours et ses nuits.

— Prenez garde, interrompt le père, ce sont là de ces choses qu'on ne dit point à des jeunes filles.

— Et l'on a joliment tort! s'écrie Bernard.

Et, dans un plaidoyer très court, mais très net, vif et coloré, il fait ressortir l'absurdité de cette éducation qui laisse ignorer aux jeunes filles l'étendue et la nature délicate des engagements qu'elles vont prendre et qu'il sera impossible de rompre jamais...

Ah! quelle admirable tribune que le théâtre! Ces choses-là, nous n'avons cessé de les dire; mais que sont les raisonnements d'un moraliste en regard de cette éloquence enflammée, vibrante, qui tombe chaque soir sur une foule?

Et elles prennent ici plus de relief encore parce qu'elles sont en situation. J'ai eu tort de me servir du mot plaidoyer. Non, ce n'est pas un plaidoyer d'auteur. C'est le cri du personnage même, cri arraché par la situation où le hasard le jette.

Et Bernard revient vers la jeune fille qui l'écoute, étonnée et confuse. Mlle Marie Letellier est de l'autre côté; elle comprend, cette créole, fille d'une autre éducation, elle comprend et elle approuve ces idées sur le mariage, et alors commence, de Bernard à elle, par-dessus la tête de Blanche, le plus aimable, le plus charmant duo de raison qu'il soit possible d'entendre.

C'est Marie qui achève, de sa voix douce, la phrase commencée par Bernard sur un ton d'autorité paternelle, et lui, à son tour, reprend l'argument de Mme Letellier et le complète de sa voix grave ; et ce chant alterné se poursuit de l'un à l'autre avec une symétrie ailée et poétique d'un effet merveilleux.

Je vous ai bien souvent parlé de la puissance du rythme au théâtre. J'ai cherché dans un assez grand nombre de feuilletons théoriques à vous expliquer en quoi il consistait proprement, et quel en était le charme. Jamais vous ne trouverez d'exemple plus saisissant.

Que sont après tout les idées de cette scène ? les plus vieilles du monde ; elles ont traîné partout. La scène a été faite plus de vingt fois et notamment dans le *Duc Job*. Ici, d'où tire-t-elle son prix ? précisément du rythme, rythme de mouvement et de sons, qui rend sensibles aux yeux et aux oreilles des pensées d'ailleurs assez communes.

Et voyez par là combien ceux qui ne cherchent au théâtre que la réalité sont loin de compte. Est-ce que la scène est réelle ? pas du tout ; jamais les choses ne se sont passées de la sorte dans la vie bourgeoise. Mais ce sont des idées éternellement vraies, présentées sous une forme rythmique, et qui prennent de cette forme même une grâce plus touchante ; c'est de la poésie, et il n'y a rien au monde que ce qui est poétique pour enlever une foule. Elle en sent obscurément le charme, et elle pleure sans savoir pourquoi.

Ai-je besoin de dire que Bernard gagne son procès, qui est celui de la jeunesse et de l'amour.

A côté de cette scène, il y en a une autre qui lui fait pendant, qui n'est pas moins vieille, et qui n'est pas traitée d'une façon moins originale.

Léopold continue à faire la cour à Mlle Letellier pour le mauvais motif. Ils vont à cheval ensemble, et il entremêle ses déclarations de *hop là !* qui font beaucoup rire la jeune fille. Aussi, quand il s'approche d'elle dans un salon et renouvelle ses instances, elle coupe ses phrases d'un *hop là!* ironique qui a l'air d'ennuyer beaucoup ce Don Juan. Il trouve enfin moyen de lui exposer ses intentions, qui sont parfaitement déshonnêtes ; elle se dresse en pied, moitié indignation, moitié mépris, lève sa cravache et s'enfuit en haussant les épaules de pitié.

J'arrive enfin à la grande scène des deux frères.

Il faut malheureusement pour y venir sauter un trou. Oui, il y a un trou dans cette pièce si bien faite et un trou fâcheux.

Les assiduités de Léopold ont compromis, dans la ville du Havre, la réputation de Mlle Letellier ; quelques indiscrétions involontaires chez Mme Fourchambault, calculées chez M. Rastiboulois, ont achevé de lui faire une situation impossible. Tout cela est insuffisamment expliqué et peu vraisemblable.

Je ne m'arrêterais pas à ce défaut, si je n'y voyais un reproche à faire à M. Émile Augier, reproche que je suis d'autant plus fâché de lui adresser qu'il le mérite plus rarement. Rien n'était plus aisé que de rendre cette partie de son drame claire et logique. Il fallait très résolument marquer chez Mme Fourchambault les sentiments que j'ai indiqués plus haut ; il fallait lui faire dire, sous une forme ou sous une autre, qu'elle voyait de bon œil une liaison qui gardait son fils des amours banales. M. Augier était de force à imposer au public ce développement, qui eût expliqué et justifié la fin du quatrième acte. Il n'a pas osé ; c'est dommage. J'ai quelque chagrin à formuler la critique. Mais cette paille serait si facile à enlever.

N'en parlons plus. Voilà donc, bien ou mal, à tort ou à raison, Mlle Letellier compromise. Bernard, qui est un cœur droit, ne voit pas d'autre issue que de forcer Léopold à réparer le tort fait à la réputation de la jeune fille. Il est probable qu'il ne raisonnerait pas ainsi s'il n'était pas lui-même secrètement amoureux. Mais cette tendresse, qu'il n'ose s'avouer à lui-même, le pousse au dévouement. Il éprouve un amer et douloureux plaisir à se sacrifier lui-même au bonheur d'un rival, qu'il n'estime qu'à demi. Il sera d'autant plus âpre qu'il a moins raison dans le fond. Car, à vrai dire, Léopold n'ayant rien obtenu de Mlle Letellier ne lui doit d'autre réparation que des excuses.

Ce qui fait la beauté incomparable de cette scène, c'est que sous les raisons que se donnent les deux jeunes gens palpitent des sentiments secrets, qu'ils ne s'avouent ni l'un ni l'autre. Bernard est, sans s'en rendre compte, furieux de la préférence qu'a semblé accorder à ce gandin Mlle Letellier; il lui demande une réparation, qu'il sera désespéré d'obtenir. Léopold ne veut pas de Mlle Letellier pour femme, mais il est inconsciemment jaloux de l'intérêt que témoigne Bernard à cette jeune fille qui l'a repoussé.

Bernard pousse donc Léopold, le presse, lui parle de devoir et de morale, mais il en parle en amant jaloux, avec une âpreté violente. L'autre se défend, allègue qu'il ne doit rien, mais avec une hauteur sarcastique. La scène se poursuit ainsi, tous deux ayant l'air de traiter une question générale, et se portant, sous le couvert de ces beaux mots, des coups sanglants. On sent, de réplique en réplique, s'aigrir la colère sourde des deux jeunes gens.

Bernard ne tarde pas à retrouver dans le procédé de Léopold celui dont a usé Fourchambault vis-à-vis de sa mère; il y fait des allusions obscures et menaçantes. Emporté par la discussion, il se démasque enfin :

— Ah! je reconnais bien dans ce raisonnement le petit-fils de l'homme qui a calomnié une honnête femme pour empêcher son fils d'épouser celle qu'il avait déshonorée. Je reconnais en vous votre grand-père, qui était un misérable calomniateur.

— Répétez donc ce mot.

Bernard le répète. Non, rien ne pourra vous donner une idée de l'anxiété avec laquelle le public attendait l'issue de cette terrible scène. Elle s'en allait si loin du but que nous nous étions proposé dans notre esprit! Car enfin nous nous étions imaginé que, si Bernard n'avait pu dire à son père : Je suis votre fils, au moins les deux frères se reconnaîtraient et tomberaient dans les bras l'un de l'autre. Nous étions emportés à cent lieues de ce dénoûment.

A cent lieues? nous y touchions, sans nous en douter.

Au mot de calomniateur répété par Bernard, le gant de Léopold s'abat sur sa joue. Bernard reste un moment suffoqué, il tord ses bras, et, d'une voix altérée par l'émotion :

— Ah! tu es bien heureux, s'écrie-t-il, que je sois ton frère!

Je ne connais guère de plus beau coup de théâtre, de plus simple et de plus rapide. Cela vaut le : *Va le battre* du *Gendre de M. Poirier*, le baiser tombé des lèvres de Fernande sur Giboyer fils dans le *Fils de Giboyer*. C'est une trouvaille de génie.

En quelques mots courts, rapides, haletants, Bernard met Léopold au courant de toute leur histoire. Je vous l'ai dit : c'est un honnête et loyal cœur que ce Léopold, gâté par une éducation mauvaise. Il se fond de honte et de tendresse à ce récit ; il se jette sur les mains de son frère et les baise avec transport ; il lui demande pardon de l'injure, et l'autre se redressant, et montrant sa joue :

— Efface, dit-il.

Et il ouvre ses bras.

La salle tout entière a éclaté en applaudissements frénétiques. C'est un dénoûment si beau, si imprévu!

Le reste n'est plus que du drame ordinaire.

Il est clair qu'on ne peut marier Mlle Letellier avec Léopold qu'elle n'aime point et qui ne l'a pas méritée. C'est donc Léopold lui-même qui, déchirant les voiles dont s'enveloppe le cœur de son frère, lui jette Mlle Letellier dans les bras. Il hésite encore ; par respect pour sa mère dont il lui faudra révéler le secret. Mais c'est elle-même qui lui souffle à l'oreille :

— Elle a souffert, celle-là ; elle comprendra le malheur.

Tel est ce drame, et j'ai été bien malheureux si l'on n'a pas senti dans cette analyse le grand, le vrai mérite de l'œuvre : c'est la robuste sincérité dont elle témoigne. Point de petites adresses, point de basses flatteries aux préjugés de la foule, point de trompe-l'œil ; tout cela est sain, ferme et de bon aloi. L'auteur va droit son chemin ; il court aux situations promises et il les traite avec une netteté souveraine. C'est tout le temps du franc jeu.

Et quel dialogue ! tout plein de mots de caractère et de situation. Et quel style ! le vrai style de la comédie, simple, éclatant et sonore. Toutes ces phrases étincellent et s'enfoncent comme des coups d'épée.

15 avril 1878.

OCTAVE FEUILLET

DALILA

Il est assez difficile, quand il s'agit de contemporains, de mettre juste le doigt sur les chefs-d'œuvre. Le drame de *Dalila* en est-il un bien authentique? Je ne le crois pas; mais entre le *Gendre de M. Poirier* et *Dalila*, y aura-t-il dans cent ans une si grande différence? Personne absolument n'en peut rien savoir. Tous deux dormiront peut-être du même sommeil dans le même oubli; et si l'avenir s'occupe de nos discussions, ce sera pour s'étonner que nous ayons pu faire une si grande différence entre deux œuvres qui, à cette distance, paraîtront également médiocres.

Pourtant *Dalila*, quelque jugement qu'on en porte, n'est pas une pièce indifférente. C'est à coup sûr le meilleur des drames de M. Octave Feuillet, celui de tous où il a déployé le plus de virilité. M. Octave Feuillet tient une assez grande place dans la littérature contemporaine pour que le Théâtre-Français se croie autorisé à revendiquer pour lui la plus forte de ses œuvres, à quelque rang que la postérité la doive placer un jour.

Il y a dans cette *Dalila* une figure très vivante et très originale, c'est celle de Carnioli, ce fougueux amateur de musique qui traite son protégé tantôt d'animal immonde, et tantôt d'enfant sublime. Elle a été prise sur nature, et rendue avec une vivacité de coloris qui fait le plus grand honneur à M. Octave Feuillet.

Lisez les œuvres de Stendhal, et surtout la *Vie de Rossini* et les *Promenades à Rome,* vous verrez combien ce portrait du grand seigneur dilettante est vrai et curieusement fouillé! Ce qui trompe sur le talent de M. Octave Feuillet, c'est qu'il a pour habitude de répandre sur toutes ses peintures je ne sais quel vernis uniforme, qui leur donne à toutes le même miroitement. Mais il a parfois, sous ce glacis de surface, une extraordinaire énergie de couleurs.

Étudiez ce personnage, vous verrez quelle hardiesse de touche il suppose chez celui qui l'a mis en scène. Ce ne serait rien que d'y voir un amateur passionné; mais Carnioli est un païen; il ne croit ni à Dieu, ni à diable, ni aux femmes, ni à rien. Il fait montre du plus débraillé cynisme, et c'est grand hasard que ce caractère, marqué de traits si vifs, n'ait pas révolté à la scène le gros du public.

Ce qui le sauve, c'est qu'il aime : il aime impétueusement, et l'art de la musique, et son protégé André Roswein, parce que c'est un homme de génie, et on lui passe ses plus hasardeuses boutades en faveur de sa passion. Mais ne fallait-il pas, pour oser porter ce type au théâtre, une originalité de conception et une audace de main, que l'on affecte de ne pas reconnaître à M. Octave Feuillet?

Je passe condamnation sur le sujet même du drame. Un artiste qui s'abandonne lâchement à un misérable amour, qui ne trouve pas dans sa passion de nouvelles raisons de souhaiter la gloire, est un pauvre artiste. L'auteur a beau nous dire qu'il a fait des chefs-d'œuvre, et qu'il en porte d'autres plein la tête : il était né pour faire un méchant bohème, et non un grand compositeur.

Marié, il n'eût pas plus réussi qu'amant. Il eût fumé nombre de cigares au coin de son feu, en se plaignant à sa femme des succès des autres. Hector Malot, dans son beau roman des *Époux*, a traité cette situation en maître. Son héros est un André Roswein qui a épousé Marthe. Il passe son temps à faire des discours sur l'art ; mais toute son énergie s'évapore en discussions stériles.

Le point de départ de *Dalila* est donc radicalement faux. Non ; les vrais artistes, les grands, ne se laissent point couper les cheveux par les Dalilas ni du monde ni du demi-monde ; leur première maîtresse, c'est la musique. Quelques-uns ont voulu mener de front les deux passions, et ils en sont morts. Mais on n'en cite point chez qui une femme ait tari l'inspiration et le besoin de produire.

Mais une fois cette critique admise, et j'avoue qu'elle porte sur le fond même du drame, il y a bien de la puissance dans la peinture de cette Dalila, se jouant des fureurs et des désespoirs du faible artiste qui a subi son joug.

On s'est beaucoup moqué de cette princesse qui se laisse si vite séduire à un morceau d'orgue, et fait elle-même les premières avances. Mais on oublie de dire que cette princesse est, même en Italie, sur cette terre des faciles amours, une déclassée ; qu'elle a déjà eu cinq amants, et qu'elle doit faire moins de façons à en prendre un sixième.

On n'ajoute point qu'elle est de celles qui, par leur fortune et leur position sociale, imposent au monde leurs caprices, et marchent tête levée au milieu des quolibets du public. Est-ce que notre temps, qui se pique d'être infiniment plus prude que celui de la princesse Falconieri, n'a pas connu de ces grandes dames, qui, pour me servir de l'expression de La Bruyère, étaient aussi connues par le nom de leur amant que par celui de leur mari ? Est-ce qu'on n'en trouverait pas qui ont eu des fantaisies, aussi rapidement satisfaites, aussi vite rejetées ?

Il n'y a rien dans tout cela d'invraisemblable. Il n'y a rien qui choque les conventions dramatiques. La princesse a été, dès les premiers mots, donnée pour ce qu'elle est, et Carnioli qui la pousse à séduire son ami André Roswein, a pour complices tous les spectateurs. Si vous trouvez qu'elle cède trop vite, prenez-vous-en aux nécessités du théâtre, qui force à ramasser, dans une seule scène, huit ou quinze jours de serments, de larmes, de protestations, et qui mettent la chute à dix minutes de l'attaque.

L'objection ne me semble pas sérieuse.

En revanche, on n'a pas assez admiré la scène où la grande dame, lasse de son favori, le cingle coup sur coup de ces mots âpres et méprisants que trouve seule une femme qui n'aime plus.

Vous rappelez-vous comme ils tombaient secs et amers de la bouche de Mlle Fargueil ? J'ai encore toutes ses intonations dans l'oreille ; comme elle disait : « Mais, mon ami, faites-en des chansons, je les recueillerai ; vous n'en faites pas ! » Le mot s'échappait de ses lèvres avec un sifflement de mépris. On était tenté de lui crier avec Carnioli : Vipère.

Mlle Favart n'a pas cette sécheresse de voix ; elle ne lance pas ainsi la phrase, comme un jet de salive âcre et qui tue. Elle est inférieure à sa devancière dans les scènes où la grande dame traite de haut tout ce monde qu'elle regarde, avec dédain, rampant à ses pieds.

Où elle reprend ses avantages, c'est dans les grands moments de passion. Elle a, pour dire la tirade, un autre souffle, plus égal et plus puissant à la fois que Mlle Fargueil. Faible au second acte, quand elle se prend de bec, dans sa loge au théâtre, avec une étrangère ; molle au commencement du troisième, quand elle écoute d'un air ennuyé et distrait les déclarations de son amant, elle s'est retrouvée l'excellente artiste que nous connaissons, quand, se jetant à ses pieds, elle veut le reconquérir et lui arracher son pardon.

La scène est fausse, si vous vous en souvenez bien. Car la princesse n'est point touchée d'un vrai repentir. Seulement, Roswein a annoncé le ferme propos de la quitter ; et elle est de celles que l'on n'abandonne pas. Elle veut donc remettre la main sur son esclave avant de le jeter à la porte.

Elle lui joue une comédie de remords, de larmes et de sanglots. Mlle Favart a trouvé moyen d'être touchante et pathétique, et de faire sentir en même temps que, dans ces grands éclats d'une passion exagérée, il n'y avait pas un mot de vrai. Elle a laissé, à travers ces palpitations et ces frénésies, percer la comédienne à son rôle. Elle a obtenu là un très beau et très grand succès.

La scène a été également bien rendue par Febvre, dont l'énergie sombre est de mise dans ces situations violentes. Mais nous ne saurions trop répéter à Febvre qu'il n'arrivera jamais à rien au Théâtre-Français s'il n'apprend pas à dire. Ce n'était qu'un cri l'autre jour : On n'entend pas ! Songez que toute la fin du premier acte lui appartient, et qu'au commencement du troisième, il a un long récit à faire, et que le spectateur, sans être même placé très loin, perd un bon tiers de tout ce qu'il dit. Ce n'est rien dans les scènes pathétiques, où la voix s'élève, où le geste supplée, dans une certaine mesure, aux membres de phrases étouffés. Mais quand il ne s'agit que de conter une histoire, ou de débiter paisiblement les lieux communs de la conversation, c'est un supplice que de ne pas entendre.

Il y a dans *Dalila* une scène qui a choqué beaucoup de gens, et qu'on pourrait appeler la scène de la *fascination*.

La voici telle que M. Octave Feuillet la décrit lui-même, dans son drame imprimé :

« Roswein se met au piano. Après quelques préludes, il chante une mélodie d'un rhythme lent et religieux, soutenue par un accompagnement qui s'anime et s'exalte peu à peu. Léonora se lève pendant la sérénade et s'approche doucement d'une haute fenêtre à balcon, qui est ouverte au niveau du parquet, et laisse voir, noyés dans une clarté boréale, les escaliers, les bosquets et les statues du parc italien.

« Elle se tient immobile, le coude appuyé sur une de ses mains, tandis que l'autre coupe le pur ovale de son visage d'une sévère et gracieuse étreinte. Par intervalle, elle se détourne pour jeter un coup d'œil rapide sur Roswein. Quand le jeune homme cesse de chanter, Léonora demeure plongée dans sa contemplation. Sa silhouette élégante se dessine, dans le cadre de la fenêtre, sur la blancheur du ciel et des arabesques à jours du balcon. Roswein la regarde en silence. »

Toute cette fantasmagorie de mise en scène a été réalisée à la lettre par le Théâtre-Français. Il a eu même l'idée bizarre d'y ajouter une certaine odeur d'encens, qu'on a brûlé dans le trou du souffleur, et qui s'est répandue dans la salle, tandis que Mlle Favart tournait silencieusement autour de Febvre appliqué à son orgue.

Elle est d'un médiocre effet? Pourquoi? Ce n'est point du tout, comme on l'a dit, parce que l'orgue et la lumière électrique sont peu convenables sur une scène aussi sévère. Pourquoi n'y aurait-il pas un orgue sur un théâtre? Pourquoi n'éclairerait-on pas les acteurs, qui sont obligés, pour les besoins de l'action, de rester au fond du théâtre? et si c'est la nuit, au clair de la lune, que l'action se passe pourquoi ne les éclairerait-on pas d'une lumière électrique? La lumière électrique n'a rien d'indécent.

On ne s'aviserait point de la reprocher à la Comédie-Française, si Molière ou Corneille s'en étaient servis. Mais s'ils n'en ont fait usage ni l'un ni l'autre, c'est qu'elle n'était pas inventée.

Non, ce n'est pas dans l'emploi de ces accessoires, fort indifférents en eux-mêmes, qu'est le défaut de la scène de M. Feuillet. Vous rappelez-vous ce que je disais de ces scènes, toutes en attitudes, que Diderot a conseillées. J'en faisais voir le danger, et j'ajoutais qu'en tout cas il fallait qu'elles fussent très courtes, et que la situation fût si forte qu'elle pût se passer de paroles : ainsi la dernière scène du quatrième acte de *Misanthropie et Repentir*.

Mais ici, le besoin des paroles se fait sentir : il est certain que Roswein, dans la réalité, s'est mis au piano ; qu'il s'est interrompu pour parler de son art ; qu'il a repris le morceau; qu'il l'a suspendu encore ; que des mots d'amour lui sont venus aux lèvres ; que la conversation s'est peu à peu engagée, sinon ce soir-là, les soirs suivants tout au moins, et qu'elle a abouti au dénoûment que vous savez.

Un ballet aurait le droit de me traduire toute cette séduction en attitudes ; un opéra me la présenterait tout entière sous la forme du chant ; un écrivain dramatique, pour obéir aux nécessités de son art, doit me la mettre en dialogue. Il lui est permis d'invoquer le secours des autres arts, mais en ne leur accordant qu'une place subordonnée. Ce sont des auxiliaires. M. Octave Feuillet a eu le tort de les mettre en avant.

En somme, le succès de la première représentation a été très vif ; les acteurs se sont vus rappelés après chaque acte. Mais, je doute que *Dalila* retrouve à la Comédie-Française son immense succès d'autrefois. Le cadre est un peu vaste pour ce joli tableau de genre.

4 avril 1870.

LE ROMAN D'UN JEUNE HOMME PAUVRE

La semaine dramatique n'a été signalée que par deux reprises : le *Roman d'un jeune homme pauvre*, qu'a représenté mercredi le Vaudeville, et la *Vie de Bohème*, que l'Odéon a donné le lendemain.

Puisque le hasard a remis au jour en même temps ces deux pièces, il y aurait pour les jeunes, qui ont la passion des études dramatiques, une jolie et curieuse étude à faire. Je ne veux ici que la leur indiquer, en marquant les points sur lesquels se devra porter leur attention. C'est simplement pour leur ouvrir un sujet de réflexions littéraires et modernes.

Prenez un matin la *Métromanie* de Piron, lisez-la avec soin et le soir, allez-vous-en voir la pièce de Barrière et de Murger. Deux jours après, ouvrez Marivaux, rafraîchissez-vous la mémoire des *Fausses confidences*, et rendez-vous ensuite au Vaudeville, où vous écouterez l'œuvre de M. Octave Feuillet. Pourvu que vous ayez l'habitude de chercher dans un spectacle autre chose qu'une courte distraction de l'esprit, je serais bien étonné si la comparaison de ces ouvrages ne vous excitait pas à rêver, et si vous ne vous demandiez pas, en sortant de là, comment il se fait que le même sujet, repris de génération en génération, se renouvelle sans cesse et s'imprègne à chaque fois des couleurs du temps qui l'a vu se produire.

La *Vie de Bohème*, c'est, au fond, la même pièce que la *Métromanie*, comme le *Roman d'un jeune homme pauvre* n'est pas autre chose que les *Fausses confidences*. Quelle différence pourtant! et cette différence n'est pas seulement dans la façon d'arranger le sujet, dans le maniement des accessoires et dans le style : non, chacune des deux pièces modernes se distingue surtout de son aînée, parce qu'elle porte la marque d'une civilisation différente, parce qu'elle est empreinte de préjugés, de mœurs et de façons de voir les choses, qui ne sont plus du tout les mêmes, parce qu'une révolution, et la plus radicale qui se soit jamais vue, la révolution de 89, a coulé entre les deux épreuves, tirées de la même idée dramatique.

Qu'est-ce que la *Vie de Bohème*, en son fond propre, et sans tenir compte des détails? C'est la revendication de la jeunesse éprise d'art libre et d'aventures amoureuses, contre le prosaïsme de la vie ordinaire et la régularité hiérarchique de la société. Cette revendication n'est point particulière à notre temps, bien qu'il en ait fait peut-être étalage plus que tous les autres. On peut dire qu'elle est de toutes les civilisations, qui ont connu et pratiqué le goût des arts. Il a dû toujours se rencontrer, au milieu d'une société qui est forcément occupée d'intérêts matériels et qui s'est ordonnée pour vivre plus à l'aise sur un certain plan, des esprits aventureux, qui se sont écartés à leurs risques et périls, de la route tracée, en quête d'art pur et d'amour jeune. Grands hommes en herbe, ou fruits secs de l'avenir, il n'importe! ce sont pour le moment des réfractaires, qui viennent se heurter contre les exigences de la société où ils vivent, contre les préjugés de quelques-unes des personnes qui les entourent. Il y a donc lutte, et partout où il y a lutte, il y a possibilité de drame.

Ce drame est celui de la *Métromanie*. Damis s'est ennuyé des études de droit où son oncle Baliveau, un des gros bonnets de la bourgeoisie d'alors, un capitoul, le veut retenir ; il a disparu du logis, et changeant de nom, il a pris retraite dans une maison où il a toute liberté de rimer à sa fantaisie, et d'accuser la société en tournant des madrigaux aux Chloris nées de son imagination.

Et de même, les *Fausses confidences* ne font que mettre en action le sujet qu'Octave Feuillet a indiqué pour son titre, le *Roman d'un jeune homme pauvre*.

— Quel est ce jeune homme qui vient de passer? demande Araminthe à Lisette. Il est vraiment bien fait et salue de fort bonne grâce.

— C'est un jeune homme né de parents honnêtes et qui n'avaient pas de bien.

— Oh! la fortune est injuste !

Et voilà toute la pièce. Dorante tout comme l'Odiot de notre contemporain devient l'intendant d'Araminthe, s'insinue peu à peu dans son cœur et finit par triompher de ses scrupules. Ce sujet est éternel, comme celui de la *Métromanie* et de la *Vie de Bohème*. Tant qu'il y aura des riches et des pauvres, c'est-à-dire tant que le monde sera monde, l'imagination aimera à se figurer l'amour passant par-dessus les considérations d'argent, et unissant deux êtres jeunes et beaux qui s'adorent, en dépit de la distance que semblait avoir mise entre eux les conventions sociales.

Le sujet peut être considéré sous ses deux faces : le millionnaire épousant une fille pauvre ; ou la jeune fille noble et riche offrant sa main à un honnête homme, qui n'a d'autre bien que son amour. Il est évident que des deux façons de prendre l'idée, la dernière est plus délicate et chatouille plus agréablement la curiosité. C'est celle qu'avait choisie Marivaux, c'est celle qu'a reprise Octave Feuillet; bien d'autres la reprendront après eux, et tout récemment encore, Albéric Second la mettait en œuvre dans un joli roman, qui a pour titre : la *Vicomtesse Alice*.

Il est impossible, quand vous lirez les deux œuvres qui restent du dix-huitième siècle, que vous ne soyez pas frappé de l'air de bonheur qui y règne d'un bout à l'autre. Toutes les deux, si dissemblables qu'elles soient d'ailleurs, donnent cette sensation de joie lumineuse que l'on éprouve en écoutant, par exemple, une symphonie de Mozart. Voyez le Damis de Piron. Oui, sans doute, il est contrarié par son oncle Baliveau dans ses projets de poésie, et l'on va même jusqu'à le menacer de la Bastille. Une menace pour rire, et que tout le monde, même celui qui la fait, sait bien n'être pas sérieuse.

En revanche, ce Damis vit dans une famille éprise comme lui de vers et de comédie. Tous ces gens-là sont un peu fous, mais ils ont l'air si heureux de l'être ! Le père, à cinquante ans, compose des pièces de théâtre qu'il fait jouer dans son salon ; un petit ridicule ; mais il s'en moque doucement le premier, et il est si parfaitement bonhomme, et il a tant de bonne grâce à taquiner la muse ! La fille s'occupe peu de drame, mais elle aime les idylles et les églogues; elle en reçoit d'anonymes, et son cœur est sensiblement touché pour celui qu'elle en soupçonne d'être l'auteur. L'amant s'en pique également, et quant à Damis, il est passionnément amoureux d'une Basse-Bretonne qu'il n'a jamais vue, mais dont il lit dans le *Mercure* les poésies hebdomadaires.

L'oncle Baliveau détonne seul dans ce monde charmant, délicieux, qui ne sait d'autre plaisir et même d'autre occupation que les amusements de l'esprit, qui se grise de poésie et ne touche jamais terre. Tous bonnes gens, tous aimables, tous légèrement ivres d'art, et déployant je ne sais quelle grâce brillante, qui vous rassérène et vous ravit. On n'est pas un seul moment averti ni préoccupé des ennuis de la vie matérielle, des passions haineuses et des sombres chagrins qui font de cette terre un lieu d'épreuves. On respire un air embaumé de calme et de bonheur.

Ne sont-ce pas là les impressions que vous éprouvez à la lecture des *Fausses confidences?* Les personnages sont-ils assez confiants, tranquilles et aimables! Comme ils se pressent peu d'arriver au dénoûment! Comme on sent qu'ils jouissent pleinement de la douceur de vivre, et qu'ils se laissent agréablement porter au flot toujours paisible de la vie, entre des bords riants et parfumés! Toute cette action se passe dans un milieu fantaisiste, comme en un paysage de Watteau; on a un plaisir infini à suivre les progrès lents et délicats de cette passion, qui ne trouve d'obstacle qu'en elle-même, quand tout la favorise en dehors; on est sûr du succès; on en jouit d'avance, et l'on en est content encore après. Ce n'est pas le charme profond de la nature; c'est quelque chose de plus coquet, de plus raffiné, qui mousse légèrement et pétille. Ces pièces ont été écrites pour un siècle heureux, où il faisait bon vivre, à qui souriait le présent et qui voyait l'avenir tout en rose.

Quel changement si vous passez aux pièces de nos contemporains! comme les sentiments y sont amers, les événements moroses et l'impression générale, en dépit de la gaieté factice du dialogue chez Murger, en dépit du dénouement heureux chez Feuillet, profondément triste! Ces bohèmes ne ressemblent plus à cet aimable fou de Damis, qui vivait de pair à compagnon avec la société élégante de son temps, qui ne voyait son ivresse se refléter que dans des yeux bienveillants, qui pouvait s'abandonner en liberté aux caprices de son imagination, dans une compagnie fé-

que du coin de société que peignaient les écrivains), nos pères étaient des hommes contents de leur état, assurés de la perpétuité de ce bonheur, désirant peu, n'enviant rien. Nous sommes nés dans une société bouleversée jusque dans ses fondements; nous souffrons tous, nous portons un cœur aigri; quelques-uns même l'ont ulcéré; nous nous irritons contre les iniquités du sort, au lieu de vivre en bon accord avec elles ou de les railler doucement; notre impatience, notre fureur de changements, notre amour du mieux éclate en boutades insupportables à nous-mêmes et cruelles aux autres.

Tous les événements de la vie se teignent de la noirceur de nos désirs et de nos imaginations. Ce n'est plus la musique paisible et lumineuse de Mozart que nous aimons; nous ne nous y plaisons que par un goût d'archéologie rétrospective, et je sais nombre de gens qui n'osaient s'avouer que ce merveilleux *Don Juan* leur paraissait aussi fade qu'une comédie de Marivaux : ce qu'il nous faut, ce sont des sonorités plus tristes et plus violentes. Nous sommes les fils de la Révolution française. Nous sommes nous-mêmes en constante révolution.

Poursuivez cette comparaison. Voyez comme l'ordonnance de leurs vieilles pièces est simple et peu chargée d'événements. C'est à peine s'il y a une intrigue dans la *Métromanie*. Celle des *Fausses confidences* est si ténue qu'elle échappe presque aux yeux. Quelques incidents, discrètement choisis, sans grand relief, d'une couleur neutre, suffisaient à tenir le spectateur en haleine et à renouveler son attention.

Le développement de la pièce se faisait sans secousses, par progrès insensibles, avec agrément, et le public la suivait avec plaisir dans la lente évolution de ses phases successives. Il avait le temps, ou savait le prendre. Il ne portait de hâte à rien de ce qu'il faisait ; il ne dévorait point les plaisirs. Il en jouissait commodément, et après avoir écouté durant deux heures ce joli babillage, il en allait passer deux autres à table, après quoi il regagnait son lit, sûr de retrouver le lendemain le monde à sa place et de l'or dans ses poches.

Que de mouvement, que de bruit, que de coups de théâtre dans le *Roman d'un jeune homme pauvre* et dans la *Vie de Bohème!* Ce ne sont que personnages qui passent et repassent, que fils d'intrigues qui s'entre-croisent, que malheurs prévus et détournés, ou qui éclatent à l'improviste comme un coup de foudre. Les auteurs sont de leur temps. Ils savent qu'il faut frapper à coups redoublés sur ces âmes endurcies par les préoccupations du jour, effarouchées de politique, aiguillonnées par l'inexorable nécessité de gagner son pain ou de faire son trou, tourmentées d'ambitions inquiètes, horriblement lasses du labeur de la journée, écrasées sous la fatigue d'une incessante tension d'esprit et d'efforts.

Imaginez-vous, un peu, pour voir, Dorante se jetant du haut d'une tour pour conquérir le cœur d'Araminthe. Quel contresens grotesque! Représentez-vous Chloris devenue poitrinaire, Damis lui sucrant de la tisane, et s'en allant chez le pharmacien acheter à crédit les drogues qu'a ordonnées le docteur. Cela serait-il admissible? Il a fallu pour rendre ces détails possibles dans une pièce, l'écroulement d'un monde et un renouvellement de l'âme humaine.

Marivaux avait bien de l'esprit et Piron aussi, quoique d'un genre fort différent. Octave Feuillet et Barrière en ont également beaucoup, bien que ces deux écrivains ne se ressemblent guère. Mais il n'y a, sous ce rapport, entre Marivaux et Piron d'un côté, entre Octave Feuillet et Barrière de l'autre, que des nuances; c'est un abîme qui sépare chaque groupe l'un de l'autre.

rue des mêmes goûts ; les Marcel, les Colline, les Schaunard sont en révolte ouverte avec la civilisation de leur temps. Ils ne rencontrent partout que regards ennemis ou défiants. Ils se forcent pour faire rire les autres et pour rire eux-mêmes. C'est à peine si Damis allait jusques à la gaieté ; ils ont, eux, exaspéré la gaieté jusqu'à la blague, et au fond de toute blague, s'agitent, comme de noirs et obscurs serpents, l'envie, le dénigrement, la colère.

Il n'est jamais parlé dans la *Métromanie* du vil métal que pour le traiter avec l'élégant dédain que mérite cette question. Que dis-je ! dans les *Fausses confidences*, où toute la pièce roule sur l'écart entre les deux fortunes de l'amant et de la maîtresse, c'est à peine si ce vilain mot d'argent est prononcé de temps à autre. Non, toute cette action voltige entre ciel et terre, et c'est à peine si elle effleure d'un bout d'écharpe qui traîne ces piles de gros sous sur lesquelles on dirait qu'elle doit reposer.

L'argent est le fond des deux œuvres modernes, et l'argent dans ce qu'il y a de plus hideux et de plus poignant. Tous ces malheureux de la vie de bohème se consument misérablement dans la chasse à la pièce de cent sous ; ils ont l'air d'en faire fi, et ils ne songent qu'à elle ! Ce ne sont pas seulement leurs plaisirs qui sont traversés ou arrêtés par ce manque d'argent. Ils sentent et ils étalent toutes les horreurs de la misère en habit noir. En vain font-ils des mots, et des mots fort drôles, pour se consoler de ce qui leur manque ; on voit, sous les gerbes d'étincelles qui tombent de ce feu d'artifice, la carcasse noircie et lugubre de la faim et de la maladie.

Quand Mimi revient de l'hôpital — vous souvient-il du ton traînant et de l'accent parisien avec lequel Mlle Thuillier laissait tomber ce mot d'hôpital — on a froid dans le dos à voir tous ces pauvres diables ramasser, en vendant

7.

leurs tristes nippes, une misérable somme de quatre francs. Tout ce spectacle est navrant.

Et le jeune homme pauvre de Feuillet, si beau, si noble, si chevaleresque que le peigne l'auteur, ne voyez-vous pas qu'il subit des nécessités extrêmes que n'a jamais connues celui de Marivaux, devant le scandale desquelles le dix-huitième siècle aurait reculé avec épouvante. Rappelez-vous la scène où Maxime, qui n'a pas déjeuné ni dîné, s'évanouit de faim. Elle nous touche beaucoup, elle eût fait horreur à nos arrière-grand'mères. Notez, par curiosité, dans tout le cours de la pièce, les endroits où il est question d'argent, mais où il en est question avec insistance, avec aigreur, vous serez étonné de voir cette idée reparaître sous toutes les formes. Ne me dites pas que c'est le sujet qui le veut ainsi, c'était le même sujet dans les *Fausses confidences*, et cependant la différence est sensible.

Comparez les gens qui vivent auprès d'Araminthe et ceux qui circulent autour du jeune homme pauvre. Comme les uns sont bons enfants, polis, gais, aimables encore en leur brusquerie naïve ! Comme les autres sont secs, âpres, moroses ; et Mlle Hélouin, l'institutrice dévorée de jalousie, et la parente pauvre, qui geint sans cesse sur les millions perdus, et dont l'envie ronge le cœur ; et Bévallan, ce fat imbécile, qui fait sonner sa fortune ; et jusqu'à cette jeune fille capricieuse, hautaine, méfiante, qui s'imagine qu'on n'en veut qu'à son argent, et croit que tout soupir poussé vers elle s'adresse à sa dot. Tout ce monde est inquiet, tourmenté, malheureux.

Notez bien que je n'en fais point un reproche à Barrière non plus qu'à Octave Feuillet. Ils se sont, avec grande raison, accommodés à notre goût ; ce que je prétends remarquer seulement, c'est combien ce goût diffère de celui du siècle précédent. Nos pères (je ne parle évidemment

ERCKMANN-CHATRIAN

L'AMI FRITZ

I

Je voudrais bien ne point parler des incidents qui ont précédé la première représentation de l'*Ami Fritz*. Mais il est impossible de faire abstraction de la polémique soulevée autour de l'ouvrage dont il faut entretenir nos lecteurs; elle a changé les conditions dans lesquelles doit se trouver le public, quand il est appelé à écouter une pièce de théâtre. Il est arrivé cette fois à la Comédie-Française, sinon avec des partis pris, au moins avec des idées préconçues, dans une disposition d'esprit qui était peu favorable à l'impartialité.

Vous savez qu'à tort ou à raison notre système de critique est de nous mettre au cœur de la foule, de sentir avec elle, de chercher ensuite et de trouver, s'il se peut, la raison des sentiments éprouvés par nous. Nous avons pour habitude de ne point juger une pièce en soi, mais par rapport à l'impression qu'elle produit sur le public en général et sur nous en particulier. Nous partons de ce principe qu'une pièce est faite pour être représentée devant une foule et l'émouvoir. La foule est donc pour nous comme un thermomètre, dont nous n'avons plus qu'à noter et qu'à expliquer les variations.

Ce thermomètre était affolé l'autre soir. Le propre d'un instrument de précision, c'est d'avoir de la précision. Le nôtre s'était détraqué sous l'influence de circonstances extérieures. Outre que tout le monde dans la salle était inquiet, nerveux, se demandant ce qui allait arriver, on avait fait tant de bruit autour de cette malheureuse pièce, qu'il devenait impossible de la prendre pour ce qu'elle était réellement, une courte et aimable idylle, une bonne et franche paysannerie.

Les auteurs n'avaient songé qu'à peindre un tout petit tableau de genre rustique ; M. Perrin l'avait reçu comme il avait été fait, avec bonhomie, sans y attacher de visées bien hautes, se disant que ce serait là un fort joli complément de spectacle, qui achèverait agréablement une soirée, en reposant l'esprit et en rafraîchissant les yeux des spectateurs.

Il est assez probable que, si les choses se fussent passées comme elles vont d'ordinaire, le public aurait pris bonnement ce qui avait été écrit de même ; qu'il eût accepté l'œuvre pour ce qu'on la lui donnait ; qu'il n'eût point chicané son plaisir et se fût laissé émouvoir sans arrière-pensée.

Mais une si longue et si irritante polémique avait tendu les esprits : sans le vouloir, sans même s'en rendre compte ni en avoir conscience, on s'était assis dans sa stalle en se formant de l'œuvre une image agrandie et déformée, résolu à lui demander plus qu'elle n'apportait, se préparant d'avance d'inévitables déceptions.

M. Perrin, qui est un homme très habile, avait bien

Au dix-huitième siècle, c'est un esprit qui est tout entier dans un rapprochement d'idées; au dix-neuvième, il est presque toujours dans une opposition d'images. Il est aimable et tempéré chez les écrivains d'autrefois; chez les nôtres, il est tumultueux, amer, violent, et ne procède que par soubresauts. L'un est fait pour la bonne compagnie, qui goûte le fin et le délicat, qui aime le bon sens aiguisé, et sourit d'un clignement d'yeux à une allusion malicieuse. L'autre s'adresse à des parvenus et à des artistes, qui se laissent prendre à l'éclat d'une métaphore, à l'exubérance du pittoresque, à l'imprévu d'un trait bizarre, lancé en pleine poitrine, et dont tout l'être tressaille.

Et maintenant... Mais non, il me suffit de vous avoir nettement indiqué le thème. C'est à vous d'achever ce développement par un effort de réflexion personnelle. Vous pouvez suivre ce parallèle jusqu'en ses moindres détails. Vous y trouverez une ample matière à philosopher sur l'art dramatique. C'est un procédé d'étude à peu près semblable à celui dont use M. Saint-Marc-Girardin dans son excellent cours de littérature dramatique. Il prend une passion quelconque, l'amour maternel, par exemple, et la suit d'œuvre en œuvre à travers les siècles, marquant les différences qu'ont apportées dans l'expression d'un même sentiment les révolutions de mœurs. Appliquez la même méthode, non plus à une passion ni à un caractère, mais à un sujet, à une idée; elle est tout aussi ingénieuse, plus hardie et plus féconde en trouvailles originales.

Il nous faut rentrer maintenant dans le train de nos renseignements accoutumés, et donner au public les nouvelles qu'il est en droit d'exiger du journal.

Le *Roman d'un jeune homme pauvre* a fait plaisir le soir de la première représentation. Je ne serais pas étonné que cette aimable comédie ne durât beaucoup plus longtemps que d'autres œuvres qui ont affecté des visées plus hautes. Elle a ses langueurs et ses défaillances; mais elle est intéressante, toute pleine de sentiments honnêtes, et d'un style agréable qui ne se dément jamais. Les caractères en sont dessinés d'une touche un peu molle, mais ils n'en frappent pas moins par un certain air de ressemblance. Ce n'est pas la plus forte, c'est la mieux venue et la plus aimable des œuvres d'Octave Feuillet.

12 mai 1873.

flairé cette disposition d'esprit. Aussi avait-il eu la précaution de convoquer à une répétition générale la plupart de ceux qui devaient le surlendemain assister à la première représentation. Il pensait ainsi amortir l'influence de ces idées préconçues; et le fait est qu'il a réussi dans une certaine mesure. Telle était pourtant leur force, que nous en avons retrouvé, à cette première représentation, la trace encore sensible.

Nous avions tous été fort émus à la répétition générale; quelques-uns de nous — et pourquoi ne le dirais-je pas? j'étais du nombre — avaient fondu en larmes. La première représentation a été plus sèche, plus inquiète. Nous n'avons plus retrouvé la plénitude de nos sensations, ni cette douceur de pleurer, qui nous avait charmés l'avant-veille.

A plus forte raison, ceux pour qui l'ouvrage était nouveau, qui ne le connaissaient que par le fracas de la bataille engagée autour de lui. Tant de cris pour et contre, tant de violences de part et d'autre, tous les grands mots : patriotisme, trahison, infamie, mis en avant, et pour aboutir à quoi? A une florianesque berquinade. La disproportion était trop choquante.

C'est à l'ébranlement qui en est résulté que j'attribue cette diversité de jugements qui éclate aujourd'hui dans la conversation parisienne. Les uns ne veulent voir que les côtés vulgaires de la pièce et que son peu d'action; ils la déclarent ennuyeuse et grossière. Les autres y ont goûté un vif plaisir et la trouvent délicieuse. Je n'ai guère vu d'œuvre sur qui l'on fût moins d'accord. Laissez faire, le vrai public, le grand, celui dont nos polémiques de journaux ne troublent pas les couches profondes, viendra à son tour et dira son dernier mot. On n'en est encore qu'à la troisième représentation, et déjà l'émotion est plus générale et plus tendre. On y pleurera franchement, comme nous l'avons fait le jour de la répétition générale, quand on ne verra plus dans la pièce que ce que les auteurs y ont mis : une idylle, une simple idylle.

L'idylle, au lieu de se passer dans ces pays poétiques et charmants qu'habite Mᵐᵉ Sand, près de cette Mare au Diable, où voltige à l'aise la fantaisie d'une artiste incomparable, a été placée par les deux auteurs dans cette brave et plantureuse Alsace, où la saucisse s'étale sur un lit fumant de choucroute, où la bière couronne de sa mousse blanche les chopes écumantes. Le décor est plus prosaïque, je l'avoue, et les personnages qui s'y meuvent sont d'une réalité plus vulgaire. Mais, après tout, ce n'est pas là un défaut que l'on puisse reprocher à ces messieurs.

Du moment qu'ils nous veulent peindre un coin de la vie alsacienne, il est tout naturel qu'ils nous présentent des Alsaciens, avec leurs costumes, leurs habitudes, leur façon de sentir et de parler. Du choix savant des détails se dégage toujours une sorte de poésie qui est particulière à l'objet représenté. Ici, elle exhalera naturellement, comme parfois dans Rabelais, un parfum de grosses victuailles.

Les amis de l'ami Fritz et l'ami Fritz lui-même sont quelque peu enfoncés dans la matière ; le menu du dîner quotidien est pour eux une affaire sérieuse ; la préoccupation du bien-être sous toutes ses formes est leur plus cher souci : tout cela n'est pas bien noble, j'en conviens. Mais ce sont tous de bonnes gens, et l'ami Fritz est un cœur d'or.

Ce brave garçon aime bien manger et bien boire. A la bonne heure ! Mais il ne saurait voir souffrir personne autour de lui, sans lui porter secours, en cachant le bienfait sous une apparence de brusquerie. Il est souvent vulgaire de propos et d'allures ; mais c'est une âme honnête, d'où n'est pas absent un grain de poésie. Il aime l'odeur des beignets frits, mais il s'extasie aussi sur les arbres en fleur, et, si un couvert bien mis le comble de joie, il prend plaisir à regarder l'hirondelle messagère du printemps. Cette Lisbeth, qui aide la vieille Catherine à servir à table, c'est une pauvre femme qu'il a tirée de la misère avec ses quatre enfants.

Voici venir le vieux rabbin, David Sichel. Il demande quinze cents francs à l'ami Fritz pour donner une dot à une honnête fille, que le père du fiancé ne trouve pas assez riche : quinze cents francs, c'est une somme, et l'ami Fritz les tire de son escarcelle et les jette dans la main du rabbin avec une joviale cordialité. A sa table, les jours de grande fête, vient s'asseoir le bohémien Iôseph, qu'il a un jour sauvé d'une tourmente de neige. Quand, le dîner fini, il se lève pour s'en aller à la brasserie boire encore avec ses convives, il n'oublie pas de dire tout bas à la vieille Catherine qu'il faudra donner la desserte aux pauvres.

Cette bonté même va parfois jusqu'à la délicatesse. Tandis qu'ils sont à table, s'empiffrant de bons morceaux, la jolie petite Suzel, une enfant de dix-sept ans, la fille du fermier de l'ami Fritz, arrive; on la fait entrer, et on l'invite à s'asseoir. L'un des goinfres qui prennent leur part de ce repas pantagruélique adresse à Suzel un gros compliment de buveur émérillonné :

— Une enfant! dit l'ami Fritz à demi-voix, avec reproche.

Les auteurs ont eu soin de préciser ainsi les traits qui caractérisent cette brave figure d'Alsacien. Beaucoup de gens ont affecté de n'y voir qu'un mangeur de choucroute et un buveur de bière, qui a refusé, par égoïsme, de se marier, et qui finit par épouser Suzel, pour trouver en elle une ménagère qui lui confectionne de savoureux beignets aux pommes... C'est là une erreur ou un parti pris.

Si la pièce était conçue de cette façon, elle ne nous eût pas touchés assurément. La vérité est que l'ami Fritz est une âme généreuse, noble, et relativement même poétique, empâtée dans le bien-être de la vie provinciale. Il n'a point trouvé en lui la force de réagir contre les grosses séductions de cette vie plantureuse. Il a fini même, séduit par l'exemple, encouragé par l'habitude, il a fini par ériger en principe ce qui n'est chez lui qu'un laisser-aller. Il déclare hautement qu'il ne se mariera pas; mais la flamme des sentiments généreux n'est pas éteinte, si elle s'est amoindrie; elle veille, chétive, et prête néanmoins à se raviver si un souffle venu du dehors lui redonne un peu de force.

Voilà pourquoi ce premier acte, sur lequel les ennemis se sont si fort égayés, sur lequel beaucoup d'indifférents même ont passé condamnation, m'a semblé logique et agréable. Il pose avec bonheur les personnages et l'action très simple où ils vont être mêlés. Ce n'est, à ne considérer que l'apparence, qu'un gai et plantureux repas de fête, où de bons vivants s'occupent uniquement de bien manger, où il n'est question d'un bout à l'autre que de victuailles et de boissons.

Mais on y apprend à estimer l'ami Fritz, à le croire capable d'une vie supérieure; on s'intéresse aux espérances de son ami, le vieux rabbin David Sichel, qui s'est juré de le marier, et qui lui cherche partout une femme. Il sait bien, le vieux philosophe juif, qu'une femme et des enfants donnent à un homme une idée plus haute de la vie, qu'un chef de famille est obligé de sortir de soi pour s'occuper des siens; il croit l'ami Fritz digne de s'élever à ces nobles soucis, et il lui fait là-dessus, de temps à autre, un bon bout de morale.

Et cela, sans pédantisme, avec bonhomie et gaieté, car

c'est le caractère de toute cette œuvre : ces braves gens ont tous ce rire franc et loyal qui élargit les lèvres et dilate les cœurs. Qu'ils parlent d'une excellente choucroute à manger ou d'une belle action à faire; d'une large chope à boire ou d'un sentiment généreux à applaudir, leur bouche aussitôt s'ouvre, et il s'en échappe un rire sonore.

Le second acte a ravi tout le monde, sauf ceux qui étaient décidés à trouver tout mauvais. C'est que là, cette flamme, dont je parlais tout à l'heure, s'éveille, et que l'ami Fritz, tiré de ses préoccupations grossières, éprouve les premières inquiétudes de l'amour vrai, de l'amour poétique et pur.

Il s'est sauvé, pour fuir les obsessions du vieux rabbin, grand entremetteur de mariages, à la métairie de son fermier, et il vient d'y passer trois semaines en compagnie de la jolie Suzel. Il n'y a pas eu la moindre inconvenance à cette hospitalité. Car il est le maître, le seigneur, l'homme riche et il n'entrera jamais dans la tête de personne, et encore moins dans celle de la pauvre Suzel, qu'il puisse jamais laisser tomber ses regards sur l'enfant d'un simple fermier.

L'enfant, elle, éprouve ce trouble naissant d'un amour inavoué et même inconscient. Pour lui, il se trouve dans une situation plus singulière encore : car il est le Paul de cette Virginie, et un Paul de trente-cinq ans, qui connaît la vie. La vie, soit; mais non l'amour. Or, le voilà qui aime, et il aime, sans trop le savoir, à sa façon, mêlant le parfum des beignets frits à l'odeur des pommiers, la joie de tremper une mouillette de pain bis dans des œufs frais au délicieux plaisir de voir le charmant visage de la ménagère qui les a fait cuire.

Il y a là des scènes d'une grâce très piquante; l'originalité vient de ce que deux sentiments s'y mêlent à doses très curieusement réglées : le goût du bien-être et cette pointe d'amour éthéré qui perce là-dessous, le bruit de la friture qui pétille dans la poêle, et le chant du rossignol qui gazouille dans les arbres. Suzel monte dans un cerisier pour cueillir des fruits qu'elle jette à Fritz. Fritz mange avec complaisance les fraîches cerises, mais il rêve de la main qui les jette, et le tableau est adorable.

Adorable et dramatique. Car il est en scène ; car il y a là deux sentiments opposés, en lutte l'un avec l'autre, et, bien que l'on sache d'avance lequel des deux l'emportera, on suit avec plaisir les progrès lents et doux de ce contraste.

Ces naïves scènes d'amour sont coupées par un dialogue d'une grandeur tout à fait biblique, et dont l'impression a été profonde. Le vieux rabbin est venu sournoisement à la ferme, pour surveiller la réussite de ses projets. Il a bien vite compris que l'ami Fritz aimait à son insu la gentille Suzel. Mais il ignore si Suzel répond à cet amour, et il voudrait s'en assurer.

Il la rencontre dans ce verger, d'où elle vient de jeter de si belles cerises à son maître ; elle est en train d'emplir sa cruche à la fontaine.

— Donne-moi à boire, lui dit-il.

Et la voilà se dressant sur la pointe des pieds et portant aux lèvres du rabbin la cruche pleine. C'est le tableau d'Éliézer et Rébecca.

La comparaison est si naturelle qu'elle vient à l'esprit de tous deux en même temps.

— Pourrais-tu, dit le rabbin, me conter cette histoire de l'Ancien Testament ?

Suzel se met à réciter le texte même de la Bible, après quoi elle offre encore à boire au vieux rabbin, qui accepte. Mon Dieu ! tout cela est bien simple. Dites-moi pourquoi aucun de nous n'a pu garder les yeux secs à ce spectacle ;

pourquoi je sens encore, en vous contant la scène, une émotion secrète.

Pourquoi ?

Eh! je m'en rends bien compte. C'est que nous voilà d'un coup d'aile transportés loin de la choucroute, des beignets et des cerises, dans ces régions sacrées de la sévère et religieuse idylle, et qu'instinctivement nous sentons bien que notre héros, l'ami Fritz, sera tiré des pensers bas où il patauge jusqu'en cette lumière et cette sérénité.

C'est que, voyez-vous, cela est scénique. J'entendais dire autour de moi : Ce n'est qu'une bucolique, une jolie bucolique, soit ; mais ce n'est pas du théâtre.

Eh! bien, c'est du théâtre. Jamais une chose qui n'est pas du théâtre ne m'intéresserait au théâtre. C'est du théâtre ; car il y a lutte de sentiments contraires, car il y a progrès vers un point donné ; car il y a situation.

Que ce soit du théâtre bien discret, et qui risquerait vite d'être fade, j'y consens. Je ne conseillerais à personne d'imiter ce genre. Je suis convaincu même qu'il ne réussirait pas deux fois, et qu'il a fallu, pour qu'on le goûtât, un ensemble de circonstances, un penchant des esprits qui ne se renouvellerait peut-être pas de longtemps.

Il y a des jours où les idylles plaisent, par contraste, par lassitude des tableaux épicés. Erckmann-Chatrian ont eu le bonheur de tomber juste à l'heure du berger ; mais soyez sûrs qu'ils n'ont fait pleurer le public au théâtre que parce qu'ils ont déployé dans une certaine mesure des qualités dramatiques.

Le troisième acte est moins bon. C'est que par la force des choses (l'action étant si peu compliquée) les auteurs sont obligés de recommencer des scènes déjà faites et bien faites.

L'ami Fritz, épouvanté de se sentir amoureux, s'est sauvé

de la ferme à sa maison de ville, sans dire adieu à personne. Suzel et le vieux rabbin y viennent l'un après l'autre. Mais que peuvent se dire de nouveau les trois personnages ? Ils ont épuisé tous les sentiments et tous les raisonnements que comportait la situation. Aussi n'y a-t-il plus, à mon avis, qu'une scène vraiment bonne dans ce troisième acte.

C'est celle de la vieille Catherine, la servante de l'ami Fritz, avec son maître.

L'ami Fritz, tourmenté par le désir nouveau qu'il a de se marier, craint de faire de la peine à l'antique femme de charge, qui l'a élevé. Car j'en reviens toujours là : c'est un bon homme que Fritz. Il s'est donc confié à elle. Mais la brave vieille le rassure : elle lui fait une peinture si charmante de la joie dont les bébés emplissent une maison, que l'autre n'y tient plus, et quand Suzel monte, suivie de son père :

— Suzel, je t'aime, lui dit-il ; m'aimes-tu ?

— Oh ! oui, monsieur Kobus, s'écrie-t-elle en se jetant dans ses bras.

Et lui, se tournant vers Catherine :

— Remercie-la, dit-il à sa fiancée, c'est elle qui m'a persuadé.

On s'est pris à ce mot, et l'on y a vu une nouvelle preuve de la brutalité égoïste de Fritz, qui semblait dire à la jeune fille :

C'est elle qui m'a dit qu'elle était trop cassée pour me faire longtemps encore de bonne cuisine ; elle m'a avoué que tu ferais de meilleurs beignets aux pommes. Remercie-la de cette franchise.

Mais point ; Fritz est jusqu'au bout un bon cœur ; il introduit dans la famille un élément nouveau ; il donne une maîtresse à celle qui avait jusque-là gouverné la maison, et il tâche de lui faire oublier ce petit chagrin par une attention délicate, qui n'en touche que davantage venant de cette nature longtemps amollie aux délices matérielles.

Le vrai défaut de la pièce, c'est d'être un peu longue et traînante. Il y avait le premier soir abus de détails gastronomiques; on a retranché quelques phrases; ce n'est pas une affaire. On remédiera moins aisément à l'autre vice de construction : car il est inhérent au sujet même.

Les femmes m'ont paru scandalisées de voir qu'il fallait tant déployer de ruses pour amener un homme de trente-cinq ans, grand mangeur, grand buveur, et peu sympathique par cela même à des êtres aussi romanesques, à épouser une très jolie, très aimable, très spirituelle et très chaste fille de seize ans, qui valait cent fois mieux que lui. Peut-être les auteurs auraient-ils paré au danger de cette impression en faisant comprendre, par une scène épisodique, l'effroyable distance qui sépare, en Alsace, un bourgeois gros propriétaire d'une fille des champs; ou en donnant à Fritz le goût de la chasse, qui, par cela même qu'il est un goût noble, excuse bien des vulgarités.

On s'est répandu en louanges sur la mise en scène. On s'y est d'autant moins épargné que, comme il fallait expliquer le succès matériel d'un ouvrage dont on avait dit tant de mal, on a trouvé plus à propos d'en faire honneur à M. Perrin tout seul. Disons, pour être plus juste, que la mise en scène y a largement contribué. Il est impossible de rien voir de plus exquis : le plus grand éloge que j'en puisse faire, c'est qu'elle ne tire pas l'œil, qu'elle reste toujours ce qu'elle doit être, un cadre qui sert à mieux faire valoir la peinture.

Tout ce décor du premier acte, ce beau linge, ces cristaux, ces faïences, ces bahuts, cet air de propreté cossue, ce service lent et tranquille sont pleins de caractère ou, comme on disait jadis, de couleur locale. La scène du cerisier, celle de la cruche offerte au rabbin sont de délicieux tableaux de genre, des Marchal vivants et très réussis.

Un seul détail ne m'a point paru heureux. C'est la musique intercalée dans la pièce, au premier acte ; si le bohémien Iôseph, au lieu de nous jouer sur le violon des préludes plus ou moins savants, nous avait entamé une valse joyeusement rythmée, l'effet eût été tout autre. Au deuxième acte, la chanson rustique chantée par Suzel est d'une grande difficulté d'intonations, et triste à porter le diable en terre. C'est une erreur qui serait facile à réparer, Il n'y aurait qu'à prendre tout uniment un des chants populaires de l'Alsace.

Je ne crois pas que pièce ait jamais été mieux jouée que ne l'a été l'*Ami Fritz*. Il faut, en première ligne, citer Got, qui a fait du vieux rabbin une création absolument parfaite. C'est la vérité prise sur le fait, mais la vérité agrandie, poétisée par un grand comédien. Cela est d'une conception très large et d'un fini d'exécution poursuivi jusque dans les moindres détails. Après lui, Mlle Reichemberg. C'est la femme du rôle. Blonde, jeune, poétique sans fausse mièvrerie, chaste et souriante ; ce n'est pas seulement l'ingénue de théâtre, c'est l'ingénue d'Alsace, pieuse et gaie, avec ses accès de tristesse voilée, ses échappées de joie enfantine. Elle chante fort gentiment son morceau du second acte.

Il fallait pour figurer l'ami Fritz un garçon carré d'épaules, fortement râblé, établi sur des jambes solides, assez jeune et assez beau, pour que Suzel pût lui dire, sans choquer personne : Je vous aime ; pas trop jeune premier pourtant : c'est bien là Febvre. Je ne regrette chez lui que le tour de la bouche, qui est morose, et l'œil qui, à moins de s'animer jusqu'à la passion, est froid et dur. Il a joué un rôle bien difficile, avec un tact merveilleux. Cette création lui fait grand honneur.

Barré et Coquelin cadet sont deux goinfres amusants. Garraud, qui joue le père de Suzel, a revêtu pour la circonstance un visage et un parler alsaciens qui sont les très bien venus.

M{^{lle}} Jouassain joue en excellente comédienne le rôle de Catherine. Ce qui lui manque pour dire la grande tirade des petits enfants au dernier acte, c'est la bonhomie large de l'accent, c'est l'émotion profonde, c'est ce qu'on appelle « les larmes dans la voix ». La diction est parfaite, mais le morceau ne produit pas l'effet que les auteurs étaient en droit d'attendre.

Truffier profile curieusement la silhouette du bohémien. M{^{lle}} Thénard dit juste le peu que les auteurs ont mis dans sa bouche.

Je crois, en somme, à un grand succès. J'ai dit de mon mieux le bien et le mal, tâchant de mettre de côté toute préoccupation étrangère à l'art. Les passions politiques s'éteignent; mais les pièces restent, quand elles sont bonnes.

11 décembre 1876.

II

J'ai eu la curiosité de retourner voir l'*Ami Fritz* à la Comédie-Française. Je n'ai pas besoin de dire que la salle était comble, que le public a paru écouter avec beaucoup d'émotion cette jolie idylle. Elle est mieux jouée à présent qu'elle ne l'a été le premier soir. Les acteurs sont moins inquiets, moins nerveux; ils sont mieux assis dans leurs rôles; toutes les nuances sont mieux fondues. Quelques détails ont été retranchés, mais un fort petit nombre, à ce qu'il m'a semblé; et la pièce en son ensemble reste telle que nous l'avons vue. Elle n'en plaît pas moins. Le succès est aujourd'hui, grâce aux attaques dont les auteurs ont été l'objet, plus considérable que ne le comportait une œuvre d'aussi courte haleine; mais elle vaut assurément d'être goûtée d'un public délicat, et applaudie de la foule.

La mise en scène est toujours d'un effet charmant. Vous savez que cette partie du drame a soulevé d'assez vives critiques. On a reproché à la Comédie-Française le luxe d'accessoires dont elle avait entouré l'*Ami Fritz;* on l'a accusée d'un grossier réalisme. Je voudrais, à ce propos, présenter quelques réflexions qui éclairciront un point de théorie, dont nous nous sommes déjà occupés.

Vous savez que, depuis tantôt une douzaine d'années, je combats de mon mieux cette tendance des directeurs de théâtre et du public, à chercher au théâtre la vérité vraie, à s'attacher aux infiniment petits de la mise en scène, à poursuivre dans le décor, dans les costumes, dans tous les accessoires de l'action représentée une rigoureuse exactitude.

C'est, je crois, M. Montigny, montant les pièces de Dumas fils, qui a porté le premier ce goût au théâtre. On l'a poussé depuis à un point de minutie incroyable. On a exigé que les moindres détails et du décor et du costume fussent d'une vérité scrupuleuse; que les tentures d'un salon fussent en vraie brocatelle, que les bibelots dont sont garnies les étagères fussent des bibelots authentiques; nous avons entendu louer un directeur d'avoir acheté trois cents francs une coupe où devait boire un des personnages, une coupe du temps, une coupe authentique, dont il aurait eu le trompe-l'œil pour un petit écu.

Partout dans les théâtres, on a donné le pas à l'accessoire sur le principal. Le public tout entier a suivi ; il faut se souvenir que ce public était nourri de Balzac et de Flaubert. La critique elle-même s'est laissé séduire à ces nouveautés, et vous avez pu voir la plupart des comptes rendus envahis par la description de la mise en scène, par de longues discussions sur un mince détail que l'on croyait avoir pris en flagrant délit d'inexactitude.

Nous ne sommes restés qu'un bien petit nombre pour défendre les anciens principes, ceux qu'a exposés plus d'une fois Lessing en sa *Dramaturgie*, et que je tiens toujours pour les seuls véritables. C'est que dans ce milieu du théâtre, qui est tout de convention, tout doit être arrangé pour l'illusion des yeux, tout doit faire office de vérité, sans être jamais vrai. Si vous me transportez dans un salon, il faut que les portes soient peintes, à moins qu'elles ne doivent s'ouvrir pour qu'on y passe; que les tentures soient peintes, à moins que quelqu'un ne doive se cacher derrière le rideau; que les meubles soient peints, à moins qu'ils ne doivent servir dans quelque circonstance de la pièce.

S'il y a un fauteuil sur la scène, c'est qu'on s'y assiéra; s'il y a une table, c'est que l'on écrira dessus ou que l'on se cachera dessous. En un mot, nous ne voulons d'objets réels sur la scène que ceux dont la réalité même est absolument nécessaire à l'action. Et encore si ces objets, dont on doit faire usage, pouvaient être figurés de quelque façon par un ingénieux trompe-l'œil, je le préférerais de beaucoup. C'est ainsi qu'à un vrai poulet en chair et en os, il vaut mieux substituer un poulet en carton, pour que l'acteur ne soit pas forcé de perdre son temps à le découper, et qu'il puisse poursuivre le dialogue, tout en faisant semblant de manger un plat imaginaire.

La raison sur laquelle repose cette théorie est bien simple. C'est que dans tout art, au théâtre comme dans tous les autres, il faut que l'accessoire soit relégué au second rang, qu'il n'occupe point trop l'attention, et ne tire pas tout d'abord les yeux à soi. Que vais-je voir et entendre à la comédie ? Un drame où des passions sont aux prises. Le milieu où elles se meuvent peut avoir une certaine importance, une importance secondaire après tout.

Qu'on me représente ce milieu de façon à me donner une impression générale en harmonie avec l'action qui va suivre, à la bonne heure ! Mais c'est affaire à la peinture ; si quelque accessoire se distingue, par sa réalité effective, de l'illusion donnée par les autres, nous sommes tout aussitôt, par cette circonstance même, avertis que l'accessoire en question a un rôle dans la pièce. Il n'y a donc aucun inconvénient à ce qu'il accapare un peu de notre attention, puisqu'il sera lui-même, pour sa très petite part, un des ressorts du drame.

Quand la toile se lève sur un intérieur moderne, tel que ceux qu'on nous représente, mon œil s'égare sur ces chaises, ces tables, ces canapés, ces poufs, ces rideaux, qui ne m'apprennent rien de ce que je vais voir, qui ne m'y préparent point, qui dissipent l'attention que je désirais réserver à l'œuvre. Et encore ne prends-je ici que l'exemple le plus simple : que serait-ce si j'allais chercher mes preuves dans ces théâtres où l'on essaie de faire passer une scène importante, la scène capitale de l'ouvrage, en y introduisant une meute, sous prétexte que cette scène d'amour a lieu dans un rendez-vous de chasse.

Il est clair qu'à un rendez-vous de chasse, il y a des chiens, dans la réalité. Mais il y a toutes sortes d'autres choses aussi que vous êtes obligé de supprimer, parce que votre scène n'est pas assez vaste ou parce que de certains objets fort réels, d'ailleurs, seraient répugnants au public ; mais si vous faites un accroc à la réalité en les retranchant, que n'enlevez-vous aussi les chiens qui me gênent pour entendre la déclaration d'amour, et qui ont de plus le tort de sentir très mauvais.

Eh! bien, transportons ces principes à la Comédie-Française et appliquons-les à la mise en scène de l'*Ami Fritz*, nous verrons que M. Perrin, tout en cédant quelque peu au goût du jour, n'a point du tout outrepassé ce que permet la théorie.

On fait grand bruit du cachet de réalité qu'il a imprimé au premier acte. Les mêmes personnes qui s'extasiaient sur la vraie salade mangée réellement par le père Provost au quatrième acte du *Duc Job*, qui se pâmaient devant le pâté servi à Delaunay au premier acte d'*Il ne faut jurer de rien*, poussent des cris d'horreur à la vue du potage qui est sur la table de l'*Ami Fritz*.

Il me semble qu'elles se trompent dans les deux cas.

Quand Valentin dit à son oncle Vanbuck : « Voulez-vous déjeuner avec moi ? nous serons mieux à table pour causer. » Quel est le fond de la scène ? Est-ce que c'est le déjeuner ? Pas du tout. Le déjeuner n'est qu'un accessoire. Ce qui nous intéresse, c'est la conversation qu'ils vont avoir. On peut donc, et on devrait servir aux deux interlocuteurs un déjeuner de carton. Delaunay, qui était à cet égard dans les vraies traditions, ne touchait point aux mets placés sur son assiette, il faisait le semblant de manger quelques bribes de pâté, et un doigt de vin à peine. Il sentait bien que c'eût été ralentir le dialogue et en changer l'effet que de perdre son temps, comme dit la chanson,

Aux vains plaisirs du boire et du manger.

Il est vrai que le père Provost ne se gênait pas pour manger réellement, et que même il affectait de s'empiffrer et de parler la bouche pleine, notamment dans le dîner du

Duc Job. C'était une des faiblesses de l'excellent comédien, faiblesse de vieillard, qui aime les applaudissements quand même. Il s'était bien aperçu du goût de la foule pour ces détails grossiers; il aimait à exciter le rire, en retournant la salade, en laissant échapper les mots à travers une bouchée mal avalée. On lui passait ces petits travers à cause de sa grande réputation et de son âge. Mais ni Got ni Delaunay n'ont jamais consenti à l'imiter.

C'est une autre affaire dans l'*Ami Fritz*.

Le fond de la scène, l'important, l'essentiel, c'est le repas en lui-même; le repas pour le repas. La conversation n'en est qu'un accessoire. Je ne loue ni ne blâme pour le moment l'intention des deux auteurs; je la constate. Il est évident qu'ils ont voulu donner aux spectateurs la sensation d'un bon et plantureux dîner dans la grasse Alsace. Quant aux propos qui accompagnent le repas, ce sont propos de buveurs, qui seront plus ou moins bons, plus ou moins gais, selon que les mets auront été plus ou moins succulents, les vins plus ou moins bien choisis.

Le réalisme de la mise en scène est donc ici forcément indiqué par la nature et les nécessités de l'œuvre.

Il est clair que tous les accessoires qui composent un bon dîner en Alsace doivent être mis, en leur pleine réalité, sous les yeux du public, puisque tous doivent servir à l'action. Il faut qu'on m'étale une belle nappe blanche, ornée de broderies rouges, de la faïence nette et brillante, de la vaisselle d'argent étoffée et lourde; il faut que les plats fument sérieusement sur la table.

Rappelez-vous qu'un des effets les plus comiques de la pièce, c'est précisément le silence religieux de trois goinfres qui, d'un mouvement simultané et automatique, plongent leur cuiller dans le potage, qu'ils dégustent avec béatitude. En ce cas, quel est le principal personnage? c'est le potage. Il me faut donc du vrai potage ; j'entends quelque chose qui en ait la couleur et la fumée, en un mot l'apparence..

Et de même, au second acte, on s'est beaucoup égayé sur le vrai arbre où monte Suzel pour y cueillir de vraies cerises. Mais comment vouliez-vous qu'on fît ? Du moment que Suzel monte en personne sur le cerisier, elle ne peut pourtant pas grimper sur une fausse échelle, cueillir à des branches peintes des cerises imaginaires et les jeter à son ami Fritz. Ici l'accessoire doit être vrai, parce qu'il sert à l'action ; que dis-je ? il est l'action même. Retirez cette mise en scène, je demande ce qu'il restera de la pièce.

Cette nécessité de montrer des choses réelles qui s'impose dans la plus grande partie de l'œuvre a conduit par analogie à les faire vraies, même alors qu'il n'en était plus absolument besoin. Ainsi, j'avoue que dans la jolie scène du rabbin avec Suzel la jeune fille aurait pu faire semblant de remplir sa cruche, et le rabbin feindre de boire une eau qui n'aurait pas existé. Si M. Perrin a cru devoir faire couler de la fontaine dans la cruche une eau véritable, c'est qu'après tant de détails, exposés en leur réalité naïve, il a craint de choquer les yeux, en leur demandant de revenir tout d'un coup à la convention.

Il me semble donc que la Comédie-Française, en montant l'*Ami Fritz* comme elle l'a fait, n'a pas du tout violé les vrais principes de l'art en matière de mise en scène. Elle a partout subordonné l'accessoire au principal, et ce n'est pas sa faute si les auteurs avaient fait cette fois le principal de ce qui le plus ordinairement passe pour être l'accessoire.

Au reste, je ne me suis livré à cette discussion que pour les amateurs de théorie, car le public n'est guère préoccupé de ces réflexions ; il n'a pas pour habitude de chicaner son plaisir, et il semble en éprouver un très vif au spectacle de l'*Ami Fritz*. La pièce est aujourd'hui singulièrement lancée, et il pourrait bien se faire qu'elle allât bien plus loin que nous n'avions jugé. J'en suis pour moi fort aise.

23 décembre 1876.

THÉODORE BARRIÈRE

ÉTUDE GÉNÉRALE

Barrière était un des cinq ou six écrivains dramatiques de notre temps. C'était un talent inégal, mais d'une rare puissance. Je ne sais guère d'œuvre signée de son nom, qui satisfasse pleinement l'esprit d'un bout à l'autre. Mais il se rencontre dans toutes quelques-unes de ces scènes admirables qui sont des trouvailles de génie.

Beaucoup de parties ont déjà vieilli dans les *Faux Bonshommes,* qui passent pour être son chef-d'œuvre. Il s'y trouve pourtant deux scènes incomparables de force comique : l'une est la scène du testament; et l'autre celle où M. Dufouré se laisse aller aux confidences avec les deux jeunes peintres et leur expose le bonheur dont il jouira, quand il aura eu le malheur de perdre sa femme.

Les Parisiens de la décadence ne se peuvent plus entendre sans fatigue. Il en restera un premier acte étincelant, et la fin du troisième acte, une des plus belles scènes qu'ait imaginées un écrivain dramatique. Un tout jeune homme s'est pris de querelle pour un motif futile avec une manière de spadassin. Il est inquiet, nerveux; il tremble; il a peur. Un des amis de sa famille le voit en cet état :

— Tu as peur, lui dit-il.

— Eh! bien, oui, répond l'enfant avec un cri douloureux.

— Si tu as peur, ce n'est pas que tu sois un lâche, c'est que tu te bats pour une niaiserie. Tu ne tremblerais pas si l'on avait insulté ou ta mère, ou ta sœur.

— Oh! non.

— Eh! bien, ton adversaire... tu ne le sais pas, mais cela est vrai... a insulté ta mère. Il a dit d'elle...

— Quoi donc? s'écrie le jouvenceau frémissant.

— Qu'elle avait un amant.

Au même instant, le spadassin entre; l'enfant s'élance à sa rencontre :

— Monsieur, vous en avez menti.

Et il le soufflette.

Rien de beau, de pathétique et de vraiment théâtral comme ce mouvement.

Il est à remarquer que presque tous les premiers actes de Barrière sont excellents. Il savait exposer un sujet et présenter ses personnages avec une prestesse d'allures et une vivacité de dialogue que personne, non pas même Sardou, n'a jamais égalées. Le premier acte de la *Vie de Bohème* est à cet égard une merveille d'exécution.

Il dure vingt minutes à peine, et l'on sait quelle sera l'intrigue de la pièce, quelle en est l'idée morale; on a lié connaissance avec dix personnages qui ont fait l'un après l'autre une entrée pittoresque, et qui ont tous été caractérisés d'un mot amusant ou profond. Il n'y a pas une phrase du dialogue qui ne soit un trait d'observation ou d'esprit; et tout ce monde se remue, rit et chante, sans confusion aucune, avec une verve endiablée.

Les pièces en cinq actes exigent une haleine que Barrière n'avait pas. Aussi a-t-il plus pleinement réussi, quoique avec moins d'éclat, dans les œuvres moins longues. Le *Piano de Berthe* est un bijou qui durera autant que le goût du vaudeville en France; le *Feu au Couvent* est toujours revu avec plaisir à la Comédie-Française, tant l'idée première est ingénieuse et les détails exquis.

Les *Jocrisses de l'Amour* sont peut-être de toutes les comédies de Barrière celle où il y a le moins de trous; jamais peut-être on n'a serré dans un plus étroit espace plus de situations plaisantes, de volte-face ingénieuses et rapides. C'est un feu ininterrompu de mots comiques, qui tous partent du fond même de la donnée.

Il avait cette fois pour collaborateur Lambert Thiboust, dont la gaieté bon enfant corrigeait ce qu'il y avait généralement de morose et d'amer dans son comique. Ce n'est un secret pour personne que Barrière ne voyait point l'humanité en beau et qu'il sentait une sorte d'âpre jouissance à mettre à nu toutes ses vilenies : il n'avait point la haute impartialité et la bienveillance large d'un vrai moraliste; il haïssait vigoureusement, et le fiel débordait de son cœur dans ses écrits.

Cette disposition de caractère donne à tous ses ouvrages une apparence de misanthropie triste et violente, qui ôte un peu de la douceur que l'on éprouve à lire un chef-d'œuvre.

Il avait le coup de boutoir brutal; il manquait de cet esprit facile qui se répand dans toutes les parties d'une pièce et la vivifie. Il était heurté et procédait par bonds, rencontrant de temps à autre le cri de la passion sauvage, celui qui agit fortement sur les imaginations et secoue les nerfs, celui qui ramasse une situation sous une forme compacte et violente.

Il venait, quand il est mort, de donner au Palais-Royal

une pièce où se trouvent résumés beaucoup des défauts et des qualités de sa manière : *les Demoiselles de Montfermeil*. L'esprit y pétille ; mais il est souvent cherché et pénible ; deux ou trois scènes sont d'un comique achevé ; mais l'ensemble de l'œuvre est incertain et flottant. C'est un vaudeville, dont on peut dire que les morceaux en sont bons ; mais l'œuvre en soi laisse à désirer.

Barrière avait beaucoup écrit par métier. Mais les ouvrages qu'il a composés sur commande, pour gagner de l'argent, ne comptent pas ; il ne faut jamais, quand on parle d'un homme supérieur, s'attacher qu'aux œuvres qui lui font honneur. Les autres, qui sont vite oubliées des contemporains, n'existent point pour la postérité.

Je n'oserais pas assigner de rang bien précis à Barrière parmi les grands noms de notre siècle dans l'art théâtral. Il est certain qu'il y a occupé une place fort élevée, et que, s'il a eu des succès moins continus et plus contestés qu'un certain nombre de ses rivaux, il leur est égal à tous par la puissance de l'invention dramatique, par l'âpreté de la raillerie et par le jaillissement du mot. Il avait l'éloquence courte et haletante ; mais c'était de la vraie, de la sincère éloquence.

22 octobre 1877.

LA VIE DE BOHÈME

La Comédie-Française vient d'annexer à son répertoire la *Vie de Bohème*, comédie en cinq actes, de Théodore Barrière et Henri Mürger.

La *Vie de Bohème* avait, depuis le jour de la première aux Variétés, été reprise un peu partout : à l'Ambigu-Comique, à l'Odéon, au Vaudeville, à Déjazet même. Bien que je sois très vieux dans la critique théâtrale, c'est seulement en qualité d'élève de l'École normale que j'avais vu la pièce à la création. Entre 1848 et 1860, une douzaine d'années se sont écoulées pendant lesquelles j'ai couru la province ; je ne sais ce qu'est devenue pendant ce temps la comédie de Barrière sur les théâtres de Paris. Je n'ai jamais eu occasion de la voir sur une scène départementale. C'est de 1861 que date mon premier feuilleton sur la *Vie de Bohème*. La pièce se jouait à l'Ambigu ; c'était Jane Essler qui jouait Mimi et Mme Defodon qui faisait Musette. Jane Essler, qui est à peu près oubliée aujourd'hui (il n'y a guère que les vieux amateurs de théâtre qui se la rappellent), était une actrice de premier ordre. Elle possédait tout naturellement une grâce mélancolique et précieuse, qui convenait merveilleusement à ce personnage de grisette poitrinaire. Elle n'effaça point le souvenir de Mlle Thuillier, la créatrice du rôle. Mlle Thuillier était une comédienne à qui je ne vois dans notre théâtre actuel aucune comédienne qui puisse être comparée. Frêle, nerveuse, émaciée, il semblait qu'une lueur intérieure, comme celle qui brille doucement dans une veilleuse d'albâtre, éclairât son visage. C'était une âme; une âme tendre et souffreteuse, imprégnée de poésie.

Que de feuilletons j'ai écrits depuis ce temps-là sur la *Vie de Bohème!* Car il n'y a guère de pièce qui ait mis plus de fois en mouvement les plumes des journalistes. C'est que le sujet est si attirant! Voyez, dans ces derniers huit jours, combien d'études ont paru sur la bohème, combien de souvenirs sur les héros de Mürger et sur Mürger lui-même! On ne pouvait ouvrir un journal sans y trouver ou des considérations philosophiques sur le fond de l'œuvre ou des détails sur la façon dont elle avait été conçue, jouée, accueillie par le public.

Il ne reste plus rien à dire. Aussi me bornerai-je à vous renseigner sur l'interprétation de la *Vie de Bohème* à la Comédie-Française et sur l'impression qu'en a emportée le public à cette dernière épreuve.

Il faut bien l'avouer : le public, je parle du public accoutumé des premières, était venu à la Comédie-Française, sinon avec un parti pris, au moins avec des préventions contre l'œuvre. On se disait qu'elle ne serait point à sa place en ce vaste cadre, que le dialogue avait vieilli, que les personnages, usés à force d'avoir été vus, paraîtraient surannés, que leur gaieté était factice et sonnerait lugubrement dans la maison de Molière. Personne ou presque personne n'attendait rien de bon de cette reprise. Les plus chauds partisans de l'ouvrage, et j'étais de ceux-là, se disaient tout bas : « La première sera un désastre ; il faut en faire son deuil à l'avance. Mais nous verrons bien ce que pensera le public des représentations suivantes. C'est lui qui décidera en fin de compte. Mais nous allons avoir un fichu quart d'heure à passer. »

Et voilà comme il ne faut jamais se mêler de rien prédire au théâtre. Le premier acte enlève la salle, qui est stupéfaite de s'amuser follement. Tous les mots portent ; la fameuse ronde de la Jeunesse, qui inspirait des inquiétudes, passe comme une lettre à la poste. Pour un peu, on en ferait, comme à l'Ambigu, répéter le dernier couplet. C'est une joie générale; une joie étonnée, mais qui n'en est que plus vive.

C'est qu'il n'y a pas à dire : ce premier acte, c'est, au point de vue dramatique pur, un chef-d'œuvre d'exposition. Songez qu'en vingt minutes l'auteur trouve moyen de vous présenter huit personnages, dont chacun est marqué de traits si caractéristiques que vous le distinguerez désormais de tous les autres ; qu'il lui suffit de quelques phrases d'une vivacité charmante, pour vous mettre au courant du thème qui va être développé et pour vous faire entrevoir le drame à venir, que le dialogue est d'une verve et d'un entrain extraordinaire, qu'on est emporté comme dans un tourbillon de gaieté et que cependant tout cela est clair, net, précis ; une foule d'incidents qui rebondissent les uns sur les autres, et pas un instant de confusion, pas ombre de flottement ; comme facture, cela est admirable.

C'est là qu'on reconnaît la main de l'homme de théâtre qu'était Barrière. Il m'a semblé constater chez quelques-uns de mes confrères un peu de mauvaise humeur contre Barrière, qui, disent-ils, n'a apporté à l'œuvre commune que les ficelles de la partie mélodramatique. Rien de plus injuste : le premier acte est de Barrière. Il était vaudevilliste jusqu'au bout des ongles, et en quelque piètre estime que l'on affecte aujourd'hui de tenir ce titre de vaudevilliste, force est bien d'admettre qu'il est assez nécessaire d'être cordonnier, quand on fabrique des chaussures, et vaudevilliste, quand on écrit des vaudevilles.

C'est une trouvaille de vaudevilliste que d'avoir imaginé ce déjeuner sur l'herbe que font les bohèmes et que Rodolphe aperçoit du haut de sa terrasse. Il les appelle; ils grimpent et, à mesure que chaque tête émerge, c'est un éclat de rire dans la salle. Les présentations se font, cérémonieuses et bouffonnes tout ensemble. Le déjeuner s'achève gaiement chez l'amphitryon improvisé, chez Rodolphe qui, séduit par l'exemple, les ira rejoindre, aussitôt sa valise faite, au coin du bois où ils vont l'attendre. On le voit s'enfuir, quand l'oncle arrive et, derrière la terrasse, la caravane passe en chantant le refrain de la Jeunesse, tandis que l'oncle envoie des malédictions.

Vous pouvez, tant qu'il vous plaira, courir tous les répertoires. Je vous défie de trouver une exposition plus vive, plus animée, plus pétillante, et en même temps plus sobre et plus lumineuse. Je ne veux point dire du mal de nos pièces modernes, mais enfin comparez cette exposition à celle des comédies qui, en ces deux ou trois dernières années, ont obtenu le plus vif succès. Voyez ce que font ces messieurs; ils nous mettent sur la scène, dans un premier acte, vingt personnages qui vont, viennent, se rencontrent, échangent quelques mots, sans qu'on puisse saisir à travers leurs propos quel est précisément le sujet de la pièce. Oh! ils leur donnent beaucoup d'esprit, infiniment d'esprit, et, en cela, ils ne doivent rien à Barrière. Mais une fois que ces personnages ont fait leur office de tirer les fusées du premier acte, les Donnay, les Capus, les Lavedan les remettent dans la boîte d'où ils les ont tirés, et nous ne les revoyons plus.

Ici on ne nous présente que les personnages utiles, ceux qui traverseront les cinq actes; ils font des mots, et peut-être en font-ils trop tout de même, mais il n'y a pas un de ces mots qui ne se rapporte au sujet, qui ne jette un peu de jour sur le caractère de ceux à qui il échappe. C'est du théâtre, du vrai théâtre, de l'excellent théâtre.

Nous avions craint que les artistes de la Comédie-Française ne pussent pas prendre sur eux de jouer dans le mouvement. Le vaste cadre où ils évoluent exige d'eux, en effet, la plupart du temps un jeu plus large, une diction plus ample. On les accuse volontiers de pontifier dans le vaudeville quand ils le jouent. Le reproche n'est pas des plus justes. Car je les ai vus et dans le *Député de Bombignac*, et dans *Oscar* et dans les *Deux Ménages* et dans vingt autres vaudevilles, tout aussi prestes et aussi gais qu'on peut l'être dans n'importe quelle scène de genre.

Cette fois, tout le monde leur a rendu justice ou presque tout le monde. Car la critique a été si souvent faite qu'elle a passé lieu commun et qu'on l'accepte les yeux fermés. La vérité est qu'ils ont lancé tout ce premier acte d'une allure très rapide. Ils ont été charmants de vivacité.

Jules Claretie avait eu l'heureuse idée, reprenant une pièce dont les mœurs et le dialogue datent, de la reprendre avec les costumes du temps. Cette mise en scène imprévue a contribué pour beaucoup à égayer le public. Il y a eu comme un murmure d'admiration quand Albert Lambert a paru, jeune, svelte, la redingote serrée à la taille : on eût dit Alfred de Musset descendu de son cadre. Tous les autres étaient des Gavarni très pittoresques. Il n'y a pas eu d'accroc qui ait gâté l'impression de ce premier acte. Les applaudissements ont éclaté au baisser du rideau, drus, nourris et partant de tous les points de la salle.

Ce n'était pas encore partie gagnée ; mais l'affaire était en bon train.

On attendait la débutante, Mlle Leconte, au second acte,

le premier où elle paraisse. Vous savez qu'à cet acte la scène, par un artifice souvent employé dans les théâtres de genre, mais fort rare et peut-être même inconnu à la Comédie-Française, est séparée en deux. D'un côté, habitent Marcel avec Musette, de l'autre Mimi, qui n'a pas encore pris Rodolphe pour amant, mais qui l'aime déjà.

Cet acte pousse au comble l'enchantement du public. Il est véritable aussi que le dialogue en est d'une verve étonnante. Aux mots du texte primitif on en a ajouté quelques-uns, cueillis dans le roman de Mürger, d'autres apportés par les artistes eux-mêmes. Rodolphe, à moitié endormi, repose sur son lit, quand un employé de la Banque entre dans sa chambre et l'éveille. Rodolphe se frotte les yeux, regarde :

— Un académicien chez moi ? Est-ce possible ?

Cette saillie n'est pas de Barrière, ni de son collaborateur. Elle a été saluée d'un éclat de rire unanime.

Mlle Leconte s'est présentée, et du premier coup elle a ravi tous les cœurs. Peut-être sent-elle encore un peu les théâtres de genre et même le mélodrame ; mais elle est si touchante, elle a un air à la fois si ingénu et si triste qu'elle nous séduit tous. A la fin de l'acte, vous vous rappelez que Rodolphe, à dix heures du soir, frappe à la porte de Mimi. La façon pudique et émue dont elle a hésité à prendre son parti et à tirer le verrou qui la séparait de lui a charmé toute la salle, et le second acte a fini au milieu des mêmes applaudissements, qui avaient, lors du premier, accompagné la chute du rideau.

Au troisième acte, nous sommes chez les bohèmes, qui ont résolu de donner une brillante soirée. C'est là que le drame, qui succède au vaudeville, commence à s'ouvrir. Le public se montre un peu plus réfractaire. Certaines scènes, de celles qu'on appellerait aujourd'hui des tranches de vie, qui avaient autrefois beaucoup amusé sont accueillies plus fraîchement, sans que je puisse me rendre compte de ce qui a refroidi l'auditoire. Vous vous rappelez peut-être que les bohèmes examinent avec Baptiste le compte de leurs dépenses; cette vérification, suivie de mots plaisants, mettait jadis tout le public en joie. On a paru l'écouter sans plaisir.

On ne s'est intéressé qu'à demi aux allées et venues de Baptiste venant porter à Musette les propositions d'un vicomte, et à Mimi celles de l'oncle de Rodolphe, qui veut absolument arracher son neveu à une liaison qu'il juge dangereuse.

Mais ce qui a failli tout gâter, c'est l'arrivée de l'oncle qui vient chez Mimi, en l'absence de Rodolphe, pour lui refaire la scène du père Duval dans la *Dame aux Camélias*. Le public n'est pas forcé de savoir que la *Vie de Bohème* a précédé la *Dame aux Camélias* et que Dumas a été ici l'imitateur de Barrière. Mais, voilà le diable! l'imitation est supérieure au modèle.

— Quand on dépouille les gens, disait un critique parlant de Molière, il faut les égorger d'abord.

Dumas a tué Barrière. La scène de l'oncle Million est médiocre. Ajouterai-je qu'elle a été médiocrement jouée au moins par l'un des deux partenaires? L'oncle, c'est Joliet qui a donné à son personnage les allures bonhommes et le ton onctueux du vieux médecin de campagne dans l'*Évasion*. Il n'y a pas le moindre rapport entre les deux personnages. Il a dû gêner considérablement Mlle Leconte, dont le jeu nous a paru incertain.

Joignez à cela que dans Musette, Mlle Ludwig, qui est une comédienne si fine, si aimable et si piquante, n'a pas joué assez en dehors. Elle a été charmante, mais, à mon sens, trop comédie-française. Le dirai-je? De toutes les

Musettes que j'ai vues, — et Dieu sait s'il m'en est passé sous les yeux, — celle qui m'a paru supérieure dans le rôle, c'est Mlle Massin, non qu'elle fût grande comédienne (En voilà une qui n'avait pas de prétention, qui laissait son talent comme ses charmes aller à la grâce de Dieu), mais elle était Musette du corps à l'âme et de la tête aux pieds. Elle ne jouait pas le rôle ; elle était, sans y prendre peine, en s'abandonnant à sa nature, la Mimi Pinson d'Alfred de Musset, la Musette de Mürger. Mme Ludwig est d'un cran ou deux plus relevée. Elle est exquise ; mais elle a l'air de jouer du Meilhac plutôt que du Barrière.

Je cherche à expliquer l'abaissement de température qui s'est manifesté à ce troisième acte. Il a été cependant moins sensible en réalité que vous ne pourriez le supposer d'après ce récit. Ce n'est qu'une impression vague ; on s'est moins amusé et voilà tout.

Nous entrons à pleines voiles dans le mélodrame au quatrième acte.

Rodolphe, outré de l'abandon de Mimi, s'est réconcilié avec son oncle Million ; il a promis d'épouser Mme de Rouvres, jolie veuve qui lui veut du bien, et il a entraîné chez elle un soir de bal qui doit être un soir de fiançailles, son ami Marcel qui cherche à se consoler de la fugue de Musette. Vous pensez bien qu'à ce bal auront été invités les amis de la bohème, Schaunard et Colline.

C'est là que Barrière avait en quelques coups de crayon dessiné la silhouette d'un fils de M. Prudhomme, qui obtint à l'origine un succès étourdissant. J'y ai vu, depuis, ce bon Fréville de l'Odéon, qui semblait fait pour représenter ces solennelles ganaches. On l'appelait sur l'affiche : le *Monsieur*. C'est lui qui, après avoir entendu lire un sonnet, demandait ingénument :

— Qu'est-ce que c'est ce que ce monsieur vient de lire ?

— Un sonnet, répondait Schaunard.

— Très joli... très joli... Mais il n'est pas assez long.

— C'est un sonnet, reprenait Schaunard étonné.

— J'entends bien, mais je dis : il n'est pas assez long.

Il faut avoir appartenu à la génération dont je relève pour comprendre l'effet prodigieux de ces niaiseries prudhommesques. Le malheur, c'est qu'elles sont trop connues aujourd'hui; elles ont été répétées partout; Henri Monnier ne fait plus rire que les gens de mon âge.

Ce bal n'avait été imaginé par Barrière que pour y mettre en présence et aux prises la superbe Mme de Rouvres, la nouvelle fiancée de Rodolphe, et la plaintive Mimi, son ancienne maîtresse. Il y est arrivé à l'aide de conventions à présent démodées et qui paraissent fort ridicules. N'insistons pas. Mais la scène entre les deux femmes est fort bien faite et elle a été fort bien jouée par Mlle Nancy Martel et Mlle Leconte, l'une hautaine, impérieuse et méprisante à souhait, avec de jolis retours de sensibilité; l'autre se montant peu à peu au ton de la fureur. Mlle Leconte a même trouvé, pour cette querelle, quelques intonations, qui, sans offenser la dignité de la Comédie-Française, avaient un accent faubourien très caractéristique. Elle a enlevé la salle, et lorsque, en son dernier transport, elle s'est enfuie, marquant bien son intention d'en finir avec l'existence, tout le public l'a suivie, haletant; tout le public a été pris du même frisson que l'actrice en scène, qui s'est jetée, d'un geste très vrai, sur la sonnette pour appeler au secours.

On était déjà très ému; mais l'acte s'est terminé par une dernière scène qui a emporté toutes les résistances, s'il s'en était produit quelqu'une.

Au coup de sonnette de Mme de Rouvres, tout le monde est rentré en scène, et le premier de tous Rodolphe, qui vient d'apprendre le coup de tête de sa Mimi, et comme quoi elle s'est sauvée de l'hôtel, sans qu'on sache où elle est allée. Il est désespéré ; il éclate en reproches. Oh ! qu'Albert Lambert a été admirable en cette fin d'acte. De quel geste ample et farouche, de quelle voix chaude et éclatante, il a proclamé son amour pour Mimi, sa colère contre les intrigues dont elle avait été victime; il ressemblait à un Dieu vengeur. Le drame, le grand drame avait fait tout à coup irruption dans le vaudeville et l'avait transfiguré. Le succès de l'artiste a été immense.

Chose bizarre que le théâtre ! Voilà dix ans qu'Albert Lambert s'étudie au grand art dans des rôles terribles où il déploie des qualités de premier ordre. Je ne dirai pas que personne n'y prend garde, mais ce qui est vrai, c'est que personne n'estime ses efforts au prix qu'ils méritent. Dieu sait pourtant que c'est autre chose de jouer *Hernani* et le *Cid* que le Rodolphe de la *Vie de Bohème*. C'est de Rodolphe pourtant que datera son entrée dans la gloire. Il est vrai que s'il n'eût pas joué dix ans le *Cid* et *Hernani*, il n'aurait pas donné cette ampleur à Rodolphe.

Le dernier acte appartient tout entier à Mimi. Quand Barrière et Mürger écrivirent la *Vie de Bohème*, c'était la première fois qu'une actrice mourait en scène, j'entends par là que c'est la première fois qu'elle emplissait tout un acte des préparatifs et des détails de sa mort. Le spectacle fit couler des torrents de larmes. Il a été depuis reproduit bien des fois. Nous avons vu mourir Marguerite et Froufrou, et bien d'autres. Le public ne s'est point blasé sur ce genre d'attendrissements. Mlle Leconte, après tant d'héroïnes qui se sont éteintes comme elle sur la scène, a rouvert encore cette source de pleurs qui n'est jamais tarie. Elle a eu des frissons très suggestifs ; elle a dit avec une naïve et douloureuse émotion le célèbre récit où Mimi conte comment elle regardait du haut du pont couler l'eau noire de la Seine qui paraissait l'appeler. On se mouchait dans toute la salle.

Le rideau est tombé au milieu d'applaudissements unanimes. C'était un grand, un très grand succès.

13 septembre 1897.

LES FAUX BONSHOMMES

Le Vaudeville a repris cette semaine avec un certain éclat la célèbre comédie de Barrière et Capendu, les *Faux Bonshommes*. Cette pièce avait été assez longtemps pour le Vaudeville ce qu'avait été pour la Porte-Saint-Martin la *Closerie des Genêts*, le *Courrier de Lyon* pour l'Ambigu et la *Cagnotte* pour le Palais-Royal. On l'avait toute prête sous la main, aussitôt qu'une nouveauté, sur laquelle on avait compté pour l'hiver, ne fournissait pas le nombre de représentations espérées. Il se formait un trou ; c'était avec les *Faux Bonshommes* qu'on le bouchait. Delannoy lui-même ne savait plus combien de fois il avait joué Péponet. Ces reprises forcées faisaient toujours quelque argent et donnaient à la direction le temps de monter une autre œuvre.

J'ai vu nombre de ces reprises. La première représentation date de 1856. Je n'étais pas encore à Paris à cette époque. About a laissé, dans une étincelante chronique, qui n'a pas été recueillie avec les autres en volume, un récit enthousiaste de cette soirée. Il paraît que les deux premiers actes avaient laissé le public hésitant, et il est très vrai qu'il s'y trouve de nombreux défauts que le temps a encore accentués. Mais, au troisième, lorsqu'à la scène du contrat on vit tout à coup Delannoy se lever pâle, effaré, le papier à la main et qu'il jeta ce cri devenu fameux : « Ah çà, mais, on ne parle que de ma mort, là dedans! » ce fut une explosion d'applaudissements formidable.

Barrière, qui n'était pas tendre pour ses confrères, non plus que pour les journalistes, s'était fait une jolie collection d'ennemis. Il y avait dans la salle, le soir de la première, nombre de gens qui ne lui souhaitaient point un succès. Toutes les préventions et toutes les rancunes furent emportées d'un même coup dans un grand courant d'admiration.

Alexandre Dumas, chez qui Barrière détestait un rival qui devait l'éclipser plus tard, Alexandre Dumas, penché sur le bord de sa loge, applaudissait avec fureur. Ce fut une minute où Barrière n'eut que des amis.

About conte même qu'après le gros brouhaha des applaudissements tombé, une voix s'éleva dans la salle qui jeta le mot dit autrefois le soir des *Précieuses ridicules* : « Bravo, Molière, voilà la bonne comédie! » Mais je me défie de ces anecdotes qui sont presque toujours fabriquées après coup pour devenir légendaires. Tout ce qu'on peut affirmer, c'est que, si le mot n'a été dit par personne, il a été pensé par tout le monde. La pièce des *Faux Bonshommes* n'est peut-être pas la plus complète ni la mieux équilibrée du théâtre contemporain; c'est une des plus fortes assurément; il s'y trouve trois scènes qui sont de premier ordre, et, de ces trois scènes, il y en a une, celle du testament, qui égale les plus belles que nous connaissions.

Les *Faux Bonshommes* ont déjà trente-trois ans; il nous est facile aujourd'hui de faire le départ entre les choses qui ont vieilli et celles qui resteront toujours jeunes.

Il y a toute une partie qui nous a paru cruellement démodée. Vous savez que deux peintres, qui sont grands amis, ont été choisis par M. Péponet, riche bourgeois retiré du commerce, l'un pour faire son portrait, l'autre pour faire celui de sa fille aînée Emmeline. Tous deux ont traîné tant qu'ils ont pu la besogne ; car Octave Delcroix s'est amouraché de son modèle, et il s'en est fait aimer ; Edgar, tout en peignant M. Péponet en garde national, a remarqué la seconde fille de M. Péponet, Mlle Eugénie, une petite demoiselle assez mal élevée, mais qui a bon cœur. Est-ce de l'aversion qu'il éprouve pour elle ? Est-ce un commencement d'amour ? Il n'en sait trop rien. C'est quelque chose. Elle l'occupe. Tous deux sont donc installés à la campagne, chez M. Péponet ; des artistes chez un bourgeois.

En ce temps-là, il était convenu, admis, de tradition, que l'artiste fût jeune, spirituel, désintéressé, méprisant tout ce qui est le positif de la vie ou ne s'en souciant point, et qu'il passât son temps à railler l'épicier qui, ayant fait fortune, n'était qu'un crétin, sans idéal, et prêt à se laisser battre pour un écu. C'était la convention de l'époque. Vous la retrouvez dans la *Vie de Bohème* de Mürger, dans les romans d'Alphonse Karr, qu'on ne lit plus guère, mais qui ont prodigieusement amusé la génération dont je fais partie. Il y a dans Balzac même des traces de cette superstition singulière. Le bourgeois était un philistin, la bête noire de l'artiste, qui eût manqué à tous ses devoirs, s'il ne l'eût pas pris pour cible à des plaisanteries de rapin. Je me rappelle fort bien avoir traversé cet état d'esprit, qui, chez d'autres, a pu être spontané ; qui, chez moi, n'était qu'un produit factice de la littérature ambiante.

Barrière, lui, y allait bon jeu, bon argent. Il croyait fermement que l'artiste était naturellement capable de toutes les générosités et de toutes les tendresses, le bourgeois de toutes les vilenies. Il croyait encore que l'artiste, surtout quand il était peintre, devait fourrer de l'esprit dans tous ses propos, et d'un certain esprit qui était celui d'atelier, à moins qu'il ne fût sentimental et mélancolique, auquel cas il exhalait naturellement une poésie idyllique et romanesque.

Octave Delcroix est l'artiste sentimental, d'un sentimentalisme ingénu et prompt aux emballements ; Edgar est l'artiste blagueur et caustique ; et tous deux traversent l'action à laquelle ils sont mêlés d'un bout à l'autre, l'un cueillant les myosotis du sentiment avec des airs attendris de romance, l'autre faisant rage d'esprit contre les travers et les ridicules des sots gonflés d'argent.

C'est ce dernier que Barrière a comblé de ses faveurs : c'est lui qu'il a fait le porte-paroles de ses revendications et de ses colères contre la bourgeoisie. Le Vaudeville possédait alors un acteur que les jeunes gens n'ont pas connu, Félix, mais dont se souviennent tous les hommes de mon âge. Il excellait à lancer de sa voix cuivrée et mordante tantôt les épigrammes acérées, tantôt les véhémentes tirades, qu'il envoyait, penché par-dessus la rampe, droit au visage des spectateurs. Sa fonction au théâtre était d'être spirituel et agressif ; Barrière lui donna tout ce qu'il put d'esprit méchant. Mais l'esprit a ses modes, surtout l'esprit d'atelier.

Péponet discute avec Edgar sur la pose et les accessoires du portrait. Edgar, pour se moquer de ce bourgeois, a proposé de le peindre à l'heure où la lune se lève et le soleil se couche, afin d'avoir à la fois dans le tableau le soleil et la lune.

— Non, répond Péponet, j'aime mieux le soleil de midi.

— Avec le canon du Palais-Royal, dit Edgar à part, avec l'intention de faire un mot plaisant.

— Un beau soleil, reprend Péponet, tapant sur la maison... Vous avez mis la maison ?

— Parbleu, je crois bien !

— Avec toutes ses fenêtres ?

— Oui, oui, même celles qui sont derrière.

— Ça en fera beaucoup !

— Non, ça donne de l'air. Il n'y a jamais trop d'air dans un paysage.

Ce genre de plaisanterie amusait encore en 1856. Il nous est insupportable. Tout cela est si faux aujourd'hui ! Les peintres ne sont plus des rapins qui se piquent de vivre d'amour et d'eau fraîche, et se consolent de leur misère en faisant des mots d'atelier ; les bourgeois ne sont plus aussi bêtes à présent, si tant est qu'ils l'aient jamais été à ce point, et si un artiste se permettait en l'an 1889 avec un de ses clients une des fumisteries dont l'Edgar de Barrière régale Péponet, le client aurait bientôt fait de flanquer le mauvais plaisant à la porte.

Les deux jeunes filles ne sont pas plus vraies que les deux peintres. L'une est l'insignifiante et tendre demoiselle qui figure sur les vieilles romances ; l'autre est le gentil petit démon, qui n'en fait qu'à sa tête, se moque de tout le monde, mais dont le cœur est sensible et bon, et qui fera une excellente femme quand elle aura épousé celui qu'elle croit détester, l'artiste railleur dont elle saura bien couper les ongles. C'est un portrait dont il a déjà été tiré des milliers d'épreuves.

Quand ces deux jeunes personnes causent ensemble, ou que l'une d'elles s'entretient avec celui qu'elle aime ; quand les deux peintres se lamentent ou font des mots, tout aussitôt la comédie de Barrière prend un fâcheux air de poncif. L'intérêt languit, la gaieté se fige.

J'entendais dire autour de moi, l'autre jour : Voilà une

pièce qu'il faudra reprendre un jour rue Richelieu. Barrière ne figure, en effet, sur le répertoire de la Comédie-Française, que pour une petite pièce en un acte : *le Feu au Couvent* dont l'idée première est assez jolie, mais qui, passé la première scène, charmante en vérité, est conventionnelle et fade. Les *Faux Bonshommes* y seraient mieux à leur place. Mais, si jamais on leur ouvre la porte de la maison de Molière, il sera opportun d'abord qu'une main ferme et adroite en élimine un assez bon nombre de scènes, qui ont peut-être contribué jadis au succès, qui n'y ont pas nui tout au moins, mais qui maintenant paraissent fâcheuses au Vaudeville et seraient insupportables à la Comédie-Française.

Il resterait deux choses, les caractères et les trois scènes auxquelles j'ai déjà fait allusion.

Les caractères ? est-ce bien caractères que je devrais dire ? Barrière, à vrai dire, n'étudie pas un caractère ni ne le peint. Qu'est-ce qu'un caractère ? C'est une faculté ou une passion maîtresse qui absorbe toutes les autres, ou du moins qui les ramène à soi. Étudier un caractère et le peindre, c'est donc, en mettant l'homme qui en est doué dans un certain nombre de situations, montrer comment la faculté maîtresse, qui est chez lui le moteur principal, annihile ou dirige toutes celles qui, étant donné un autre homme, seraient probablement mises en jeu. On fait ainsi le tour d'un caractère ; on montre comment il imprègne de sa personnalité les conditions les plus diverses, comment il se trahit dans toutes les circonstances de la vie.

C'est le procédé des maîtres. Barrière ne peint guère que les attitudes. Tenez ! lisez Balzac et Dickens, qui sont deux maîtres. Balzac étudie les caractères : quand vous avez lu la *Cousine Bette*, vous connaissez à fond le baron Hulot. Vous l'avez vu jeté dans un si grand nombre de situations diverses et toujours dominé par la même impérieuse passion qui fait le fond de sa nature que vous avez épuisé tout ce qu'on peut apprendre sur cette passion dont il est l'esclave. Il en va tout autrement avec Dickens. Chez lui, comme chez Barrière, un personnage qui vous a été présenté dans une certaine attitude ou répétant un certain mot caractéristique, reproduira d'un bout à l'autre du roman ce mot et cette attitude.

C'est ainsi que dans les *Faux Bonshommes*, l'envieux et dénigrant Bassecourt, après avoir fait l'éloge d'une personne, ne manquera jamais de dire : *seulement...* et de la démolir. C'est ainsi que le versatile Péponet, quand il aura donné sa parole, la retirera dix minutes après, sous ce prétexte qu'il n'y a rien d'écrit ; c'est ainsi que M. et Mme Dufouré, qui jouent au bon ménage devant le monde, s'accableront de tendresses et de douceurs, quand il y aura quelqu'un pour les écouter et reprendront leur querelle quand ce quelqu'un sera parti.

Ce sont des tics d'âmes plutôt que des caractères qui nous sont présentés par Barrière.

Et si je fais cette observation, ce n'est pas du tout pour diminuer l'estime que vous pouvez faire de son œuvre. Ce n'est déjà pas chose aisée de trouver le geste, l'attitude, le mot distinctif qui marque un caractère et par où il se révèle. Ce n'est pas non plus une petite affaire, au point de vue dramatique, de ménager des situations où ce geste, cette attitude où ce mot soit à sa place et fasse éclater le rire.

Le *seulement* de Bassecourt est demeuré proverbe, ce qui prouve bien que Barrière avait rencontré juste. Ni Péponet ni Dufouré et sa femme ne fournissent matière à des réflexions bien profondes ; mais ils laissent dans l'esprit une silhouette très nette et très vive ; grotesque, sans aller jusqu'à la caricature.

La caricature, c'est l'inconvénient et le danger de cette manière; et Barrière ne l'a pas toujours évité. Qu'est-ce que la caricature? C'est l'exagération énorme d'un trait primordial et vrai de la physionomie ou de l'allure. Eh! bien, toutes les fois que l'on résume un personnage dans une attitude ou dans un mot, on risque, si l'on ne s'arrête pas à une limite assez flottante, vaguement indiquée par le goût, de tomber dans la caricature.

Bassecourt n'est point une caricature, non plus que Dufouré et sa femme, non plus que Péponet. Vertillac est une caricature, Vertillac est le bourgeois figé, cristallisé dans la finance; il ne se meut et ne parle que par poids et par mesure. C'est une horloge, qui ne sonne que lorsqu'elle a été remontée. Et Edgar, le joyeux fumiste, le voyant immobile et silencieux, s'en va en tapinois derrière lui et fait le geste de lui tourner une clef dans le dos en imitant le bruit d'une clef de pendule qui grince.

Ce Vertillac est fort drôle, si l'on veut. Mais on sent fort bien à le voir qu'il est un simple grotesque, éclos de l'imagination fantasque de l'écrivain. C'est un fantoche, ce n'est plus un homme. Le tic ici a pris de si énormes proportions, il a si bien absorbé l'homme qu'il n'en reste plus rien.

C'est ce qui fait que Vertillac est et sera toujours bien joué. Pour rendre Péponet, Bassecourt ou Dufouré, on aura toujours besoin de comédiens au courant de leur métier. On n'a qu'à prendre, pour faire Vertillac, un acteur sec et maigre, qui parle lentement et d'une voix monotone, bien que stridente. J'ai gardé un souvenir assez précis de Chaumont qui a créé le rôle. D'autres l'ont repris depuis lors; il eût été difficile de dire s'ils étaient moins bons ou meilleurs; Bernès qui le joue à cette heure en a retrouvé de lui-même toutes les traditions. Il fait rire comme avaient fait rire ses devanciers.

Ce n'est donc point par l'étude des caractères que les *Faux Bonshommes* méritent d'être placés. Les tics observés par Barrière sont sans doute relevés par une extraordinaire énergie de touche et par un sens rare du grotesque. Mais enfin ce ne sont là, en art dramatique, que des qualités de second ordre. Barrière a trouvé deux ou trois scènes, une surtout, qui est la merveille des merveilles, qui est unique dans le théâtre contemporain par l'intensité du comique et la « furie » de l'exécution.

On a apporté au malheureux Péponet le contrat de mariage d'une de ses filles et tous les personnages qui ont un rôle dans la pièce se trouvent rangés autour de lui, et chacun d'eux, grâce à l'artifice du poète, a un intérêt particulier dans l'affaire, même les deux peintres, même Edgar, qui prendra plaisir à appuyer sur les ridicules de la situation et à les souligner.

Péponet discute les clauses du contrat. On lui demande trois cent mille francs. Il n'en veut donner que deux cent mille. Il a tout le monde contre lui. C'est un déchaînement. Il lit et relit tout bas le contrat :

— Mais on ne parle que de ma mort, là dedans ! s'écrie-t-il.

— De quoi voulez-vous qu'on parle ! lui répond son gendre.

Et les propos se croisent : « Les affaires sont les affaires... On ne sait ni qui vit ni qui meurt... Vous n'êtes pas éternel... Il faut bien mentionner les espérances... Etc., etc. » Et, sous cette grêle de prédictions sinistres, Péponet, ahuri, ne sait plus à qui entendre.

— Mais, sac à papier ! demande-t-il, monsieur aime-t-il ma fille ?

Et ce mot, dans sa bouche, est d'une réjouissante énormité de comique.

Tout le monde lui tourne le dos.

— Qu'est-ce qu'il va demander là ? s'écrie Bassecourt.

— La question n'est pas là, interrompt le futur; l'amour ne peut être regardé comme un propre dans l'avoir d'une fille.

Et tout le monde reprend en chœur :

— Signez ! mais signez donc !

Et ce malheureux Péponet, en même temps qu'il se désole de lâcher 300.000 francs, est émerveillé d'avoir un pareil gendre.

— Quel homme ! pense-t-il, est-il fort ! C'est le diable en personne. Il faut qu'il entre dans la famille...

Cette scène est emportée d'un irrésistible élan avec une prodigieuse furie de crescendo. Il y a comme un enivrement, comme un lyrisme de comique. Je ne vois rien, même dans Molière, qui puisse lui être comparé. L'effet n'en a pas été moins grand à cette reprise qu'il ne fut il y a plus de trente ans à la première. Toute la salle a éclaté en longs applaudissements.

Et l'on me disait dans les couloirs :

— Eh ! bien, mais ces messieurs les pessimistes du Théâtre-Libre n'ont rien inventé du tout. Ils s'amusent à peindre avec une ironie âpre les vulgarités, les misères et les hontes de la bourgeoisie. Barrière l'a fait bien avant eux.

Oui, sans doute, mais Barrière a de plus qu'eux la *vis comica*. Eux, ce sont des dilettantes qui font étalage de ce que Jules Lemaître caractérisait l'autre jour d'un mot juste et saisissant, quand il l'appelait : un pessimisme d'atelier. Ils s'en amusent et sont ravis de se prouver à eux-mêmes leur supériorité en s'en divertissant. Barrière est enragé contre ces vilenies et ces ridicules ; il les met au pilori ; il est, lui aussi, ironique ; mais son ironie est brûlante de conviction et de colère.

Il a le rire indigné ; et on se laisse prendre à cette verve, qui chez lui ne vient peut-être pas du cœur, mais qui vient d'une imagination échauffée. Les coups pleuvent si drus, si serrés, avec un bruit si comique sur le bourgeois affolé, qu'on ne les compte plus ; on est roulé dans une vaste poussée de rire.

Au quatrième acte, il y a, dans une note plus douce, une scène qui est restée légendaire. Ce pauvre Dufouré cause avec Edgar, ce terrible railleur, de sa femme qui est malade. Il est sorti, parce que, voyez-vous, c'est plus fort que lui, il ne peut pas voir souffrir les gens qu'il aime ; ça lui fait trop de mal. Et puis, il ne sait pas soigner les malades ; il ne serait qu'un embarras à la maison. Et, tout en exhalant ainsi sa douleur, il se met à table, dévore une forte tranche de pâté, qu'il arrose largement d'un bon vin de Bourgogne. Edgar lui tire les vers du nez ; il lui demande ce qu'il ferait s'il venait à perdre sa femme. Et l'autre, sans y prendre garde, se laissant aller au fil de ses rêves :

— Mon Dieu ! j'irais vivre à la campagne ; j'achèterais une petite propriété en Normandie, à quelques lieues de Rouen... La vie des champs, ç'a toujours été mon rêve. Mais avec cette pauvre chère femme, je n'aurais jamais pu le réaliser ; ce n'était pas dans ses goûts. Mais si un malheur arrivait...

Et la scène continue, amère, implacable, comme Molière, comme la Vérité.

13 mai 1889.

ALEXANDRE DUMAS FILS

ÉTUDE GÉNÉRALE

La première en date des pièces de Dumas fils — et il pourrait bien se faire que ce fût de toutes celle qui vivra le plus longtemps, — c'est la *Dame aux Camélias*. Mais comment expliquer à des personnes qui n'ont pas comme nous vécu dans la familiarité du théâtre français, et surtout du théâtre contemporain, l'un des mérites de cette pièce fameuse, celui qui nous a le plus vivement frappé ?

Quand la *Dame aux Camélias* parut, c'étaient Scribe et ses disciples qui régnaient sur la comédie de genre et le vaudeville ; c'étaient, d'un autre côté, les Frédéric Soulié, les Bouchardy, les Dumas père qui régentaient le drame et le mélodrame. Les deux écoles s'accordaient en un point, que l'action était toute maîtresse en art dramatique, qu'une pièce valait surtout par des combinaisons ingénieuses de faits qui, se heurtant les uns contre les autres, formaient les coups de théâtre ; que, pour arriver à ce qu'on appelait la situation, il était permis de négliger tout le reste, étude des passions et des caractères, observation exacte du milieu où se passaient les événements. Le théâtre était alors un ensemble de conventions qui, étant acceptées de tous, s'imposaient aux auteurs avec la même force qu'autrefois la règle des trois unités. Personne ne songeait à les discuter, et c'était un axiome qu'en dehors d'elles il n'y avait pas de succès possible.

Cette vérité était si bien établie que Dumas fils eut une peine infinie à faire recevoir et jouer la *Dame aux Camélias*. On s'imagine à présent que ce fut la hardiesse du sujet qui effaroucha les censeurs d'abord, les directeurs ensuite. Il y eut bien quelque chose de cela ; car il n'était pas encore admis que l'on pût porter une courtisane à la scène, surtout pour la rendre sympathique. Mais pour le directeur du Vaudeville, pour les artistes, pour les hommes de théâtre qui eurent la pièce entre les mains avant qu'elle se produisît à la rampe, ce n'était pas là la sérieuse et réelle objection. La censure pouvait seule s'en préoccuper. Ce qui les effrayait, ce qui leur faisait dresser d'horreur les cheveux sur la tête, c'est qu'elle n'avait pas été jetée dans le moule convenu. Ce jeune homme ne s'était point embarrassé des règles ni des conventions, qu'il ne connaissait pas. Il ne les avait pas bousculées de parti pris ; il les avait ignorées. Il avait, à vingt ans, rencontré Marguerite Gautier dans le monde où elle vivait ; il avait aimé, il avait souffert, il avait pleuré. Il s'était ensuite détaché d'elle ; elle était morte. Il avait transporté cette histoire toute chaude et toute vivante sur la scène, avec tous les détails de vie quotidienne dont elle avait été entourée dans la réalité, ne se doutant guère qu'en les introduisant dans l'action, qu'en marquant de traits caractéristiques les personnages accessoires, il renouvelait la force du théâtre et opérait une révolution.

Personne n'en eut aucun soupçon avant la première représentation ; le lendemain de cette première, tout le monde connut d'instinct que c'était pour l'art dramatique une orientation nouvelle. La *Dame aux Camélias* venait d'ouvrir une voie où le théâtre contemporain allait s'engager tout entier. C'est là un genre de mérite qui n'est apprécié qu'aux premiers jours de l'ère qui commence. Qui donc aujourd'hui, sauf les purs lettrés, tient compte au *Cid* d'avoir inauguré la tragédie héroïque, à *Andromaque* d'avoir, par un coup de barre décisif, dévié la tragédie de Corneille vers la psychologie? Au bout d'un certain temps, quand la révolution a suivi son cours et qu'elle s'achève, l'œuvre qui l'a lancée n'est plus admirée que pour son mérite intrinsèque; on oublie le service qu'elle a rendu.

A plus forte raison, les étrangers dont l'art n'était point garrotté des mêmes conventions que le nôtre, ne peuvent-ils s'extasier sur la hardiesse d'initiative qu'il a fallu déployer pour s'en affranchir. Dans la pièce, ils ne voient et ne peuvent voir que la pièce elle-même.

La *Dame aux Camélias* les charme sans doute comme nous parce qu'elle est un duo d'amour jeune, vrai et passionné. Il y a des sujets qui sont éternels; ainsi *Daphnis et Chloé* qui deviennent *Paul et Virginie*, le duo de l'amour qui s'ignore; ainsi *Roméo et Juliette*, le duo de l'amour brûlant et chaste; ainsi *Desgrieux et Manon Lescaut*, à qui succèdent Armand et Marguerite, dont l'amour est coupable, réprouvé par les lois et les bienséances sociales, mais qui s'aiment follement, éperdûment, jusqu'à la mort.

J'ai vu le temps où la *Dame aux Camélias* était proscrite des théâtres anglais comme immorale. Elle y a droit de cité aujourd'hui. Le cant anglais s'est relâché de sa sévérité et la censure a compris que ces grandes et terribles passions n'offrent pas au commun des mortels des exemples dangereux. Ce sont des exceptions. M. Brunetière a dit quelque part qu'un grand amour était aussi rare sur la terre qu'un beau génie. Il y a du vrai dans cette boutade. La passion, à ce point d'intensité et de violence, n'est plus, pour les hommes qui en contemplent le spectacle et en admirent les éclats, qu'un objet de compassion. On ne songe point à mal quand on pleure et qu'on s'essuie les yeux. La *Dame aux Camélias*, se sacrifiant au bonheur de l'homme qu'elle aime et mourant de ce sacrifice, a fait depuis un demi-siècle, dans tous les pays du monde, tomber des torrents de larmes, et il y a grande apparence que la source n'est pas encore tarie.

Les générations qui viendront à la suite des nôtres en verseront encore, jusqu'au jour, qui n'arrivera peut-être jamais, où un grand poète, reprenant le même thème, relèvera d'une musique nouvelle l'éternel duo. Il faut bien que je le dise, et je le dis tout bas, un peu fâché de le dire : Dumas n'est pas poète ; il a l'expression juste, claire et sobre ; il ne l'a pas ailée, ni colorée. Il écrit d'une plume tantôt alerte, et tantôt vigoureuse ; il excelle à frapper la phrase comme une médaille, et tous ses mots passent la rampe, tous amusent ou font réfléchir ; aucun n'ouvre les régions sacrées de l'au-delà. Inférieur en ce point aux Molière et aux Shakespeare, dont il est l'égal par d'autres côtés.

La *Dame aux Camélias* a longtemps passé pour être la réhabilitation de la courtisane, et je crois même que c'est cette idée qui avait éveillé les susceptibilités et les appréhensions de la censure anglaise. On a dit que l'*Olympe* d'Émile Augier et la *Marco* de Barrière avaient été des ripostes à la Marguerite Gautier de Dumas. La vérité est que jamais l'auteur n'avait songé à tirer la courtisane de sa fange et à la jucher sur un piédestal. Il avait parfaitement conclu contre elle, l'écrasant sous le poids des conventions sociales, et montrant que son seul titre au pardon qu'il lui accordait, c'était de mourir et de mourir repentante. Au fond, la *Dame aux Camélias* est une œuvre de haute moralité.

A la *Dame aux Camélias* succédèrent *Diane de Lys*, et le *Demi-Monde*.

J'ignore quelle a été hors de France la fortune du *Demi-Monde*. Elle est par certains endroits bien parisienne pour être goûtée ailleurs que chez nous. Et cependant elle est d'une composition si savante, et d'une si belle ordonnance ; l'action s'y développe avec une logique si claire et si ample, les personnages y sont tous si vivants, qu'il est impossible que ces grandes qualités ne se soient pas imposées à l'admiration de tous.

Le succès du *Demi-Monde* fut inouï, et classa définitivement Dumas parmi les maîtres du théâtre contemporain. On lui sut gré d'avoir découvert un nouveau monde, de l'avoir décrit, et de l'avoir en quelque sorte recréé en le nommant.

Avez-vous réfléchi quelquefois à la toute-puissance d'un nom bien choisi, qui fixe une idée dans l'imagination des hommes où elle flottait éparse auparavant ? Ainsi les *Demi-Vierges*, de M. Marcel Prévost, ont dû pour une grande part la faveur avec laquelle la pièce fut accueillie du public, au titre que l'auteur eut l'heureuse chance de trouver pour elle.

Les moralistes auront beau s'insurger et s'écrier contre la prise de possession du théâtre par ce monde qui vivait en marge du vrai monde, et que Dumas avait nommé le demi-monde. Il s'y est installé, et rien n'a pu l'en déloger jusqu'à ce jour. Du Gymnase et du Vaudeville il a gagné la Comédie-Française, où la pièce de Dumas a fait une entrée triomphale. Aujourd'hui le demi-monde, tel que Dumas l'a vu et peint, n'existe plus dans la réalité; c'est que les frontières qui le séparaient du vrai monde se sont abaissées, tandis que les barrières par lesquelles il se défendait contre le quart-de-monde, et même contre le vilain monde, ont à peu près disparu. C'est une mêlée générale que Dumas, dont l'influence sur nos mœurs a été immense, a préparée et, pour ainsi dire, aménagée. Soyez sûrs que ni les *Viveurs* de M. Lavedan, ni les *Amants* de M. Maurice Donnay, ni les *Tenailles* de M. Paul Hervieu ne se fussent produits au théâtre si Dumas n'en eût bruyamment ouvert les portes au demi-monde. On peut, à son gré, se réjouir ou s'affliger du résultat; mais, qu'on blâme ou qu'on loue, il faut reconnaitre que l'homme qui a remué si profondément les mœurs de son siècle est un maître homme.

Le *Demi-Monde* avait encore le mérite d'être la confirmation des procédés nouveaux à l'aide desquels Dumas, dans la *Dame aux Camélias*, avait renouvelé le théâtre. Dumas, dans sa première œuvre, en avait inauguré l'usage presque inconsciemment et un peu à l'étourdie; il savait dans le *Demi-Monde*, qui fut une œuvre de pondération et de maturité, juste ce qu'il faisait. Il en régularisa, il en imposa l'emploi. Il sut, tout en conduisant avec une prodigieuse habileté une action intéressante, caractériser par un choix de circonstances vraies, tirées de la vie ordinaire, le milieu où cette action évoluait.

Ce n'est pas tout : le *Demi-Monde* apportait encore quelque autre chose qui, sans être absolument nouveau, était au moins renouvelé par le tour de main. Il créait la *comédie-thèse*. La comédie-thèse a de tous temps existé dans notre théâtre; elle est un fruit spontané de notre esprit français, qui se plait à entourer une idée morale ou un paradoxe de toutes ses preuves, avec un bel appareil de logique. Les *Femmes savantes*, le *Tartufe*, le *Misanthrope* même, tout le théâtre de Molière presque, rentre dans la comédie-thèse. Le secret semblait s'en être perdu ; Dumas l'a retrouvé dans le demi-monde. Sa thèse est celle-ci : qu'une femme déchue, une comtesse d'Ange, une Suzanne d'Ange, ne saurait, quelque esprit, quelque fortune, quelque vernis de bonne éducation qu'elle puisse avoir, pénétrer dans le monde des honnêtes gens qui doit se fermer impitoyablement devant elle. Avec quelle ampleur, avec quelle fermeté de logique, Dumas n'a-t-il pas exposé et soutenu cette thèse ! Toute la pièce porte de tout son poids sur cette conclusion, sur ce point final, après lequel on pourrait écrire comme les géomètres : c. q. f. d. : ce qu'il fallait démontrer. Les comédies-thèses de Dumas, ce sont en effet des théorèmes vivants et passionnés.

Chacune des œuvres qui vont suivre sera ainsi une thèse mise en action. Car Dumas — c'est sa force et sa faiblesse en même temps — a voulu être moins un homme de théâtre qu'un moraliste. Il a pris très au sérieux la devise de l'ancienne comédie : *Castigat ridendo mores*. Il a donc envisagé quelques-unes des questions morales qui agitaient son temps ; il les a débattues et résolues sous forme dramatique.

C'est une force, cela ; car on passionne aisément les contemporains en leur parlant des problèmes qui les préoccupent. Mais c'est une faiblesse aussi, car les problèmes une fois résolus n'intéressent plus les générations, pour qui ce ne sont plus que des spéculations archéologiques.

Ainsi Dumas, qui était fils naturel lui-même, et qui semble avoir gardé un ressentiment profond des avanies que le préjugé lui a fait subir en son enfance, s'est attaqué à ce préjugé, et il a écrit pour le combattre une de ses plus fortes œuvres : *le Fils Naturel*. Eh ! bien, nous l'avons pu voir à la reprise qui en a été faite dernièrement à la Comédie-Française : comme le préjugé a déjà presque disparu de nos mœurs, comme il va prochainement être balayé de notre Code, comme les antiques lois sur la constitution de la famille branlent et tombent en ruines, le *Fils Naturel* a perdu de son intérêt et il nous a semblé, en l'écoutant, que Dumas se battait contre des moulins à vent.

J'imagine, sans avoir sur ce point de documents certains, que quelques-unes de ses pièces ne sont, pour une raison analogue, goûtées qu'avec effort par les étrangers. Ainsi Dumas a plaidé à deux reprises, dans les *Idées de Madame Aubray* et dans *Denise*, cette thèse extraordinaire : que lorsqu'une jeune fille avait failli, c'était la société entière qui était, dans une certaine mesure, en faute ; que par conséquent, à défaut de l'amant qui l'avait abandonnée, il était juste, il était bon qu'un autre se dévouât pour réparer cette faute, épouser la mère, et, au cas où il y aurait un enfant, le légitimer. Dans les *Idées de Madame Aubray*, Dumas a mis plus de logique ; il a mis plus de sentiment dans *Denise*. Au fond, c'est la même thèse.

Cette thèse, nous-même, qui professons en ces matières un scepticisme assez large, nous avons eu quelque peine à l'admettre. Comment les Anglais, les Américains et les Allemands, qui sont plus sévères que nous, ont-ils pu la prendre ? Dumas, en concluant, avait dans les *Idées de Madame Aubray*, fait dire à l'un de ses personnages, qui traduisait l'impression générale : *C'est raide !* Je crains bien que les étrangers ne soient allés plus loin et ne se soient écriés : C'est inadmissible !

Mais supposez que dans un siècle, si les idées qui se font jour à cette heure poursuivent leur marche en avant, si nous arrivons à une manière de mariage libre, ce qui est fort possible après tout, voyez-vous combien les *Idées de Madame Aubray* paraîtront vieillies et démodées ? Elles feront à nos neveux l'effet de ces antiques arquebuses à rouet que l'on conserve au Musée des Armures. Les connaisseurs admirent encore le fini du damasquinage ; mais la foule passe devant insoucieuse, avec un sourire gouailleur. Eh! quoi, c'est avec cela qu'on se battait?

Tel est le malheur des comédies-thèses : comme ce sont, à vrai dire, des pamphlets, elles ont le sort des pamphlets, qui après avoir, comme les *Provinciales*, remué tout leur siècle, ne sont plus dans l'âge qui suit qu'un objet de curiosité et une matière à exégèse pour les lettrés. Les *Provinciales* n'en restent pas moins un chef-d'œuvre pour n'être plus lues que des professeurs ; les *Idées de Madame Aubray* n'en seront pas moins une admirable comédie et *Denise* n'en restera pas moins un drame fort touchant, quand l'évolution des mœurs achevant son cours les aura vidées de l'intérêt passionné qu'elles excitent aujourd'hui.

Dumas a beaucoup aimé les femmes ; ou plutôt, il a beaucoup pensé à elles ; elles ont été sa constante préoccupation. Il a voulu être pour elles un conseiller, un ami, un directeur de conscience. Un directeur de conscience, c'est le mot. Il se plaisait à écouter leurs confidences, à recueillir leurs larmes, à les plaindre, à les sermonner, à ramener au bien celles qui s'étaient égarées, à maintenir dans la voie droite celles qui avaient des velléités de s'en écarter. Ce goût particulier de l'esprit de Dumas se retrouve dans la plupart des comédies-thèses de Dumas. Dans toutes, il y a un homme, jeune encore, qui sait la vie, qui connaît les femmes, qui les aime, et qui s'est donné pour mission de barrer la route aux coquines ; de tendre la main aux malheureuses. Vous retrouvez ce type dans plusieurs de ses pièces. Il a fait sa première apparition sous le nom de Ryons dans le *Demi-Monde* ; il a trouvé sa plus complète expression dans cette pièce singulière qui a nom l'*Ami des*

Femmes. Vous savez que l'*Ami des Femmes,* après avoir reçu à l'origine un accueil plus que froid, après être tombé une seconde fois à la reprise qui en fut faite au Gymnase, a obtenu à la Comédie-Française un succès éclatant. Je serais fort étonné que cette comédie, qui vaut surtout par le pétillement d'esprit du dialogue, ne perdît pas à voyager le meilleur de son arome. Nous-mêmes, nous avons eu quelque peine à le goûter, et je crois que la supériorité de l'interprétation est pour beaucoup dans le plaisir que nous trouvons à écouter cette œuvre.

En dehors de ce type cher à Dumas, et qu'il a marqué de traits précis et justes, par l'excellente raison qu'il était à lui-même son modèle, je ne vois pas qu'il ait, comme Molière ou Shakespeare, créé des personnages vivants dont le nom traverse les âges. Tout le monde connaît Desdémone et Célimène, Othello et Tartufe... J'ai beau courir tout le théâtre de Dumas, je ne vois pas se détacher une figure qui s'impose à l'imagination. Cet écrivain, qui s'est tant occupé des femmes et de leur sort, n'a su souffler à aucune de celles qu'il a mises en scène une vie propre. Vous m'alléguerez Albertine, la courtisane économe et rangée du *Père Prodigue;* mais dira-t-on jamais une Albertine? Dira-t-on jamais une Madame de Simerose, une Suzanne d'Ange?

Je ne sais qu'un nom qui ait passé de son théâtre dans la langue courante. C'est celui de Monsieur Alphonse. — On dit, en effet, un Alphonse. — Mais ce n'est point du tout qu'il ait marqué son Alphonse de traits si caractéristiques, ce n'est point qu'il en ait fait une créature vivante, c'est tout simplement que le nom a paru commode pour désigner décemment une profession qui n'est pas décente et pour laquelle il n'y avait pas de mots dans le langage des honnêtes gens.

Cette absence de types est une infériorité dans le théâtre de Dumas, et c'est par ce côté qu'Émile Augier l'emporte sur lui : Maître Guérin, Giboyer, Poirier sont des êtres vivants. Dumas a plutôt remué des idées et fait mouvoir autour de ces idées des abstractions passionnées. Un des chefs-d'œuvre de cette manière, c'est la *Visite de Noce*, d'une philosophie si amère et si subtile, d'une logique si serrée et si vibrante, animée d'une vie factice peut-être, mais si intense !

La comédie-thèse, telle que l'avait conçue Dumas, exige d'amples développements, et a besoin de se répandre sur le vaste espace de la comédie en cinq actes. Mais il s'était fait dans l'heure du dîner un changement qui avait forcé les théâtres de reculer le moment où s'ouvre le spectacle; ajoutez que la capacité d'attention avait diminué dans une génération surmenée par l'excès du travail et par l'abus du plaisir. La comédie en cinq actes commençait à devenir trop longue. Dumas le sentit, et changea son fusil d'épaule.

Il inventa un nouveau moule, ou plutôt il le retrouva dans les débris du passé, un passé qui n'était pas déjà si lointain, puisque son père en avait usé. Vous vous rappelez l'*Antony* d'Alexandre Dumas père. C'est un fait qui se précipite vertigineux, haletant, vers le coup de théâtre qui forme le point culminant de la pièce, et de là, reprenant sa course, tombe au dénouement. Point de digressions, point d'étude de caractères ni de mœurs, point de détails inutiles ; on est traîné d'une haleine de l'exposition qui est rapide à la terrible phrase : Elle me résistait, je l'ai assassinée !

Il semblait qu'il n'y eût pas de forme qui fût moins compatible avec la façon dont Dumas fils avait jusque-là entendu et pratiqué la comédie. Mais Dumas était capable de renouvellement; personne n'a mieux su que lui le théâtre; personne n'en a connu plus à fond le maniement et le doigté. Le jour où il l'a voulu, il a écrit dans ce genre une œuvre qui est une merveille de rapidité et d'émotions tout ensemble : *le Supplice d'une Femme*.

Le *Supplice d'une Femme* n'est pas, certes, à comparer avec les grandes œuvres de Dumas, avec le *Demi-Monde*, le *Fils Naturel*, le *Père Prodigue*, par exemple. Le succès — un succès de larmes — en a peut-être été plus franc et plus éclatant. C'est que ce théâtre-là, qui est tout de sentiment, va au cœur de tous ; c'est qu'en voyant cette femme, abîmée de douleur, écrasée sous le joug d'un amant qui lui pèse, tendre à son mari la lettre accusatrice, tous les yeux se sont fondus en eau. Ah! si le troisième acte avait été aussi bon que les deux autres! Si Dumas avait trouvé un dénouement imprévu et pathétique, quelque chose comme le dernier mot d'Antony!

Tel qu'il est, le *Supplice d'une Femme* est chez nous demeuré au répertoire, et je crois qu'avec quelques atténuations qu'exigent les mœurs dans les autres pays, il est également joué sur toutes les scènes d'Europe. Il inaugurait une nouvelle manière plus rapide, plus ramassée, et par cela même plus intense, à laquelle Dumas est depuis resté fidèle, en l'accommodant aux nécessités de la comédie-thèse qu'il n'abandonna point.

Dans les pièces qu'il fit depuis, pour traiter, suivant son habitude, un point de morale féminine, il garda la coupe en trois actes, avec la prestesse d'allures qu'elle comporte, et n'en plaida qu'avec plus de force : or, voyez *Denise*, voyez *Francillon*, et, en remontant en arrière, cette *Princesse Georges* dont les deux premiers actes sont peut-être ce qu'il a écrit de plus émouvant et de plus poignant. Dès la première scène, le cœur est pris comme dans un étau et l'on ne respire plus jusqu'à la fin du deuxième acte. Dumas, par malheur, n'est pas l'homme des beaux dénouements.

Il s'est évertué dans ses préfaces et ses lettres à défendre celui de la *Princesse Georges* et celui du *Supplice d'une Femme*. Mais il y a gros à parier qu'un dénouement qui a besoin d'un avocat n'est pas un bon dénouement; la chose est de toute évidence. On ne songe à soutenir que les parties que l'on sent faibles.

Je n'aurais pas tout dit si je laissais sans la mentionner une des tentatives les plus curieuses que cet esprit novateur ait hasardées au théâtre. Vous n'ignorez pas que le mélodrame est durant ce dernier demi-siècle allé s'usant et s'effritant tous les jours. Les hommes très habiles qui avaient recueilli la succession des Bouchardy, des Dumas père, et des Frédéric Soulié, et des Félicien Mallefille, d'Ennery, Dugué et leurs amis, avaient continué d'employer leurs procédés, qui s'étaient enfin éculés. Nous demandions, las de voir reparaître toujours sur notre table le même mets nageant dans la même sauce, nous demandions autre chose. Quoi ? nous ne savions pas. Mais autre chose.

Dumas nous apporta l'*Étrangère*. L'*Étrangère*, c'est un pur mélodrame, avec la femme fatale, la vierge du mal, vingt fois millionnaire; avec la duchesse amoureuse d'un roturier qui est un être idéal, un prince charmant ; avec un Yankee sauveur, qui punit le traître et dénoue la situation d'un coup de pistolet qui permet aux amoureux de se marier ensemble. Tous les éléments de l'antique mélodrame y sont, mais combien relevés par des piments nouveaux ! Un goût de réalisme dans l'étude de la vie, des théories scientifiques ou morales succédant à des cris de passion, les événements se subordonnant ou paraissant se subordonner à une logique supérieure : telle est la loi morale qui émane de Dieu. Tout cela mêlé, remué, confondu, comme cette fameuse salade dont il a donné la recette dans *Francillon*, une salade composite et merveilleuse, qui ravive l'appétit des plus blasés et contente le goût des plus délicats.

Je crus que Dumas allait pousser plus avant dans la voie nouvelle où il venait de s'engager, et qu'il nous donnerait un type de mélodrame comme il nous en avait donné un de comédie-thèse. Mais le méchant succès de la *Princesse de Bagdad*, qui n'était qu'un mélodrame du même genre moins brillamment exécuté, le refroidit sans doute, et la formule du mélodrame de l'avenir est encore à trouver.

Nous avons fait, je crois, le tour de l'œuvre de Dumas, ne laissant guère de côté que les pièces qui n'ont aucune chance de plaire, par aucun côté, à un public étranger : la *Femme de Claude*, par exemple, qui est, à mon sens, une pièce manquée, et la *Question d'Argent*, une œuvre remarquable mais triste où s'accuse plus que partout ailleurs l'impuissance de Dumas à créer des types. Le Mercadet de Balzac est un personnage vivant ; le Jean Giraud de Dumas n'existe pas. J'en ai dit assez pour faire toucher du doigt le faible et le fort de ce répertoire. Je ne serai pas si hardi que de choisir dans le nombre de ces pièces celles que consacrera la postérité. Un Anglais, un Américain ou un Allemand y réussirait mieux que moi. Car il les voit de plus loin ; c'est Racine qui a dit dans sa préface de *Bajazet* : « L'éloignement des pays répare la proximité des temps. »

Un dernier mot : Dumas a écrit beaucoup de préfaces et d'apologues. Il faut les lire, parce qu'elles sont amusantes, parce qu'elles ont ce don du mouvement qui est la qualité première de l'auteur dramatique. Mais il faut s'en défier, si l'on veut prendre une connaissance exacte et vraie de l'œuvre même.

— Prétendez-vous donc, me disait un jour Dumas en badinant, prétendez-vous donc connaître mes pièces mieux que moi-même ?

— Naturellement, lui répondis-je sur le même ton. Votre métier, c'est de les faire ; le mien, c'est de les comprendre et de les expliquer (1).

(1) Pages publiées dans *Cosmopolis,* revue internationale.

LA DAME AUX CAMÉLIAS

I

La *Dame aux Camélias* méritait assurément cet honneur d'entrer dans la bonne compagnie des chefs-d'œuvre qui composent le répertoire de la Comédie-Française. Il y faudrait quelques retouches, surtout au premier acte, où la scène du souper demanderait à être réglée autrement et surtout à ne pas se terminer en queue de poisson, par une médiocre chanson à boire. Mais ce sont là des détails de peu d'importance, un travail de quelques heures pour Alexandre Dumas, qui devrait le faire préventivement, à tout hasard.

La pièce est merveilleuse de mouvement et de vie. Je viens d'en écouter avec beaucoup de soin deux représentations consécutives ; je l'ai relue sur la brochure, voulant me rendre compte des suppressions ou changements qui ont été exigés par la censure anglaise. Il n'y a pas à dire : c'est une œuvre de premier ordre. On peut sans crainte affirmer qu'elle restera.

Jamais, depuis *Manon Lescaut*, cette fête de l'amour n'avait été chantée avec plus de jeunesse et de verve. Ces deux amants, Armand et Marguerite, ont cela d'admirable qu'ils ne pensent plus à rien qu'à leur amour, qu'ils y oublient tout, raison, convenance, devoir, honneur. Ils se laissent inconsciemment emporter à leur passion, et on les suit sans y prendre garde. Ils ont la fièvre et ils la donnent. La femme est une coquine, l'homme se conduit comme un lâche et un sot ; mais ils s'adorent si ingénument, ils s'embrassent, ils se confondent l'un dans l'autre d'une étreinte si éperdue, qu'il n'y a pas moyen de tenir contre l'explosion de ces ardeurs juvéniles.

Tout le monde a eu vingt ans; il n'y a pas un homme qui n'ait passé plus ou moins par là, qui ne se soit senti à un moment capable de toutes les sottises que fait Armand Duval, de toutes les niaiseries qu'il débite ; qui n'ait cru, lui aussi, enfermer et faire tenir toute sa vie dans le court instant d'une passion de hasard. Il n'y a pas une femme, si honnête soit-elle, qui n'éprouve au moins quelque pitié pour cette pécheresse, relevée par l'amour, transfigurée par le dévouement, rachetée par l'expiation et la mort.

Et la pièce est si vivante ! elle court d'un pas si rapide au dénoûment qu'elle s'est marquée, et que chacun voit d'avance et redoute ! Elle soulève, en la hâte de sa marche, tant de sentiments divers, et tous si tendres, si touchants, si impétueux, si cruels, qu'il n'y a cœur si dur qui ne se fonde à les entendre jeter l'un après l'autre leur note dans le drame. C'est une pièce de la vingtième année ; plus tard on écrit le *Demi-Monde*, une œuvre de maturité forte et de savoureuse espérance ; une œuvre méditée, voulue. La *Dame aux Camélias* a spontanément jailli d'une âme jeune et ardente. Point ou peu d'étude ; c'est un cri de passion.

Ah ! si Dumas était poëte ! s'il avait jeté sur cette histoire d'amour la pourpre du style ! il écrit bien, mon Dieu ! je ne dis pas, une langue nette, sobre, et d'un naturel qui rappelle celui de l'abbé Prévost. Il n'a pas le coup d'aile ; ce style ne reluit pas comme l'or, vierge ou non ; il n'est pas pénétré d'harmonie, il ne charme jamais l'oreille par des sonorités exquises.

Tenez ! j'ai pris ici, à Londres, une leçon de poésie, à laquelle je ne m'attendais guère, et je suis convaincu qu'elle vous intéressera, vous qui vous occupez de ces questions subtiles.

Il y a, au troisième acte, un couplet charmant où Marguerite conte à Nichette le charme de la nouvelle existence qu'elle mène seule à la campagne, avec Armand :

« Par moment, dit-elle, j'oublie ce que j'ai été, et le moi d'autrefois se sépare tellement du moi d'aujourd'hui, qu'il en résulte deux femmes distinctes, et que la seconde se souvient à peine de la première. Quand, vêtue d'une robe blanche, couverte d'un grand chapeau de paille, portant sur mon bras la pelisse qui doit me garantir de la fraîcheur du soir, je monte avec Armand dans le bateau que nous laissons aller à la dérive et qui s'arrête tout seul sous les saules de l'île prochaine, nul ne se doute, pas même moi, que cette ombre blanche est Marguerite Gautier. »

Mlle Sarah Bernhardt a choisi ce morceau, dont l'idée est en effet poétique, pour en faire le texte d'une de ces cantilènes qu'elle excelle à moduler de sa voix idéalement caressante. Elle soupire la phrase plutôt qu'elle ne la dit, et rien de plus suave que ce chant un peu triste, qui arrive à l'oreille comme le son d'une musique lointaine.

Je m'étais laissé ravir, comme tout l'auditoire, à cette prose harmonieuse. Mais en relisant le texte, je m'aperçus avec surprise que Mlle Sarah Bernhardt avait modifié la dernière partie de la période et qu'elle avait dit : « Quand, vêtue d'une robe blanche, couverte d'un grand chapeau de paille, je monte avec Armand dans le bateau que nous laissons aller à la dérive, et qui s'arrête tout seul sous les saules », retranchant ainsi d'abord cette incise : *portant sur mon bras la pelisse qui doit me garantir de la fraîcheur du soir*, et plus loin trois mots : *de l'île prochaine*.

Je ne pouvais croire à une erreur de mémoire ; celle de Mlle Sarah Bernhardt est imperturbable. Il n'était pas à supposer que la censure anglaise eût exigé la suppression de mots aussi parfaitement insignifiants ; je voulus en avoir le cœur net.

— Est-ce que c'est Dumas, demandai-je à l'actrice, qui a changé son texte primitif ou qui vous a autorisé à le faire ?

— Mon Dieu ! non, répondit-elle, je n'ai pu demander l'agrément de M. Dumas, j'étais en Amérique.

— Quel avantage trouvez-vous alors à ne pas dire exactement la phrase telle qu'elle a été écrite ?

— C'est que... je ne sais comment vous exprimer cela ?... c'est que la phrase, je ne peux pas la dire telle qu'elle a été écrite. Si j'ajoute « portant sur mon bras la pelisse qui doit me garantir de la fraîcheur du soir », outre que c'est là un détail qui n'a rien de pittoresque, qu'il est presque impossible de rendre poétique par le jeu de la voix, il allonge la phrase et en alourdit l'allure. Et maintenant je l'arrête à : *tout seul, sous les saules*, sans me mettre en peine des mots qui la terminent dans l'original : *de l'île prochaine*. C'est qu'ici le son fait image : *tout seul... sous les saules...* il y a, dans cette fin de phrase, je ne sais quoi de vague et de fuyant, qui enchante l'oreille ; ajoutez-y *de l'île prochaine*, la période n'a plus de tournure. Tenez, voulez-vous que je vous montre ? et de sa voix d'or, elle me reprit la phrase, telle que je l'avais déjà entendue au théâtre s'échapper de ses lèvres, comme une plainte harmonieuse. Puis elle essaya de la dire comme Dumas l'avait écrite ; ce n'était plus cela.

— Vous voyez ! me dit-elle, je ne peux pas en venir à bout.

Et alors, me prenant à partie, avec un sourire :

— Vous m'avez, dans le temps, ajouta-t-elle, grondée de n'avoir pas su dire les vers de Voltaire, quand j'ai joué Zaïre. Ce n'était pas ma faute ; la poésie de Voltaire n'a ni éclat ni rythme ; je ne pouvais pourtant pas lui en donner. Corneille, Racine, Victor Hugo, sont d'admirables musiciens ; on n'a, comme parle Racine lui-même,

Qu'à se laisser conduire à ces aimables guides.

Je rentrai à l'hôtel tout songeur. C'était là sans doute un bien petit détail, qui semblait n'intéresser que l'art de la diction. Mais comme cette simple observation, tombée de la bouche d'une artiste qui ne se pique point de philosophie, qui n'obéit qu'aux obscures suggestions de l'instinct, m'ouvrait sur le style qui convient au théâtre des jours inattendus !

Je repris la période de Dumas ; je sentis alors combien dans cette phrase : « *J'oublie ce que j'ai été et le moi d'autrefois se sépare tellement du moi d'aujourd'hui qu'il en résulte deux femmes distinctes* ». Cette façon de parler : *Il en résulte deux femmes*, était sèche et abstraite, et ce qui est pis encore, de sonorité sourde et inharmonique.

C'est le style de la conversation, je le veux bien, et j'irai plus loin encore : c'est le style de la conversation entre gens d'esprit. Il y manque le mot qui fait image et qui emplit l'oreille ; il y manque ce que les philosophes appellent l'au-delà. Mais que voulez-vous ? Cette grâce souveraine de la poésie est également absente de *Manon Lescaut*, qui n'en est pas moins un chef-d'œuvre immortel.

La *Dame aux Camélias* avait été jusqu'à ce jour proscrite du sol de la libre Angleterre. L'année dernière j'avais vu, sur un des théâtres de Londres, une adaptation du drame de Dumas. L'arrangeur avait, pour se conformer aux instructions de la censure, misérablement massacré l'œuvre, dont il ne restait presque plus rien. Il a fallu d'assez longues négociations pour obtenir cette année permission de jouer la pièce en français au *Gaiety Theater*. Les journaux ont conté que le prince de Galles avait, en cette affaire, interposé son autorité toute-puissante.

J'ai eu l'honneur de déjeuner avec M. Pigott qui est chargé, à Londres, de la besogne délicate de délivrer leur visa aux ouvrages de théâtre. Il ne m'a point parlé de cette intervention. J'ai cru voir qu'il avait cédé, un peu malgré lui, à la pression de l'opinion publique. S'il n'eût consulté que son penchant, il eût préféré maintenir l'interdiction.

— Eh! bien, lui disais-je en badinant, vous nous avez rendu la *Dame aux Camélias*, et vous voyez que les mœurs de la vieille Angleterre ne s'en portent pas plus mal.

— Oh! me répondit-il avec un sourire, il n'y a encore eu que deux représentations. Attendez!...

Le mot est vraiment joli, un mot de Parisien! car c'est là ce qui fait l'originalité de cette figure singulière du censeur anglais; c'est qu'il joint à la vivacité d'esprit du boulevardier tous les préjugés d'un puritain de Londres. Il m'a soutenu, avec beaucoup de bonne grâce d'ailleurs, que le but d'une œuvre de théâtre n'était pas d'être belle, mais moralisatrice. Sur ce terrain, nous ne pouvions nous entendre. Il alléguait toujours les jeunes filles, que l'on ne doit pas scandaliser, et je lui répondais par le mot de Dumas, que le théâtre n'est pas fait pour les pensionnaires...

. . . .

Mlle Sarah Bernhardt nous a donné, dans la *Dame aux Camélias*, ce plaisir, qui est très rare au théâtre, plaisir charmant, plaisir délicieux, celui de voir quelque chose d'absolument parfait : parfait, rien de cette perfection correcte et froide, qui se compose de qualités négatives et n'est qu'une absence de défauts saillants. C'était une perfection animée et vivante.

J'ai déjà vu bien des Marguerite Gautier dans ma vie, sans compter l'actrice qui a créé le rôle, M⁻° Doche, dont le souvenir m'est encore présent après trente ans écoulés, tant l'impression avait été forte. Je croyais n'avoir plus rien à apprendre sur le personnage. M¹¹° Sarah Bernhardt nous l'a montré sous un nouveau jour. Ce n'est pas une courtisane qui meurt de phtisie, aventure touchante, mais vulgaire après tout. C'est la courtisane que tue le mépris de son métier et l'impuissance d'en sortir. Elle nous a du coup ouvert une échappée sur l'idéal. Elle a jeté à pleines mains dans le rôle la poésie que ses devancières avaient oublié d'y mettre.

Dès le premier acte, on sent que l'on est en présence d'une femme qui ne s'amuse bruyamment que pour se cacher à soi-même le vide affreux, l'irrémédiable ennui dont elle souffre. Elle est dure et méprisante avec ces courtisans qui s'avilissent à ses pieds. C'est qu'ils l'assomment et qu'elle se venge. Vous vous rappelez cette voix brève, sèche et cinglante que M¹¹° Sarah Bernhardt avait dans *Dalila,* quand elle envoyait promener son pauvre imbécile de musicien. Elle l'a retrouvée pour lancer les impertinences de Marguerite. Les mots sifflent comme des coups de cravache. Jamais je n'ai mieux compris qu'en l'entendant, dite par elle, la phrase de Dumas :

« Se soigner, c'est bon pour les femmes du monde qui ont une famille et des amis ; mais dès que nous ne pouvons plus servir aux plaisirs ou à la vanité de personne, on nous abandonne, et les longues soirées succèdent aux longs jours ; je le sais bien, allez. J'ai été deux mois dans mon lit ; au bout de trois semaines on ne venait plus me voir. »

Il y a là dedans la rage secrète d'une femme qui a réfléchi sur la misère de son état, et qui se roule, en étouffant ses cris, sur l'épine qu'elle a enfoncée au cœur. Elle passe sa fureur sur ceux qui l'entourent, et trouve une joie amère à prendre sa revanche du mépris qu'elle s'inspire, en les accablant de ses mépris.

La voilà en présence d'Armand ; c'est une bouffée d'amour jeune et vrai qui tout à coup lui souffle au visage. Elle tressaille, étonnée et curieuse. Mlle Sarah Bernhardt a rendu cette nuance avec un art exquis. Eh! quoi, elle peut donc être aimée tout de bon? Cet Armand, elle ne peut s'empêcher de le lui dire, est un flor original de l'aimer ainsi, d'une tendresse profonde et sainte, elle, Marguerite, la « Dame aux Camélias ». Cette nouveauté l'intéresse, puis la touche. Elle a pitié de ce brave garçon qui commet une si lourde erreur, elle lui conseille de partir, et comme il insiste... Ah! comme Mlle Sarah Bernhardt a fait sentir cette transition!... Après tout, se dit-elle, cela est possible, il n'en coûte rien d'essayer. S'il y a là une sensation nouvelle, qui éclôt sur le bord de mon chemin aride, pourquoi ne pas la cueillir en passant? Et soudain, prenant son parti au moment où l'autre, découragé, prend la porte :

— Armand! dit-elle le rappelant.

Elle a franchi le Rubicon.

Elle n'aime point encore. Et c'est ce que Mlle Sarah Bernhardt fait merveilleusement comprendre. Non pas qu'elle ait disséqué le rôle à l'aide de cet outil philosophique que l'on appelle l'analyse. Un instinct merveilleux la conduit. Au second acte, Marguerite n'est encore unie à Armand que par le plaisir qu'elle lui a donné, comme à tant d'autres, et qu'elle a goûté elle-même pour la première fois. C'est encore la courtisane. Et Dumas l'a voulu ainsi, puisqu'il nous montre Marguerite s'occupant, sans vergogne, à frapper de contributions plus ou moins fortes ses anciens amis pour payer la campagne où elle vivra avec son Armand. Aussi dès qu'Armand élève une objection, comme Mlle Sarah Bernhardt retrouve tout de suite, même avec lui, le ton dur, impérieux de la courtisane : « C'est bon, mon ami, n'en parlons plus... » Cela tombe sec et tranchant sur le cou du malheureux. Et de quelle voix brève et méprisante, méprisante pour elle autant que pour lui, elle lui a jeté ces mots : « Tu viens ici depuis quatre jours, tu as soupé chez moi ; envoie-moi un bijou avec ta carte, nous serons quittes. » Il y avait dans ce petit membre de phrase : *un bijou avec la carte*, un amer ressentiment, une profonde désolation de tous ces faux semblants d'amour payés de la sorte par des imbéciles à une gourgandine.

Au troisième acte, nous nageons en plein courant de poésie amoureuse. Sarah a réservé, pour ce moment, les plus exquises sonorités de sa voix harmonieuse. Elle est jeune, elle est gaie, elle est chatte ; elle n'a plus que vingt ans ; c'est le renouveau. Il ne dure guère. Le père Duval arrive.

Cette scène vous est restée à tous dans la mémoire comme une des plus assommantes qui soient au théâtre. C'est que vous ne l'avez pas vu jouer par Mlle Sarah Bernhardt. Elle en fait, par la variété de ses attitudes, par l'imprévu de ses gestes, par son ardeur à écouter, par cette électricité singulière qui se dégage de tout son être frémissant, elle en fait le drame le plus douloureux et le plus poignant qui se puisse entendre. Et quand le père Duval, s'interrompant un instant de son prêche, lui dit : Vous m'écoutez, Marguerite ? tout le public se fût écrié, de bon cœur, emporté par son mouvement : Si elle t'écoute, vieille bête ! Le premier soir elle était si violemment entrée dans la situation que de grosses larmes, des vraies, tombaient de ses yeux et roulaient silencieusement sur son visage défait, où elles creusaient deux sillons parallèles.

Voyez-vous! vous ne la connaissez pas cette scène-là; vous ne l'avez pas entendue. Et de quel accent désespéré elle a laissé tomber la grande tirade : « Ainsi, quoi qu'elle fasse, la créature tombée ne se relèvera jamais! Dieu lui pardonnera peut-être, mais le monde sera inflexible! etc., etc. » Nous fondions tous en larmes.

Et ce qui nous touchait si sensiblement, ce n'était pas seulement cette voix brisée par la douleur, ce visage défait, ces sanglots étouffés; mais c'était aussi, c'était surtout qu'à travers tous ces signes de la douleur la plus vive, l'admirable comédienne avait conservé une magnifique ampleur de diction, c'est que, tout en laissant échapper ces plaintes, elle les relevait d'un grain de poésie.

Ah! jeunes gens! jeunes gens! vous qui étudiez au Conservatoire, et à qui l'on répète aujourd'hui que la tragédie c'est le vieux jeu..., qu'il n'en faut plus..., que Coupeau non plus que Nana ne parlent en vers..., ne le croyez pas. Si Mlle Sarah Bernhardt a su donner tant d'énergie à la prose de Dumas, c'est qu'elle s'est longtemps étudiée à dire :

> Hélas! ils se voyaient avec pleine licence;
> Le ciel de leurs soupirs agréait l'innocence.
> . . . .
> Tous les jours se levaient clairs et sereins pour eux,
> Et moi, triste rebut de la nature entière..., etc.

Et alors, quand on a plié ses lèvres aux sonorités larges de notre alexandrin classique, quand on a cherché à en traduire l'ampleur par des attitudes plus nobles et des gestes plus vastes, on porte ces habitudes dans le drame, et l'on relève la vulgarité des détails qu'il comporte par un jeu plus savant, plus poétique. Et l'émotion n'y perd rien, au contraire. Sans doute un cri vigoureusement jeté fait tressaillir une salle; mais il n'y a pour la toucher, pour la pénétrer, pour lui arracher des pleurs qu'elle se sait bon gré de répandre, qu'une diction mesurée, harmonieuse, et, pour tout dire d'un mot, tragique.

De la sensibilité, du foyer, comme on dit, oh! mon Dieu, cette pauvre Talandiera en avait tout autant que Mlle Sarah Bernhardt. Je me la rappelle lançant les premiers mots de la tirade : « Ainsi, quoi qu'elle fasse », cela était pathétique, mais ne durait pas. Elle était incapable de conduire une phrase, et à plus forte raison un long couplet, d'une seule émission de voix, ou plutôt d'une seule émission de sentiment, en marquant chaque détail d'une nuance d'émotion particulière. C'est là un art très compliqué, très délicat, et qui ne s'acquiert, en dehors d'un heureux naturel, que par d'incessantes études.

Le quatrième acte appartient presque tout entier à Armand. C'est Angelo qui jouait Armand. Mlle Sarah Bernhardt eût désiré Guitry, qui appartient en effet à la troupe du Vaudeville, et qui sait le rôle, mais Guitry fait son volontariat. Les démarches que l'on a tentées pour l'obtenir de son général n'ont pas réussi. On s'est rabattu sur Angelo, qui avait joué le rôle en Amérique avec Mlle Sarah Bernhardt, et que l'on avait sous la main. Il n'est pas de premier ordre, ce malheureux Angelo; cela est certain; mais il a été si durement malmené par la presse anglaise, et probablement pour des raisons étrangères à l'art, que j'aurais presque envie de le défendre. Car, après tout, il n'est pas si mauvais que cela; mais j'aime mieux n'en rien dire.

Mlle Sarah Bernhardt a eu l'heureuse fortune de renouveler ce cinquième acte, qui est si facile à jouer, que toutes les actrices, même les plus médiocres, y ont trouvé le moyen d'être attendrissantes et d'y faire couler des larmes. Elles tiraient toutes leurs effets de l'air de langueur répandu sur toute leur personne ; elles paraissaient épuisées, et s'affaissaient sur le fauteuil où elles devaient s'éteindre. Le spectacle d'une jeune femme qui se meurt est toujours pathétique.

Mais Marguerite est une créature vivace, et toute pleine de révoltes. Elle a beau se dire qu'elle n'en a pas pour longtemps, elle se raccroche de toutes parts à l'espérance, elle lutte contre la mort ; qui sait si elle ne l'emportera pas ? Elle en a dompté tant d'autres. Ce n'est donc plus par une résignation bêlante, par le *gnangnan* traditionnel de la phtisique faisant les yeux blancs à la mort, qu'elle prend son monde et l'émeut. Il y a quelque chose de fébrile dans toute sa personne. Tous les sentiments se sont affinés et exaspérés.

Prudence lui vient emprunter de l'argent et la paye de paroles mielleuses. Les autres Marguerite l'écoutaient avec une indifférence alanguie. Chez Mlle Sarah Bernhardt, c'est du dégoût ; la nausée lui vient aux lèvres ; ce monde où elle a vécu lui fait horreur.

Et quel cri de joie exubérante et folle lorsque Armand, si longtemps attendu, entre enfin ! Comme elle se rattache à la vie d'une étreinte impatiente et nerveuse ! Elle veut aller faire un tour au bois ; les forces lui défaillent, et d'un geste de colère irrité contre la mort prochaine, elle jette bas le manteau dont elle allait se couvrir les épaules. Je ne peux pas ! s'écrie-t-elle désespérée, abattue ; non vaincue.

Mlle Sarah Bernhardt, suivant cet ordre d'idées, a voulu qu'elle mourût debout. Vous vous rappelez qu'une minute avant sa mort, Marguerite sent ce bien-être qui, dit-on, la précède de peu d'instants chez les phtisiques : — Je ne souffre plus ; on dirait que la vie rentre en moi... Mais je vais vivre... Ah! que je me sens bien !

M¹¹ᵉ Sarah Bernhardt se dresse en pied — c'est le mouvement consacré, marqué par la brochure ; mais au lieu de se rasseoir sur les derniers mots, et de les murmurer en s'assoupissant comme c'est la tradition, elle reste debout, aspirant la vie de toutes les forces de son être; défiant la mort, et puis tout à coup elle chancelle, fait un demi-tour sur elle-même et, comme si elle était enfin terrassée, tombe de sa hauteur dans la pose la plus élégante et la plus poétique que l'on puisse rêver.

20 juin 1881.

II

J'ai vu, depuis que je suis le théâtre assidûment, j'ai vu bien des père Duval, je n'en ai pas encore vu d'aussi ennuyeux, d'aussi assommants, d'aussi cruels que M. Lafontaine. L'unique scène qui compose son rôle est déjà longue par elle-même. Lafontaine la fait durer un quart d'heure de plus ; il met un intervalle entre chaque phrase ; il prend un temps entre le substantif et l'adjectif, oubliant que l'adjectif doit être indissolublement uni au substantif, en genre, en nombre, en cas et en diction. Et puis, on l'a déjà dit à Lafontaine, mais il faut que je le lui répète, le jeu de scène du chapeau, — ce légendaire jeu de scène du chapeau — est encore plus irritant qu'absurde, et lui-même il le rend par la façon dont il l'exécute particulièrement désagréable.

M. Duval entre dans la maison de campagne que son fils habite avec Marguerite Gautier; il s'adresse à la première personne qu'il rencontre et, le chapeau à la main, il demande :

— Mlle Marguerite Gautier?

— C'est moi, monsieur.

Et, sur ce mot, M. Duval remet son chapeau sur la tête. Rien de plus brutal que ce jeu de scène. C'est un acte inqualifiable, l'acte d'un manant. Et M. Duval, qui est receveur général, je crois, doit être un homme bien élevé.

Mais au moins, du moment que M. Duval témoigne par ce geste de tout le mépris que lui inspire ce nom de Marguerite Gautier, il devrait commencer l'entretien d'une voix rude, âpre et presque furieuse.

Pas du tout. M. Lafontaine remet, d'un mouvement mesuré et noble, son chapeau sur son crâne, et alors d'une voix douce, presque tendre, sans que rien dénote chez lui ni le dédain ni l'irritation, il entame sa petite antienne, et du diable si je sais pourquoi je l'appelle petite, car elle est au contraire terriblement longue.

Et je ne puis m'empêcher de lui crier : — Mais si tu es un malotru, sois-le jusqu'au bout! Tu n'as pas le droit, quand tu te conduis comme un goujat envers une femme, de lui parler avec les grâces d'un ancien ténor de province. Et plus il prend de temps, plus il s'espace, plus il s'écoute parler, plus je sens en moi bouillonner la fureur, et je lui dis :

— Mais ôte donc ton chapeau! Tu vois la personne à qui tu as affaire, c'est Mlle Sarah Bernhardt? Ah! si c'était Mme Doche qui avait joué le rôle en courtisane, à merveille d'ailleurs, mais en courtisane, on admettrait jusqu'à un certain point la ténacité de ce chapeau vissé sur ton faux toupet. Mais Sarah, c'est la grâce, c'est la poésie; tu n'as pas le droit de lui parler le chapeau sur la tête, et quand tu l'ôtes, au moment où le texte t'oblige à dire : Me serais-je trompé? tu me donnes la sensation d'un cabotin départemental qui cherche un effet propre à séduire la *Loge infernale* de l'endroit.

Je me souviens qu'à Londres Mlle Sarah Bernhardt ponctuait en quelque sorte cette scène par ses jeux de physionomie, par ses sanglots et par ses larmes.

Mais si la scène, au lieu de durer dix minutes, se prolonge pendant vingt-cinq, comment voulez-vous que Mlle Sarah Bernhardt, malgré tout son talent de mimique, en reflète sur son visage les incidents principaux? Elle en est réduite à se cacher le visage dans son mouchoir dont elle se tamponne de temps à autre les yeux. Ce n'est pas sa faute si elle ne produit plus la même impression, c'est celle de son partenaire qui ne lui rend pas la main.

Sérieusement, Lafontaine est insupportable dans ce rôle.

— Et à qui diable auriez-vous souhaité qu'on le confiât? m'a-t-on demandé.

— A qui? A qui? Mais à n'importe qui. J'aurais voulu qu'on prît le pompier de service, le commissionnaire du coin, le charbonnier d'en face, le premier venu, un monsieur qui aurait passé sur le boulevard. Il fallait le saisir par la cravate et lui dire :

— Tu vas m'apprendre par cœur cette tirade-là et tu la diras tout d'une haleine, comme un homme très ennuyé, sans y chercher de finesse, ni de malice, ça sera toujours bien bon. Mlle Sarah Bernhardt se chargera du reste. C'est entendu, n'est-ce pas? Allons, en avant, marche!

Au lieu de cela, on va chercher Lafontaine, qui est un excellent comédien, cela est hors de doute, mais qui est un comédien ; il veut faire son effet, il veut faire ses effets. Et le pis, c'est qu'il n'a plus de mémoire, il ne sait pas son rôle ; il recueille ses malheureux effets de la bouche du souffleur; voilà des effets qui se figent en route, ils nous tombent glacés sur la tête. Et cette pauvre Sarah pleure et se désole dans le vide, ses larmes tombent brûlantes sur cette neige et ça fait des trous noirs qui sont très vilains !

Et maintenant, je n'ai plus qu'un mot à dire à tous ceux qui aiment l'art dramatique : allez voir la *Dame aux Camélias*. C'est une des œuvres les plus vraies et les plus émouvantes qui aient jamais paru au théâtre.

4 février 1881.

III

Je reviens à la *Dame aux Camélias*. J'ai reçu une lettre de M. Alexandre Dumas fils qui croit que j'ai été peu juste pour Lafontaine et qui me reproche la critique que j'ai faite du jeu de scène du chapeau. Il en revendique la paternité.

La lettre n'était évidemment pas faite pour être publiée ; mais, comme après tout l'opinion de M. Dumas, rendue publique, sera un baume sur la blessure que j'ai faite à l'acteur, comme toute parole échappée à la plume de Dumas a de l'intérêt pour le public, je me permets, sans lui en demander l'autorisation, qu'il se croirait peut-être obligé de me refuser, je me permets de détacher de sa lettre le passage en question et de le mettre sous les yeux du public :

« Je vous trouve sévère pour Lafontaine. La vérité est qu'on lui a donné trop tard ce rôle qu'on a toujours, à tort, selon moi, accusé d'être trop long. J'ai été écouter hier la pièce en matinée avec des gens très désintéressés dans la question et qui voyaient la pièce pour la première fois de leur vie, et nous avons trouvé Lafontaine excellent. Maintenant qu'il est maître de sa mémoire, je vous assure qu'il ne mérite pas ce que vous dites de lui.

« Quant au rôle, flanqué de la légende de longueur et d'ennui qu'il traîne à sa suite depuis trente-deux ans, vous sentez bien que moi, qui suis célèbre au théâtre par la facilité avec laquelle je coupe dans ma prose, vous sentez bien que j'ai maintes fois pensé à couper dans celui-là ; j'y pensais encore avant-hier, et c'est pour cela qu'hier je suis retourné entendre la pièce avec des compagnes et des compagnons tout neufs. Il n'y a pas à couper, et c'est comme Lafontaine le joue maintenant que le rôle doit être joué. Ce n'est qu'à des déductions implacables, ce n'est qu'à d'irréfutables vérités que l'amour de Marguerite doit se rendre. La société et la famille n'interviennent et ne peuvent intervenir que cette fois-là dans cette pièce ; il faut qu'elles y aient toute l'autorité, toute la cruauté même qu'elles doivent finalement avoir en face de situations comme celle-là. Marguerite le sait très bien, et au dernier acte elle dit à Armand : « D'ailleurs, si ma mort n'eût pas été certaine, ton père ne t'eût pas écrit de revenir. » Le père Duval parle non seulement à Marguerite, mais au public qu'il représente et qui doit être convaincu et impitoyable ; on pleure sur Marguerite, mais, somme toute, on trouve que le père a raison. Quant au chapeau, nous avons cent fois discuté avec les artistes cette question-là. C'est moi qui ai réglé la chose comme elle est. Cet homme de province ne voit pas de différence entre Marguerite Gautier et la dernière fille des rues. La seule différence qui existe, il faut bien le dire, est celle que l'auteur établit volontairement, et, tout Parisien que je suis, dans la même circonstance, j'agirais de la même façon. Je saluerais une fois pour toutes, parce que ce serait une femme que j'aurais devant moi ; après quoi, je remettrais mon chapeau sur ma tête pour bien faire comprendre à cette femme qu'après avoir rendu cet hommage banal à son sexe, je prends l'attitude d'un homme qui sait ce qu'elle a fait de ce sexe et le trafic qu'elle en tire. — Ce n'est pas tout; et si de la réalité de la vie nous passons aux conditions du théâtre, il y a *un effet* certain quand le père ôte son chapeau et demande pardon à cette femme particulière, au milieu de toutes celles à qui il l'assimilait. En tout cas, Lafontaine n'est pas responsable de la question du chapeau. C'est moi qui ai réglé la mise en scène. Sarah, je crois, n'est pas non plus de votre avis sur son partenaire. Nous en avons causé souvent, et elle était enchantée de lui, se déclarant bien à son aise sous cette diction. Si vous retournez voir la pièce, comme je ne doute pas que vous le fassiez, je suis sûr que votre prochain article contiendra un amendement en faveur de Lafontaine, comme votre article de ce matin en contenait déjà un sur Marais. »

J'irai très certainement revoir la *Dame aux Camélias*, puisque l'auteur m'y convie; je lui avouerai même ingénument que j'y serais retourné sans cette invitation, par pur plaisir. La *Dame aux Camélias* est un si beau drame, c'est un si authentique chef-d'œuvre, et il est joué à la Porte-Saint-Martin avec un goût de poésie si idéal, que je ne saurais me lasser de le voir.

Je suis tout à fait de l'avis de Dumas sur la nécessité de cette scène où le monde et la morale exposent par la bouche du père Duval les raisons qui interdisent aux Marguerite Gautier l'accès dans une honnête famille; il faut que ces raisons soient longuement et fortement déduites pour faire impression sur l'esprit du spectateur. Ajoutez, et c'est là une observation d'homme de théâtre, ajoutez que la pièce revire de tout son poids sur cette unique scène, il faut donc qu'elle soit fortement et solidement construite.

Je n'y ai jamais, pour moi, trouvé qu'un passage qui m'a paru long, parce qu'il est inutile et même parce qu'il prêtait à rire à un esprit porté à la raillerie.

Le père Duval ne doit évidemment, puisqu'il parle, et, c'est Dumas lui-même qui l'avoue, au nom de la morale éternelle et des bienséances mondaines, ne présenter à Marguerite et au public en même temps que les raisons vraies, sérieuses, celles que tout homme du monde exposerait à sa place et dont Marguerite Gautier ne peut contester la force.

Or, que dit M. Duval :

— J'ai une fille qui allait faire un beau mariage ; le père de son fiancé l'a rompu, parce qu'il sait qu'Armand, son frère, est avec vous.

Eh! bien, Marguerite Gautier ne serait-elle pas fondée à lui répondre :

— Allons donc, vieux farceur, tu vas me faire croire qu'une jeune fille ne trouve pas à se marier, parce que son frère a une maîtresse et fait des bêtises avec une cocotte ; tu me prends pour une oie et jamais ça ne s'est vu!

Voilà le passage que je retrancherais si j'étais Dumas fils, car il allonge, sans profit pour la morale, cette tirade de moraliste.

Ah! quand le père Duval représente à Marguerite que, si elle aime son fils, elle ne doit pas perdre son avenir, que cet amour ne durera pas toujours, que l'un ou l'autre s'en lassera le premier, qu'ils rougiront alors d'avoir cédé à cet entraînement de folie qui, après leur avoir donné quelques jours de plaisir, ne leur laissera ensuite que regrets et mépris, là, il est dans le vrai. Il dit à Marguerite ce que Marguerite a dû bien souvent penser elle-même ; ce qu'elle sait être juste et ce qui fait son désespoir, car à ces raisons elle n'en peut opposer aucune; il ne lui reste qu'à baisser la tête et, puisqu'elle aime, à se sacrifier.

Je crois de plus que ce grand couplet, même allégé du morceau que j'en voudrais voir retranché, devrait être dit par l'acteur, non avec solennité, mais avec une chaleur qui irait croissant à mesure que le personnage s'animerait et verrait Marguerite céder et reculer. Il n'y a pas de raisons pour que le père Duval, parlant d'intérêts qui lui sont si chers, ne le fasse pas avec émotion et véhémence ; la scène y gagnerait d'aller plus vite et de courir d'un train plus rapide au dénouement.

Voilà mes observations. Il est clair que, si elles ne sont pas agréées de Dumas, c'est lui qui est maître de son œuvre, mais je le préviens que jusqu'à ce jour je n'ai encore trouvé personne qui fût de son avis sur Lafontaine. J'ai peut-être été un peu dur dans l'expression et je suis fâché d'avoir contristé un bon comédien, mais Dumas peut être sûr que j'ai exprimé l'avis du grand public ; j'interroge toujours, avant d'écrire, les personnes qui ont vu le même spectacle que moi, et quand par hasard je vois que je ne m'accorde point avec l'opinion de la foule, j'ai pour habitude d'avertir le lecteur de ce dissentiment. Ici je crois très sincèrement, n'en déplaise à Dumas, que j'ai pensé et senti avec elle.

Un mot encore sur le jeu de scène du chapeau. Dumas affirme qu'il l'a réglé ainsi ; je viens de recevoir une lettre de Mme Eugénie Doche, qui a créé au Vaudeville, et avec quel éclat, on se le rappelle, le rôle de Marguerite Gautier. Elle m'affirme qu'à la création le père Duval gardait tout le temps son chapeau à la main. J'ai pourtant vu la pièce en ce temps-là, mais je n'ai conservé aucun souvenir de ce détail. Il est bien difficile cependant que les souvenirs de Mme Doche la trompent à ce point.

Il est vrai qu'à la fin de sa lettre elle ajoute d'un ton un peu piqué qu'elle n'a point joué, comme je l'avais dit, le rôle en courtisane ; cela est possible, après tout, mais elle a eu tort ; Marguerite Gautier est une courtisane ; Dumas a voulu qu'elle fût une courtisane, et si Mme Doche, emportée par son naturel, l'a jouée en femme du monde... Mais non !

elle a laissé dans ce rôle qui a fait sa réputation des souvenirs trop vifs pour avoir ainsi trahi et le personnage et l'auteur ; elle a beau se dénigrer, nous ne la croyons point.

Elle a su, jouant une courtisane, se forcer à être une courtisane. C'est l'éloge qu'on peut également adresser à Mᵐᵉ Sarah Bernhardt ; seulement Mᵐᵉ Sarah Bernhardt a mis, dans le rôle de Marguerite Gautier, un petit grain de poésie : c'était comme un ferment, la pâte a levé.

Nous voilà bien loin du jeu de scène du chapeau ; revenons-y.

Je crains bien, quoi qu'en dise Dumas, que ce chapeau ôté, remis et ôté de nouveau, ne soit un signe absolument conventionnel, comme il y en a tant au théâtre.

Tout étant convention au théâtre, il y a des gestes qui sont également conventionnels, mais, comme la règle est que les conventions se renouvellent et changent à peu près tous les cinquante ans, tel geste qui par convention a exprimé longtemps une idée ou un sentiment au théâtre, se démode et semble ridicule à la génération suivante.

Il y a trente ou quarante ans, lorsqu'un acteur voulait signifier au public qu'il était fort en colère et qu'il allait gifler une personne qui avait tenu sur lui de mauvais propos, il saisissait d'une main fébrile le revers gauche de sa redingote, prenait le revers droit de l'autre main, la boutonnait fiévreusement, et, l'opération faite, enfonçait de cette même main droite par un coup sec son chapeau sur la tête : cela voulait dire clairement :

— Attends ! mon bon, tu vas recevoir une forte roulée !

S'il portait une canne, il exécutait avec elle une sorte de moulinet : cela voulait dire :

— Je suis un brave à trois poils !

Un jeune homme avantageux à qui l'on parlait d'une jeune femme plantait ses deux pouces dans les entournures de son gilet en écartant sa poitrine et tout le public se disait immédiatement :

— Elle a été sa maîtresse ou il veut le faire croire.

Deux hommes se rencontraient sur la scène, ils se mettaient à causer, et l'un d'eux, passant d'un mouvement familier son bras derrière le cou de l'autre, continuait la conversation : il n'en fallait pas davantage pour indiquer au public que ces deux messieurs avaient été camarades de collège et qu'ils nourrissaient l'un pour l'autre une affection qui tenait de la camaraderie.

Deux personnes étaient en scène, l'une parlant à l'autre avec beaucoup de chaleur, l'autre prenait la breloque de sa montre et la faisait sauter : c'était un signe indubitable d'indifférence ou de mépris.

Je pourrais multiplier ces exemples tirés d'un théâtre que j'ai beaucoup étudié, le théâtre d'il y a vingt-cinq ou trente ans.

Ces gestes, qui étaient tout de convention, car vous n'avez jamais vu un homme, j'entends un homme bien élevé, fourrer ses pouces dans les entournures de son gilet, passer son bras sur le cou d'un ami, brandir sa canne et boutonner sa redingote, ont disparu pour la plupart; ils nous paraîtraient ridicules aujourd'hui ; il est probable qu'ils sont remplacés par d'autres qui ne valent pas beaucoup mieux, mais dont nous ne sentons pas l'impertinence, parce que, pour le moment, la convention les protège.

Le jeu de scène du chapeau me semble être un de ces signes conventionnels qui ont survécu à la convention. Dumas a beau me dire que, parlant à une cocotte après l'avoir saluée parce qu'elle est femme, il remettrait son chapeau sur la tête parce qu'elle est cocotte, je sens bien tout ce qu'il peut y avoir d'horrible pour Dumas à se trouver en contact avec une cocotte, je crois pouvoir lui répondre cependant que, si cette éventualité se présentait jamais, ce qu'à Dieu ne plaise, il serait plus humain qu'il ne le croit lui-même, et, pour ne pas céder à la tentation de remettre son chapeau sur la tête, il feindrait plutôt de l'avoir oublié sur une table ou plus simplement suspendu à une patère de l'antichambre.

Sérieusement, je suis convaincu que mettre son chapeau sur la tête, c'était un geste de convention, tout comme l'incliner sur l'oreille pour marquer l'air avantageux d'un casse-assiette ou l'enfoncer d'un coup de poing pour signifier la menace et la bravade.

Tant que la convention dure, ces gestes sont excellents, parce que le public les comprend et les admet; ils ont pour lui une signification précise, et parfois même ils tiennent lieu de longues explications que l'auteur serait obligé de donner.

Quand la convention s'est évanouie, le signe ne tarde pas à devenir lui-même très choquant, parce qu'il ne se rapporte plus à rien qui soit réel. Je puis affirmer à Dumas que, lorsque Lafontaine remet son chapeau sur sa tête, ce geste qui, outre qu'il n'est plus ni dans nos idées ni dans nos mœurs, n'est plus soutenu par la convention, froisse et offense la plus grande partie du public.

Je ne l'aimais pas déjà beaucoup autrefois quand Derval, au Gymnase, s'adressait à Mlle Pierson, il m'est odieux et insupportable lorsqu'en 1884 M. Lafontaine fait cette impolitesse gratuite à Mme Sarah Bernhardt.

Après cela, moi personnellement, j'ai un moyen bien simple de ne pas être choqué; quand Lafontaine entrera en scène, j'ôterai ma lorgnette de dessus mes yeux, et, grâce à une heureuse myopie, je ne verrai pas le père Duval insulter toutes les femmes dans la personne de la Dame aux Camélias. Il est donc vrai que toute chose en ce monde a sa compensation; l'auteur de *Gil Blas,* que l'âge avait rendu sourd, disait en montrant le cornet acoustique qui le mettait en relation avec le monde :

— Comme je lui rends grâce ! Aussitôt que je me trouve avec des imbéciles, je l'ôte de mon oreille et Dieu me fait la grâce de ne plus les entendre.

Je n'ai qu'à mettre ma lorgnette sur mes genoux et je ne vois plus Lafontaine ni son chapeau.

13 février 1881.

LE DEMI-MONDE

I

C'est décidément une très belle œuvre que le *Demi-Monde*, une de celles qui resteront. Il est toujours bien délicat de devancer les choix de la postérité, qui, en faisant son triage, se moque le plus souvent des jugements contemporains. Je ne crois pourtant pas me tromper en disant que le vingtième siècle, s'il n'écoute plus avec le même plaisir le *Demi-Monde*, dont quelques parties seront démodées, le reverra encore avec curiosité et non sans quelque admiration. Il y a bien peu de pièces dans notre théâtre moderne sur qui j'oserais porter la même prédiction : *Mercadet* peut-être, où se voit marquée la griffe du lion, et puis... mais à quoi bon? que nous importe, à nous qui écrivons au jour le jour, ce lointain avenir? il s'agit du *Demi-Monde* et de ce que nous en pensons aujourd'hui.

Elle a déjà quinze ans de date, cette comédie; car elle fut jouée pour la première fois en 1855; et quinze ans, pour une pièce de théâtre, c'est déjà un assez joli bout de temps. Les mœurs que Dumas fils a prétendu peindre ont disparu de notre civilisation. Ce demi-monde, dont il a essayé le portrait, n'existe plus. Il s'est effondré, englouti dans la grande prostitution parisienne. Entre l'honnête femme et la femme perdue, l'abîme est allé se creusant chaque jour, et j'ai plus d'une fois entendu dire à l'auteur qu'il serait impossible de retrouver aucun des modèles qui ont posé devant lui.

Mais c'est là le triomphe de l'art. On n'a jamais connu l'original, et néanmoins on sent que le portrait ressemble. Les lignes en sont si précises et si nettes, les couleurs si vives, que la peinture vous frappe encore et éveille en vous, pour ainsi dire, le souvenir d'images que vous n'avez jamais vues.

Tous ces personnages que Dumas fils a mis en scène sont marqués de traits caractéristiques; ils portent une physionomie particulière; ils vivent. J'ai bien souvent eu l'idée de traiter le *Demi-Monde* et deux ou trois des pièces de Dumas, comme on fait des chefs-d'œuvre classiques; de leur appliquer nos procédés d'analyse; j'ai sur ce point un certain nombre de vues, que je n'ai pas encore exposées dans le journal, bien que j'y aie touché plus d'une fois dans les conférences où j'ai parlé. Mais j'en reviens toujours là : il est dur de traiter des sujets qui prêtent si fort à la controverse; d'émettre des théories qui aient besoin d'une attention si forte pour être saisies et discutées, en un temps où les esprits sont détournés des questions philosophiques par les événements d'une gravité si haute.

Attendons un moment plus favorable; il ne tardera guère, je l'espère bien. Je ne veux aujourd'hui que présenter aux comédiens qui ont joué les principaux rôles, quelques réflexions sur les personnages qu'ils se sont chargés de nous rendre.

Mlle Desclée, qui nous avait fait tant de plaisir dans *Froufrou* et dans *Diane de Lys*, nous a semblé tout à fait insuffisante dans la baronne d'Ange. Elle y garde ce joli air de bébé content de la vie, ces gentilles allures d'oiseau jaseur, qui nous avaient tant amusé dans les rôles qu'elle avait joués jusqu'à présent. Mais il y a loin de Diane de Lys et de Froufrou à Mme d'Ange.

Un seul mot marquera la différence : la baronne d'Ange a du caractère; elle est née pour lutter, et ce qu'elle veut, elle le veut, comme elle le dit elle-même. Diane de Lys au contraire, si passionnée qu'elle se montre, est un esprit faible. Dès la première fois qu'elle se trouve en face de Paul, elle plie naturellement devant cette organisation d'homme, dont elle sent la supériorité : « Vous me gouvernerez, lui dit-elle ; ce que vous me direz de faire, je le ferai : voulez-vous ? » Toute la femme est là. Pour Froufrou, il est à peine besoin de le faire remarquer : elle est étourdie, comme le premier coup de matines. Très capable d'un coup de tête, mais sans force pour prendre une résolution sérieuse et s'y tenir jusqu'au bout.

C'est une tout autre personne que la baronne d'Ange. D'où est-elle sortie précisément, on n'en sait rien. Mais il est facile d'inférer d'un certain nombre d'allusions, qu'elle a émergé des bas-fonds de la galanterie parisienne. Je me sers du mot galanterie, faute d'un terme qui puisse rendre mon idée sans blesser les convenances. Elle a dès l'abord mesuré la distance qui la sépare de la femme honnête, et elle s'est juré qu'à la force seule du poignet, elle s'élèverait jusqu'à ce pic inaccessible.

Le hasard l'a servi ; elle a trouvé un marquis millionnaire, qui, s'étant épris d'elle par hasard, a su apprécier tout ce qu'il y avait d'énergie dans ce caractère, de grâce dans cet esprit. Il l'a gardée longtemps comme maîtresse, et alors même que des nécessités de famille et la raison, d'accord avec l'âge, lui ont conseillé de la quitter, il lui a conservé un tendre souvenir ; il lui a donné le luxe et assuré une pension qui, la mettant à l'abri du besoin, lui ouvre accès dans un certain monde, « un monde, dit l'auteur, qui est une déchéance pour les femmes parties d'en haut, qui est un sommet pour elle qui est partie d'en bas ». Ce qu'elle a dû déployer de force de volonté, d'énergie morale et de ruse pour en arriver là est incalculable.

Une ambition plus haute la tourmente ; elle prétend faire son trou dans la société régulière, y pénétrer, le front haut, un mari honorable au bras. Elle joue son va-tout sur cette dernière partie, au commencement de laquelle le drame la prend. Il accumule devant elle tous les obstacles que dresse contre cette intrusion le préjugé social, et elle s'use désespérément les ongles contre les rocs amoncelés qu'elle cherche à écarter de son passage.

Ce combat, qu'elle entreprend et soutient par toutes les armes, les unes loyales et les autres déshonnêtes, que la société laisse aux mains des femmes, marque un caractère fortement trempé; il ne va pas sans une certaine décision d'allures, et une certaine âpreté de langage. Femme, elle l'est sans doute, et femme aimable, et femme spirituelle; car ce titre de femme, car cette amabilité, car cet esprit, sont des armes dans la lutte qu'elle soutient : ce sont des engins de victoire.

Elle ne recule devant rien, et se sert avec une impudente adresse des scrupules même qu'elle sait bien que son titre de femme inspirera à son adversaire. Tenez! prenez la scène où elle dévoile à Ollivier toutes les batteries dont elle a fait usage, où elle lui expose son plan :

« Je veux bien tout vous dire, lui dit-elle, parce que, au fond, je suis bonne femme et que je ne vous en veux pas. Sachez donc, mon cher ami, que lorsqu'une femme comme moi a mis dix ans à échafauder sa vie pièce par pièce, morceaux par morceaux, son premier soin a dû être d'écarter de l'échafaudage toutes les chances connues de destruction. Or, parmi ces chances, il y a au premier rang la manie d'écrire. »

Et elle lui explique alors que les lettres qu'il a reçues d'elle étaient écrites par une de ses amies, et ne pouvaient la compromettre, en quelques mains qu'elles tombassent.

Croyez-vous que la baronne d'Ange eût fait ces confidences, si elle n'avait pas su qu'Ollivier de Jalin aurait assez d'honneur pour ne pas les tourner contre elle? Pensez-vous qu'elle se fût ouverte ainsi à une femme? Jamais de la vie. C'est qu'elle se fût bien doutée qu'au premier jour de brouille, sa bonne amie se fût armée contre elle de ces aveux et les eût versés, comme un poison, dans la seule oreille d'où elles devaient être soigneusement écartées.

Mais elle n'a rien à craindre d'Ollivier, et elle le sait bien. L'honneur du monde défend à un honnête homme d'accuser une femme; il lui ordonne de se sacrifier, lui et la vérité, au mensonge tombé de cette bouche. Elle est donc bien tranquille; Ollivier acceptera, sans mot dire, sa défaite. Il se contentera de s'écrier avec dépit :

« Vous êtes d'une jolie force, vous! »

Et quand Raymond de Nanjac viendra pour lui demander une rétractation, il la fera sans hésitation, et prendra sur lui un tort qu'il sait bien ne pas avoir.

Elle a donc calculé juste, et toute sa vie n'a été qu'un long calcul. Un calcul, âpre et passionné; ces mots s'excluent moins qu'on ne pourrait le croire au premier abord. Je ne voudrais pas avoir l'air de chercher des rapprochements subtiles et paradoxaux; mais ne sentez-vous pas dans cette rage que les Prussiens témoignent de posséder Paris, un long calcul mêlé d'une passion ardente. Ce sont des mathématiciens ivres de désir.

Ainsi de Suzanne d'Ange. Elle a arrangé, disposé toute sa vie pour l'effort prévu d'un jour de bataille; il est venu, ce jour de la bataille, et elle s'y jette avec une fureur sombre ; toujours prudente, mais acharnée, et toute pleine de colère et de haine contre les obstacles qui s'opposent à son entreprise.

Mlle Desclée ne nous laisse voir que les petites mines d'un gentil bébé moqueur, qui semble s'amuser des résistances avec lesquelles elle se trouve aux prises. Est-ce bien là le caractère du rôle? Je ne nie pas que souvent l'intrigue la plus profonde, les passions les plus violentes ne se couvrent chez ces sortes de femmes d'un voile aimable d'ingénuité virginale ; et je crois bien que les Parisiens parisiennants ne seraient pas embarrassés de citer telle femme, célèbre au bois, qui, de sa bouche de rose, avec une sorte de bégaiement enfantin, laissât tomber les infamies les plus révoltantes, qui eût, le sourire aux lèvres, et sans avoir l'air d'y toucher, fait battre et tuer deux hommes de cœur, amis la veille.

Mais le théâtre ne s'accommode point de ce réalisme. Il faut que les sentiments secrets qui animent les personnages se traduisent franchement sur la scène, ou du moins qu'ils se laissent deviner. J'accepterai, si l'on veut, ces allures d'enfant gâtée et ce blaisement de gros bébé réjoui qui est comme le fond du jeu de Mlle Desclée, s'il y perce de temps à autre un accent plus âpre ; si je sens derrière cette apparence de laisser-aller l'implacable ardeur d'une volonté énergique.

Suzanne d'Ange a quelque chose de la Célimène de Molière. On l'a, je ne sais où, appelée la Célimène du ruisseau. Il y a du vrai dans cette boutade. Célimène n'est pas tendre, savez-vous bien ? méchante bien plutôt, et foncièrement cruelle. L'égoïsme, un égoïsme terrible, effréné, c'est le trait primordial de son caractère. Elle croit que le monde n'a été créé que pour l'admirer et pour se prêter à ses caprices.

Elle s'amuse de tous les hommes qui l'entourent, et si elle en trouve un plus grand, plus fier, plus sensible, plus amoureux et plus digne d'être aimé que tous les autres, c'est sur celui-là qu'elle s'acharne ; elle prend plaisir à lui enfoncer dans le cœur toutes les épingles dont elle dispose. Les cris de souffrance qu'elle arrache sonnent à son oreille comme des compliments à sa beauté, comme des hommages à sa toute-puissance. Elle les savoure, elle s'en repaît.

Comme j'aurais voulu entendre Mlle Mars dans ce rôle ! On assure qu'elle y portait la sécheresse hautaine et spirituelle dont la nature l'avait douée; sa voix, très mélodieuse, avait un accent dur et âpre, qui s'harmonisait merveilleusement avec le personnage. C'est pour cela que cette aimable et souriante Madeleine Brohan ne le jouera jamais parfaitement. Elle y est trop bonne enfant; il faudrait sur ses lèvres le sourire énigmatique de la Jaconde; elle rit bonnement, et il semble que des caresses voltigent sur sa bouche qui s'entr'ouvre. Sa voix même est une caresse pour l'oreille.

La baronne d'Ange est aussi sèche que le fut jamais Célimène. Elle l'avoue elle-même :

— J'ai essayé d'aimer, dit-elle quelque part, je n'ai jamais pu y parvenir.

— Merci pour moi, répond Ollivier.

— Oh! ce n'est pas pour vous seul que je dis cela.

— Merci pour nous, alors.

Non, elle n'a jamais aimé; non plus que la sèche et froide Célimène. Elle n'aime point Raymond de Nanjac, qu'elle a pris dans ses filets, et qu'elle veut épouser. Elle l'aime, comme le chasseur aime le lièvre qu'il poursuit. C'est une proie, qu'elle ne veut pas voir échapper de ses mains. Il lui faut un mari, un vrai, un réel mari, afin de forcer la barrière du monde, et pour le capturer, elle se résoudra à tout, aux plus extrêmes violences, comme aux hypocrisies les plus lâches.

Et quelles rages sourdes s'élèveront à gros bouillons de son cœur, quand elle rencontrera une résistance qu'elle désespère de briser. Regardez-la au quatrième acte, quand, au moment de réussir, elle reçoit une lettre du marquis de Thonnerins, qui d'un mot brise tous ses projets.

— Oh! s'écrie-t-elle, ce passé qui me retombe goutte à goutte sur le front, ne l'effacerai-je jamais de ma vie? J'avouerai tout... non, je lutterai jusqu'à la fin. Gagnons du temps, c'est le principal.

Sentez-vous la véhémence des mouvements qui bouleversent cette âme farouche? C'est une tempête de sentiments contraires dans un cœur où les orages sont nombreux et terribles. Nous voilà bien loin assurément du bébé zézeyant que nous a si gentiment joué Froufrou!

Tant que le combat n'est pas sérieusement engagé, la façon dont Mme Desclée a interprété le rôle est encore admissible, bien que cette nonchalance aimable et spirituelle n'aille guère avec la démarche par laquelle s'ouvre la pièce. Vous vous la rappelez, cette démarche.

Suzanne, en jetant ses filets, y vient de trouver un honnête homme qui a mordu à l'appât du mariage. Elle se trouve, en ce moment-là, en liaison avec Ollivier. Il faut donc rompre avec lui. Une autre chercherait des prétextes, traînerait les choses en longueur. Mais elle, comme on dit, ne va pas par quatre chemins. Elle s'en vient droit chez Ollivier :

— Voulez-vous m'épouser?...
— Vous?
— Pas trop d'étonnement ; ce serait de l'impolitesse.
— Quelle idée !

— Alors vous ne voulez pas? Eh! bien, mon cher Ollivier, il me reste à vous apprendre que nous ne nous reverrons plus. Je vais partir.

Voilà qui est net, décisif et tout à fait dans l'allure du rôle. La femme qui prend ainsi son parti, et qui parle d'un ton si tranchant, doit témoigner par la voix, le geste, l'accent, quelque chose de son esprit résolu. Passe encore cependant pour cette scène et celles qui la suivent. Le fer n'est pas croisé. Le tigre est encore au repos, clignant des yeux, et la tête obliquement reposée sur ses pattes. Certes, la manière de Mlle Desclée manque dès à présent de nerf; elle n'avertit pas de ce qu'on peut attendre de la femme qu'elle nous représente; mais enfin elle n'est pas en contradiction avec les sentiments exprimés.

Ah! que j'aimais mieux néanmoins, même en ce commencement, Mme Pasca. Je ne parle point de Mme Rose Chéri, que j'ai vue pourtant dans ce rôle, mais dont je n'ai pas conservé un souvenir assez exact pour en parler. D'elle, je ne me rappelle qu'un mouvement qui m'avait frappé, je ne sais pourquoi, d'une façon extraordinaire. C'était au cinquième acte. Suzanne vient d'apprendre qu'elle est vaincue, et qu'il lui faut, quittant la place, retourner à son ancienne société. Mme Rose Chéri s'en allait prendre son châle, qu'elle avait déposé sur un fauteuil, et le mettait sur ses épaules avec un geste ironique, qui sentait si bien la fille entretenue, que toute la salle en tressaillait d'étonnement. Mais pour Mme Pasca, je la vois encore. Elle a débuté dans ce rôle, et c'est, je crois, la première fois qu'elle paraissait sur les planches d'un théâtre. Inexpérimentée et gauche, elle l'était assurément; mais femme, jusqu'au bout des ongles, et femme énergique, femme ardente et convaincue.

Comme elle saisissait tout de suite l'imagination par

cette physionomie singulièrement âpre, par cette voix sombre qui donnait tant d'accent à ce qu'elle disait! Comme on pensait, rien qu'en la voyant entrer : Voilà une maîtresse femme! et qui donnera du fil à retordre à ses amants ou à ses adversaires!

Peu après, la lutte s'engage; elle s'échauffe; Suzanne a été trahie par Ollivier qui a remis ses lettres à Raymond de Nanjac : il est vrai qu'elle s'y attendait, et que, d'avance, elle a paré le coup. Mais n'importe! elle est outrée contre lui, bien qu'il ait donné dans un piège tendu précisément par elle. Ainsi donc, elle est de ces femmes, contre qui l'on ne se gêne plus! On s'affranchit, envers elle, des plus vulgaires lois de la probité et de l'honneur! Quel soufflet sur sa joue! Comme ce procédé d'Ollivier lui montre le mépris que l'on fait d'elle!

Et aussi, quel amer plaisir elle sent à le railler sur l'inutilité de la démarche. Elle ne rit point, ou du moins, si elle rit, c'est d'un rire où il entre autant de rage que de moquerie. Et quelle profondeur de sentiment, quand elle arrive au sérieux des reproches qu'elle se croit en droit d'adresser!

« De quel droit avez-vous agi, comme vous l'avez fait? Si M. de Nanjac était un vieil ami à vous, un camarade d'enfance, un frère, passe encore; mais non, vous le connaissez depuis huit ou dix jours. Si vous étiez désintéressé dans la question, mais êtes-vous sûr de n'avoir pas obéi aux mauvais conseils de votre amour-propre blessé? Vous ne m'aimez pas, soit; mais on en veut toujours un peu à une femme dont on se croyait aimé, quand elle vous dit qu'elle ne vous aime plus. Quoi! parce qu'il vous a plu de me faire la cour, parce que j'ai été assez confiante pour croire en vous, parce que je vous ai jugé un galant homme, parce que je vous ai aimé peut-être! Vous deviendrez un obstacle au bonheur de toute ma vie! Vous ai-je compromis? vous ai-je ruiné? vous ai-je trompé même? Admettons, et il faut l'admettre, puisque c'est vrai, que je ne sois pas digne en bonne morale du nom et de la position que j'ambitionne, est-ce bien à vous, qui avez contribué à m'en rendre indigne, à me fermer la route honorable où je veux entrer? Non, mon cher Ollivier, tout cela n'est pas juste, et ce n'est pas quand on a participé aux faiblesses des gens, qu'on doit s'en faire une arme contre eux! L'homme qui a été aimé, si peu que ce soit, d'une femme, du moment que cet amour n'avait ni le calcul ni l'intérêt pour base, est éternellement l'obligé de cette femme, et, quoi qu'il fasse pour elle, il ne fera jamais autant qu'elle a fait pour lui. »

C'est de l'irréfutable logique, mais enflammée des sentiments les plus douloureux et les plus cruels. On sent qu'elle se dit : J'ai cent fois raison en parlant ainsi, et pourtant la loi sociale me condamne, et il se trouvera d'honnêtes gens pour approuver l'action de cet Ollivier; et moi, misérable femme, écrasée par un préjugé stupide, je serai forcée de courber la tête! Je vaux mieux que toutes ces prétendues honnêtes femmes; j'ai plus de beauté, plus d'esprit, plus de courage; j'ai, pour arriver où j'en suis, déployé plus de fermeté d'âme et mis en œuvre plus de ressources qu'il ne leur en a fallu pour se laisser vivre, et elles me méprisent; et des hommes à qui je me suis loyalement donnée se rangent de leur côté contre moi; ils sont infâmes, mais il s'agit de moi, et on leur applaudit!

Que de haines dans ces réflexions! que de tristesse amère dans ce désespoir! Ces fureurs, ces découragements, ces pitiés, tout ce mélange de sentiments contraires vibrait dans la voix profonde de Mᵐᵉ Pasca. On n'en retrouve rien dans le gazouillement de Mˡˡᵉ Desclée.

Et à l'acte suivant, vous vous rappelez la situation terrible où se trouve Suzanne. Elle est en train d'écrire une lettre fort compromettante, une lettre qui perd tout, quand Raymond de Nanjac entre. Elle ferme, sans avoir l'air de rien, le buvard sur la lettre commencée, et l'on se met à causer. Le cours de la conversation amène Raymond à cette idée qu'il lui faut écrire un mot à son notaire. Il va pour ouvrir le buvard ; elle sent le danger, et la voilà qui va jouer une scène de coquetterie pour écarter son fiancé de ce fatal buvard.

M¹¹ᵉ Desclée la joue comme une scène de coquetterie ordinaire. C'est un tas de petites mines, d'inflexions souriantes, de gestes vifs et sautillants. Vous diriez Froufrou voulant obtenir de son mari qu'il la mène à un bal dont elle a envie. Je vois encore Mᵐᵉ Pasca, et la façon dont elle croisait ses deux bras sur le buvard. Comme on la sentait pâle et terriblement émue, sous le masque de gaie indifférence dont elle se couvrait. A ce mouvement on reconnaissait Célimène, Mᵐᵉ Marneffe ou Suzanne d'Ange, les trois grands types de la coquetterie perverse.

Il y avait dans le geste, en même temps que le grand battement de cœur que soulève l'heure des crises définitives, une froide et implacable résolution de résister à tout prix. Aussi n'était-on plus étonné, quand Suzanne dérobait la lettre et, la serrant en sa main crispée, criait à Raymond :

— Vous ne l'aurez pas ! Je n'ai jamais cédé à la violence. Libre à vous de supposer et de croire tout ce qu'il vous plaira !

Et quand enfin, forcée d'ouvrir la main sous l'étreinte de Raymond, de quel ton de fureur, — une fureur vraie, pleine de rage et de menaces, — elle s'écriait, en tombant sur un fauteuil :

— C'est bien, lisez, mais je serai vengée, je vous le jure.

Et quelle profondeur dans la scène d'hypocrisie qui suit ! Comme Mᵐᵉ Pasca accentuait l'effroyable perversité de la femme, à qui nul mensonge ne coûte pour ressaisir son empire sur l'homme qui l'aime :

— Oui, je suis une créature misérable ! je ne mérite ni votre amour, ni votre souvenir. Partez, Raymond, oubliez-moi !

Au fond, cette grande scène n'est que la reproduction de celle qui fait le quatrième acte du *Misanthrope*. Le *Demi-Monde* n'est lui-même d'ailleurs qu'un esorte de contre-épreuve du *Misanthrope*. Cette analogie très singulière va même beaucoup plus loin qu'on ne pourrait le supposer, et peut-être Alexandre Dumas lui-même ne s'en est-il pas aperçu.

La scène est plus belle dans Molière, parce qu'elle est plus impersonnelle, plus générale. Tout amant qui, venu pour faire des reproches à une femme qu'il aime, s'est vu au contraire accablé par elle de reproches et forcé de capituler, tout en ayant raison, pourra relire le *Misanthrope*, et y retrouver son portrait véritable. Il faudrait, pour parler et pour agir comme Raymond et Suzanne, se trouver mêler aux mêmes événements qui les frappent.

Mais chez Dumas comme chez Molière, ce qu'il y a de remarquable, c'est l'assurance effroyable de la femme, sa résolution, son ingéniosité de ressources, son indifférence aux moyens les plus abominables, sa froideur de cœur, sa joie maligne dans le triomphe. Ce sont là des traits caractéristiques, et l'on ne peut se flatter de nous avoir rendu Suzanne, quand on les a effacés de son visage.

5 septembre 1870.

II

J'ai rappelé, à propos du *Demi-Monde* le souvenir du *Misanthrope*. Les points de ressemblance sont bien plus nombreux qu'on ne le pense généralement, et que ne le croit sans doute Alexandre Dumas fils lui-même. Peut-être l'étonnerais-je, en lui disant que le *Demi-Monde* est une contre-partie, très exacte, du *Misanthrope*, qu'il n'a jamais songé à imiter.

Il y aurait un travail bien curieux à faire, et j'en réunis avec patience les éléments; ce serait de marquer la filiation obscure, inconsciente, d'une grande œuvre littéraire à une autre, qui est depuis des siècles en possession de l'admiration publique. On cite toujours les passages que Virgile a imités d'Homère, Racine de Virgile, et Corneille d'Alarcon. Ces emprunts ont été signalés mille fois; mais il y aurait quelque chose de plus délicat à saisir et à mettre en lumière. Ce seraient les mêmes séries d'idées se reproduisant à deux ou trois siècles de distance, et se marquant, avec toutes les différences de formes que comportent les dissemblances de goût, dans des œuvres parfaitement originales. Les imitateurs, ce troupeau servile, comme les appelle Horace, ne copient guère que l'extérieur des ouvrages qu'ils prennent pour modèle; mais retrouver, par le propre effort de son esprit, les idées qui ont inspiré un écrivain mort, il y a deux cents ans; saisir de ses propres yeux, par la puissance d'une observation absolument personnelle, des caractères qui, sous leurs costumes contemporains, se trouvent être les mêmes que ceux qui ont été peints deux siècles auparavant; les marquer de traits identiques, en leur conservant l'allure et la physionomie moderne; faire un portrait du jour, où un observateur attentif puisse retrouver les traits caractéristiques de personnages antiques, ce n'est plus là de l'imitation ; c'est, comment dirai-je? du *retrouvement*, et il y a, pour la critique, un plaisir secret à surprendre ces ressemblances et à les rendre visibles au public.

Le *Misanthrope* est tout entier, Célimène une fois mise à part, et nous l'avons analysée la dernière fois, dans le contraste d'Alceste et de Philinte. Eh! bien! Alceste et Philinte se retrouvent tous deux dans le *Demi-Monde*, avec cette différence capitale que, dans la comédie de Molière, Alceste occupe la première place, et que, dans celle de Dumas fils, le principal rôle est à Philinte. Ollivier est un Philinte qui conduit l'action ; Raymond de Nanjac est un Alceste rejeté au second plan.

Quels sont les deux traits caractéristiques d'Alceste? La logique et la passion. Alceste est avant tout un homme logique. Il raisonne toujours, et très droit et très net, il va d'un bond aux dernières conséquences des prémisses posées. De la pensée, il passe à la parole, et de la parole à l'acte, sans que rien l'arrête jamais : ni conventions sociales, ni mœurs, ni préjugés, ni habitudes.

La mauvaise humeur n'est chez lui qu'un accessoire aussi plaisant que naturel. Le fond de son caractère, c'est la logique, une logique implacable et impétueuse, qui le pousse d'une main irrésistible à travers tous les jugements humains. Ils lui sont indifférents, ou s'ils le touchent, ce n'est que par cette sorte de compassion douloureuse ou de colère méprisante que l'on éprouve invinciblement à voir des inconséquences manifestes. Quand, par tempérament ou par habitude d'esprit, on s'est livré à cette maîtresse impérieuse de la vie qui s'appelle la logique, on est si sûr d'avoir pour soi la justice et le droit, qu'il s'élève au fond de l'âme une sourde et violente irritation contre les cœurs pusillanimes qui n'osent point aller au bout de leurs idées, qui n'osent pas être eux-mêmes.

Alceste est l'immortel patron de ces âmes fermes et droites, qui n'accordent rien aux préjugés du monde, vont hardiment leur chemin, sans se soucier du qu'en-dira-t-on ! Molière ne l'a mis aux prises qu'avec les détails un peu mesquins de la politesse usuelle et de la vie des cours ; mais où vouliez-vous qu'il le plaçât ? Il fallait bien le mettre dans un cadre du temps.

Prenez cet instinct de logique et ce caractère passionné, qui sont les deux éléments dont se compose l'Alceste de Molière, mélangez-les à des doses différentes, et transportez-les dans un autre monde, et vous aurez Raymond de Nanjac.

Le propre des esprits mondains, comme Philinte, c'est d'embrasser d'un coup d'œil tous les mobiles d'actions qui peuvent diriger la vie dans un sens ou dans l'autre, de leur reconnaître à chacun leur part d'influence, et d'en faire, comme on dit, une cote mal taillée. Ils sont déliés, subtils, manœuvrant à travers les écueils du monde, sans s'y briser, et le plus souvent, par crainte d'erreur, pour ne point choquer les mœurs établies, ils s'abandonnent aux préjugés courants, ils conforment leur conduite aux idées qui dominent ; ils aiment mieux sacrifier aux exigences du monde que d'entrer en lutte avec lui ; ou plutôt, ils ne les sentent pas. Il leur semble tout naturel de vivre comme on vit, et de mettre en pratique la grande maxime : « Il faut bien être comme tout le monde. »

Les hommes logiques s'enferment au contraire avec leurs idées personnelles, et sans se soucier de la société qui s'agite autour d'eux, ne la connaissant même pas, ils les poussent jusqu'à leurs extrêmes conséquences. La langue moderne a un nom, moitié sympathique, moitié goguenard, dont elle les désigne : ce sont des *ours*.

Raymond de Nanjac est un ours. L'auteur en a fait un militaire, parce qu'il est convenu au théâtre qu'un soldat est toujours franc, et d'une franchise brusque ; il l'a gardé durant dix ans au fond de l'Afrique, parce que s'il l'avait laissé parmi nous, on n'eût pas compris qu'un habitué du boulevard ne se fût pas peu à peu imprégné de l'esprit parisien.

Alceste est Alceste, parce que la nature l'a fait ainsi : c'est une âme noble et fière, que le siècle n'a point envahi ; il a tout autant d'esprit, plus même que ceux qui le raillent. Raymond de Nanjac a en lui moins de résistance ; ce qui fait de lui un Alceste, c'est moins l'énergie de son caractère primordial que son éloignement du monde. Aussi peut-on dire qu'il est un niais. Rompre avec toutes les traditions de la société où l'on vit, c'est d'un grand cœur ou d'un niais. Alceste se sauve de la niaiserie par la supériorité de l'âme. Raymond de Nanjac a beau être un parfait honnête homme, sa logique et sa passion ne le défendent pas d'être un niais, et d'être traité comme tel.

> Par la sambleu ! messieurs, je ne croyais pas être
> Si plaisant que je suis,

s'écrie Alceste aux courtisans qui se moquent de ses fautes de savoir-vivre ; et le public lui donne raison, tout en riant avec les railleurs. Il sent qu'il a affaire à un grand et noble esprit ; et il comprend ses boutades et les excuse, contre les Philinte et les Acaste.

Cette hauteur de caractère n'est pas le fait de Raymond. C'est un honnête homme, qui ne voit jamais qu'une idée à la fois, qui la suit passionnément, sans regarder ni à droite ni à gauche, comme un poisson court après l'appât qu'il gobe ; aussi ne saurait-il manquer de paraître un peu niais au Parisien affiné et subtil, qui se joue autour de lui, et le regarde en souriant s'élancer les yeux fermés en ligne droite.

Rien de plus caractéristique que la première scène où Raymond de Nanjac se trouve aux prises avec Ollivier de Jallin. Raymond vient, en qualité de témoin, s'entretenir d'un duel avec Ollivier. Le hasard fait qu'au moment où il entre dans le cabinet de son homme, il rencontre une femme dont il a fait la connaissance à Bade; et qu'il aime déjà avec toute l'impétuosité de son caractère. Le voilà inquiet, jaloux, et qui n'en témoigne rien. Avec son habitude de logique droite et poussée à l'extrême, il s'est fait aussitôt ce petit raisonnement :

— Suzanne est chez ce monsieur, qui est garçon ; donc elle est sa maîtresse, donc elle me trompait sur son compte ; donc j'ai un rival.

Et le voilà qui roide, cassant, et d'autant plus furieux qu'il est obligé de se contenir, le voilà qui se met à traiter l'affaire de ce duel, où Ollivier et lui ne sont que témoins, comme si elle lui était personnelle.

Ai-je besoin de dire à l'acteur qui nous a représenté Raymond de Nanjac qu'il ne se doute pas de cette scène : il la dit en homme du monde, un peu pincé. Mais point. Raymond de Nanjac est un caractère passionné. Il ne cherche qu'une occasion de jeter son gant à la figure de cet Ollivier qu'il ne connaît pas. Quand Ollivier, l'interrompant, lui demande :

— M. de Latour est de vos amis?

Avec quelle envie d'exciter une querelle il répond du ton le plus désagréable, le plus irritant qu'il puisse trouver :

— Je connais M. de Latour, je lui serre la main et le considère comme mon ami. Ne mérite-t-il pas ce titre? Est-ce là ce que vous voulez dire?

Cet « *Est-ce là ce que vous voulez dire ?* » ressemble furieusement à une provocation. Si Ollivier n'était pas un Parisien pur sang, un Philinte de sang-froid et plein de dextérité, il répondrait aussitôt : « Prenez-le comme vous voudrez ! » Et ces deux hommes iraient se couper la gorge.

Mais non, cet habitué du boulevard Montmartre a vu d'un coup d'œil à quelle sorte de bête farouche il a affaire. Il le laisse aller, et puis, par des détours d'une délicatesse infinie, il en arrive à lui demander (ce qu'il sait fort bien, l'ayant deviné tout de suite) si par hasard ils sont deux adversaires ayant besoin de témoins, et non deux témoins chargés de concilier deux adversaires.

A ce mot, Raymond rentre en lui-même. C'est qu'il est une nature droite. La logique, qui est la souveraine maîtresse de sa conduite, l'avertit qu'en effet il a mal agi ; et par une volte-face subite, qui est tout à fait dans son caractère, et qu'à sa place Alceste aurait faite comme lui :

— Excusez-moi, monsieur, dit-il. Nous sommes d'honnêtes gens tous les deux, nous sommes du même âge, nous sommes du même monde, et certainement, si je ne vivais pas depuis six ans, comme un ours (*comme un ours, vous voyez, le mot y est*), au fond de l'Afrique, il y a longtemps que nous nous serions rencontrés et que nous serions liés...

Et aussitôt il pose la question brûlante :

— Quelles relations, — répondez-moi, monsieur, comme sur l'honneur je vous répondrais si vous me faisiez cette question, quelles relations existent entre cette dame et vous ?

Comme si c'était une question à faire, comme si jamais un homme du monde y répondait sincèrement, comme si les conventions n'autorisaient pas, ne commandaient pas le mensonge en semblable circonstance.

Ollivier donne naturellement la parole qu'on lui demande, et voilà Raymond de Nanjac rassuré. Il prend cette parole pour argent comptant. Elle lui suffit. Il agit en vertu de ce raisonnement, dont la logique est irréfutable :

— Ollivier est un homme d'honneur; et un homme d'honneur ne ment jamais; or il m'a assuré que Suzanne n'était pas sa maîtresse; donc...

Aussi logique qu'Alceste, plus niais que lui. Car c'est le propre d'Alceste, quand il est attrapé, de s'en apercevoir, et de se le reprocher : voyez la scène où Célimène lui soutient que c'est une femme qui a écrit le fameux billet, et que, pour elle, elle l'aime toujours :

> Vous me trompez sans doute avec des mots si doux!

s'écrie douloureusement Alceste, et il se donne à lui-même toutes les raisons qui lui prouvent la réalité de son malheur; il se démontre qu'il est pris pour dupe, et il éprouve un cruel plaisir à l'être. Avec sa logique et sa passion, c'est encore un homme d'esprit. Raymond de Nanjac est ce que le peuple en sa langue énergique appelle un *serin*.

Ollivier ne l'a pas plus tôt satisfait sur son inquiétude, qu'il se déclare enchanté. Il ne veut pas être en reste de franchise avec lui; il va tout lui dire; il lui conte sa vie passée, ses projets d'avenir; il lui demande son amitié; il lui serre la main avant de prendre congé, et ne comprendrait rien sans doute à l'exclamation qui échappe à Ollivier après son départ :

— Pauvre garçon !

Pauvre garçon, en effet ! car avec ses qualités généreuses et son ignorance du monde, il est né pour être dupe. Il le serait d'une intrigante vulgaire, et il est tombé sur une courtisane éminemment adroite et spirituelle. Il s'est laissé conduire, les yeux bandés, sur les confins du mariage, et il y entrerait en plein, si le Parisien Ollivier n'était pas là pour lui crier : « Casse-cou ! »

La scène est bien curieusement caractéristique.

Raymond, qui s'est lié d'une amitié tendre avec Ollivier, lui confie ce projet de mariage, sur lequel pourtant Suzanne d'Ange lui avait demandé le secret. Ollivier est légèrement étonné de cette confidence, et il veut avertir Raymond de sa sottise; il le fait en homme du monde, en usant de ces réticences et de ces demi-mots, qui signifient, pour un homme rompu aux finesses de ce langage, tout ce qu'ils ne disent pas expressément.

Un autre comprendrait aisément ces façons de parler; ou il se rendrait aux avis mystérieux qui y sont enfermés, ou il battrait en retraite, s'esquivant par la porte de derrière des phrases évasives. Mais Raymond n'est pas l'homme de ces tergiversations, et à un mot équivoque, il répond en face :

— En vous disant que j'aime Mme d'Ange, mon cher Ollivier, j'ai probablement oublié de vous dire que je l'estime.

— Soit ! mon cher, n'en parlons plus ; au revoir !

Et Ollivier veut partir. Mais Raymond l'arrête, le retient, le presse :

— Dame ! mon cher, reprend Ollivier, il n'y a pas moyen de causer avec vous; vous tournez en mal le bien qu'on vous veut. Au moindre mot, vous prenez feu comme un canon; vous avez des raisonnements de boulet de 48 qui vous cassent bras et jambes; c'est décourageant.

Je vous donne un conseil d'ami, que je crois de mon devoir de vous donner ; vous m'arrêtez net avec une de ces réponses en marbre, comme vous seul, je crois, savez les faire. Nous ne sommes pas familiarisés avec ces caractères tout d'une pièce, nous autres Parisiens habitués à nous comprendre à demi-mot. Vous me faites peur.

Vous me faites peur ! C'est un peu du sentiment que doit éprouver Philinte vis-à-vis d'Alceste. Lui non plus, il n'est pas familiarisé avec ces caractères tout d'une pièce, qui disent à une dame qu'à son âge il sied mal de faire la jolie, qui rabattent la vanité d'Oronte en lui prouvant que son sonnet est bon à mettre au cabinet, et qui déclarent que, leur en coûtât-il tout leur bien, ils voudraient,

> Pour la beauté du fait avoir perdu leur cause.

Ollivier finit par tout dire à Raymond, tout ce qui peut s'avouer du moins. Mais ce n'est pas encore suffisant pour un Alceste, qui veut toujours pousser jusqu'au bout de la démonstration. En vain Ollivier s'arrête, Raymond le presse à chaque fois plus vivement :

— Oui, mon cher Ollivier, quand on a commencé une confidence du genre de celle que vous avez commencée, il faut aller jusqu'au bout.

Et c'est ainsi qu'il arrache les lettres, et qu'il se convaincrait de son erreur, s'il n'avait pas affaire à la plus adroite et la plus impudente coquine qui soit au monde. Arrive un moment où elle va être prise dans ses filets ; un papier, qui révèle tout son secret, est sur le point de tomber aux mains de son prétendu ; elle le dérobe, et le serre dans sa main fermée.

Mais c'est là que vous retrouvez toute l'impétuosité de ce caractère à la fois logique et passionné. Il a soif de la vérité ; il veut la connaître à tout prix. Rien ne lui coûtera pour la conquérir, pas même la plus odieuse violence. Il court sur la baronne, et de vive force, lui étreignant le bras, il lui arrache la lettre. D'un Ollivier de Jalin, le manque de convenance serait incompréhensible. Il est tout naturel chez cet ours déchaîné.

Cette vérité, il la tient, et le voilà tout aussi abattu qu'Alceste quand il tire de sa poche la preuve écrite de l'infidélité de Célimène.

— Vous avez fait, dit-il à Suzanne, pleurer un homme qui n'avait pas pleuré depuis la mort de sa mère.

C'est un des traits caractéristiques de Raymond : comme il est un peu niais, il se sert volontiers de ces phrases qui ont cours et ne signifient rien. Il parle de sa mère, à propos de rien.

— Je suis bien vieille pour vous, lui dit quelque part Suzanne en minaudant. Et lui, au lieu de répondre par un de ces compliments ordinaires à la conversation du monde sur la jeunesse du visage et celle du cœur :

— Et moi, répond-il, j'ai perdu ma mère, et le jour où l'on perd sa mère, ma chère Suzanne, vieillit un homme de dix années.

A ce moment de la pièce, Raymond se trouve juste dans la situation d'Alceste, après que Célimène a dédaigné de répondre au reproche de la lettre surprise, par une négation formelle.

Et tous deux s'en tirent de même. Alceste se résigne à fermer les yeux sur une trahison, dont il ne saurait douter. Raymond consent à pardonner à cette femme tout ce qu'elle lui a avoué de son passé, à condition qu'elle jure qu'il n'y a rien autre.

— Vous me le jurez? dit-il avec angoisse.

— Je vous le jure.

— Et vous m'aimez?

— Vous aurais-je tout avoué, si je ne vous aimais point?

— Ah! Suzanne! je ne savais pas moi-même que je vous aimais tant.

C'est bien cela. Il est, comme Alceste, étonné, fâché, humilié, de la profondeur de cet amour, et des sottises que cette passion lui conseille. Il les sent, et il ne saurait s'empêcher de s'écrier avec le Misanthrope :

> Vous voyez ce que peut une indigne tendresse,
> Et je vous fais ici témoin de ma faiblesse.
> Mais à vous dire vrai, ce n'est pas encore tout,
> Et vous allez me voir la pousser jusqu'au bout.

Et de fait, il provoque Ollivier, et se bat avec un homme, de l'honneur duquel il ne doute pas, pour soutenir l'honneur d'une femme dont il doute. Ce sont ses propres expressions.

M. Pujol peut voir, par cette analyse, comme il s'est tenu loin du personnage. Il en fait un homme comme il faut, grave, concentré et froid. C'est au contraire un Alceste plus cassant, plus désagréable, plus violent et moins spirituel que l'autre.

Tout son rôle se résume en trois mots : logique, passionné et niais.

Un de ces jours, nous passerons à Philinte.

20 septembre 1870.

III

Nous avons, la dernière fois, étudié ensemble les Alceste de l'ancien répertoire et du nouveau ; il nous reste à parler des Philinte. Celui du *Demi-Monde* s'appelle Ollivier de Jalin.

Les Philinte sont curieux à observer, parce que l'auteur y résume toutes les qualités, qui, de son temps, constituent l'*honnête homme*. L'honnête homme, cela s'entend, c'est celui que le monde appelle de ce nom ; qui remplit les conditions particulières qu'exige la société où il vit, pour mériter ce beau titre.

J'ignore s'il y a une morale éternelle, et n'ai pas besoin de le savoir pour traiter la question qui nous occupe. Ce qu'il y a de certain, ce qui n'est pas contestable, c'est que chaque siècle se fait une morale, à son usage, à l'étiage de laquelle il mesure les mérites de chacun. Telle action qui ne blessait point les habitudes, les convenances de la morale mondaine, il y a deux cents ans, en est venue, par un changement insensible de l'opinion publique, à les choquer gravement, et disqualifie celui qui se la permet.

Les exemples se présentent en foule à l'esprit. Je n'en veux prendre qu'un ou deux, très gros et qui tirent l'œil. Il est certain que, vers le commencement du dix-septième siècle, tricher au jeu n'était regardé que comme une gentillesse, et ne portait qu'une atteinte fort médiocre à la réputation d'un gentilhomme. Quelques-uns même s'en vantaient, comme on peut le voir dans les *Mémoires du duc de Grammont*. Qui ne sait qu'aujourd'hui le même acte ferait chasser son homme d'un cercle, outre qu'il le mènerait en police correctionnelle.

Prendre la femme du voisin n'a été, durant bien des années, dans un certain monde, qu'une peccadille dont les gens comme il faut se faisaient honneur. Nous assistons sur ce point de morale courante à un lent revirement des esprits, et il n'est pas douteux que, dans un petit nombre d'années, l'opinion ne se soit là-dessus mise d'accord avec la loi, pour flétrir ce qu'elle condamne.

Il y a donc une morale du siècle, ou plutôt un ensemble de convenances mondaines, qu'il faut connaître et respecter si l'on veut passer pour honnête homme. Ces convenances s'éloignent souvent des prescriptions de la grande morale, et quelquefois même la contrarient ; il n'importe, et, comme dit la chanson :

C'est un vice ou deux qui font l'honnête homme.

La première loi de l'honnête homme, ainsi entendue, c'est

d'être comme tout le monde ; — il faut bien faire comme tout le monde, c'est sa devise. Cela se fait, cela ne se fait pas, tout son code se résume en ces deux phrases. Il tient pour assuré que ce qui se fait doit se faire, et, par contre, qu'on ne doit jamais faire ce qui ne se fait pas.

D'avis à lui, il n'en a pas ; tous les préjugés qui gouvernent la société de son temps, il les accepte comme vérités éternelles. A quoi lui servirait de les discuter ? N'y faudra-t-il pas bien conformer sa conduite, absolument comme s'il y croyait, et, j'en reviens toujours là, faire comme tout le monde ?

Le caractère particulier d'Alceste, c'est qu'il se forme, sur certains points, une opinion à lui, et que, l'ayant, il la pousse logiquement jusqu'au bout ; il la traduit en actes. Alceste, en un autre temps que celui où Molière l'a placé, serait un révolutionnaire.

Cette remarque est de Stendhal, dans son spirituel pamphlet sur Racine et Shakespeare. Alceste ne serait donc plus, — ce qu'il est, dans une société où l'on se moque des esprits indépendants, où l'on demande à un homme des bonnes manières plutôt que des idées justes, — il ne serait plus ridicule. Il pourrait devenir terrible. Ce serait une autre pièce ; le personnage n'aurait pas changé en son fond.

Pour Philinte, il ne sera jamais rien que Philinte sous tous les gouvernements et dans tous les ordres d'idées ; en religion, il se ploiera, sans croire, aux convenances extérieures du culte imposé ; en art, il admirera ou feindra d'admirer ce qui est à la mode dans le monde où il vit, et ne s'élèvera jamais au-dessus de l'idéal de son temps ; en philosophie comme en morale, il s'accommodera à toutes les opinions reçues, et les défendra, sans conviction bien profonde, mais pour être du bel air ; en politique, il tiendra toujours pour les gouvernements établis, pourvu qu'ils donnent l'ordre et assurent les loisirs de l'esprit.

C'est un honnête homme et l'honnête homme ne s'insurge jamais contre les habitudes de son époque, contre les mœurs régnantes, contre les préjugés officiels, en un mot, contre rien de ce qui existe. Cela existe, donc cela est bon, donc cela est indiscutable. Rien de plus ridicule que d'aller là contre.

L'Ollivier du *Demi-Monde* est un Philinte. Honnête homme, il l'est, et la chose n'est point douteuse ; car tous les personnages qui s'agitent autour de lui ne cessent de lui jeter ce nom à la tête, et lui-même se le décerne modestement. — Ah ! c'est beau, un honnête homme ! s'écrie Suzanne, — Mademoiselle, vous épousez le plus honnête homme que je connaisse, dit à son tour Raymond à Mlle de Saucenaux, qui va se marier avec Ollivier. — Entre honnêtes gens, dit Ollivier, parlant de lui-même. Ce nom d'honnête homme revient sans cesse dans la comédie. C'est qu'en effet, Ollivier réunit en lui toutes les qualités qui ont fait l'honnête homme, à ce moment de notre siècle, où l'a peint Dumas fils.

Prenez-le, cet honnête homme, et vous verrez aisément où en sont nos mœurs. A l'heure où s'ouvre la pièce, il a, de compte fait, trois maîtresses à la fois, ou, pour parler plus exactement, trois intrigues. Il aime en secret, et sans trop s'en rendre compte, Mlle de Saucenaux ; il est l'amant déclaré de Suzanne, et il a noué des relations avec une dame de Lornan, femme mariée, à qui il fait la cour. Écoutez avec quelle désinvolture il parle de cette dernière affaire ! comme l'adultère lui paraît chose de peu d'importance ! Les passages sont trop étendus pour être cités ; mais ils sont bien caractéristiques, et j'y renvoie le lecteur.

De sentiment vrai, profond, passionné, vous n'en trouverez pas ombre à travers ces intrigues. Les Philinte s'amusent, ils n'aiment pas. Ils finissent par faire d'assez bons maris; car ayant pour principe de suivre le train ordinaire des habitudes du monde, ils offrent à une famille ce qu'on appelle des garanties, et les jeunes filles les prennent aisément pour faire une fin. Le trait a été merveilleusement observé et rendu par Molière.

Tandis que la grande âme d'Alceste est comme agitée d'un perpétuel orage, Philinte, qui a su apprécier tous les mérites d'Éliante, trouve qu'elle ferait une excellente ménagère, une compagne agréable, dont il se pourrait faire honneur dans le monde. Éliante, de son côté, se sent bien un petit faible pour Alceste, ce cœur impétueux! mais c'est une fille raisonnable; elle se fait à elle-même les raisonnements que lui tiendrait une mère sage : elle se dit que Philinte lui fera faire, sur une route unie, par le grand chemin, dans une voiture bien suspendue, sans cahots, ni secousses, le voyage de la vie, et que c'est là, après tout, le bonheur. Et tous deux, du ton le plus poli, mais le plus détaché, se font, en convenant de se marier ensemble, une déclaration d'indifférence réciproque.

— Je ne vous aime pas beaucoup, dit Éliante à Philinte; mais si Alceste épouse Célimène, je me résoudrai sans trop de regrets à accepter votre main.

— Et moi, de même, répond Philinte, je ne mourrai pas de chagrin si vous vous mariez avec Alceste; mais je serais vraiment fort aise de vous avoir pour femme.

Cette absence de passions profondes, qui est le propre des Philinte, se marque chez Ollivier par l'indécision des sentiments qui, d'un bout à l'autre de l'action, flottent à l'aventure, sans pouvoir se fixer nulle part.

Quand la pièce commence, il n'est qu'à moitié épris de Suzanne : c'est pour lui une liaison aimable. « Elle est libre, dit-il, elle se prétend veuve, elle n'a plus vingt ans, elle se met à merveille, elle a de l'esprit, elle sait conserver les apparences ; pas de danger dans le présent ; pas de chagrins dans l'avenir ; car elle est de celles qui prévoient toutes les éventualités d'une liaison, et qui mènent en souriant, avec des phrases toutes faites, leur amour de convention jusqu'au relais, où il changera de chevaux. J'ai pris cette liaison-là, comme un voyageur qui n'est pas pressé prend la poste, au lieu de prendre le chemin de fer ; c'est plus gai, et l'on s'arrête quand on veut. »

Vous voyez qu'il n'y a pas là une grande exaltation de tendresse ! c'est de moins bon goût, c'est moins correct que le mariage de Philinte et d'Éliante ; c'est la même indifférence spirituelle. Suzanne arrive, et d'un air dégagé annonce à Ollivier qu'elle le quitte, et Ollivier se reprend d'un certain intérêt curieux pour elle.

C'est le dépit qui est en jeu, et non l'amour. Un homme n'est jamais bien aise quand il s'est arrangé une bonne petite liaison, avec qui il compte faire un joli bout de chemin, qu'on vienne, comme cela, lui dire : Bien le bonsoir ! j'en aime un autre.

Ollivier est piqué dans son amour-propre, gêné dans les aises de sa vie ; et le voilà qui se remet à tourner autour de Suzanne : Est-ce passion ? il le dit ; mais pas le moins du monde : c'est chagrin de se voir supplanté ; c'est ce sentiment obscur qu'il peut bien, lui, le grand moqueur, prêter à la raillerie des autres ; qu'il est, lui, le maître distributeur des ridicules, exposé à ce qu'il y a de plus cruel pour les Philinte, le ridicule de la déception.

Il hésite sans cesse entre le regain de cette passion, avivée par le dépit, et le goût qu'il a pour Mme de Lornan, et cette inquiétude d'un sentiment nouveau, qui le pousse davantage chez Mlle de Saucenaux, à mesure qu'il la connaît mieux. La volonté forte manque aux Philinte; il ne sait donc pas ce qu'il aime, ni ce qu'il doit chercher de préférence; il erre à tâtons dans le dédale de ses contradictions; et, pour me servir du joli mot de Marivaux, il ne voit pas clair dans son cœur.

Il ne voit pas plus clair dans son devoir. L'incertitude est le lot naturel de ces âmes faibles, irrésolues, qui n'ont pas, dans la vue nette du devoir, une boussole exacte de conduite. Elles ne suivent d'autre guide que le préjugé du monde, mais il est bien des cas où cette lumière tremblante et confuse n'éclaire qu'à demi une conscience peu sûre de son chemin.

Molière n'a point mis Philinte à cette épreuve. C'est que Molière, ainsi que je l'ai remarqué dans mon dernier feuilleton, a donné la première place au rôle d'Alceste, rejetant l'autre au second plan. M. Dumas, fils, au contraire, a voulu mettre et a mis en pleine lumière Ollivier de Jalin. Il l'a donc étudié de plus près, et sous un plus grand nombre d'aspects caractéristiques.

Voyez Ollivier dans la grande scène où il rapporte à Suzanne les lettres compromettantes qu'elle lui a redemandées. Il trouve à sa place Raymond, et à la suite d'un entretien, où il avoue qu'il a, en effet, ces lettres dans la poche, Raymond les lui demande. Ollivier les refuse d'abord. C'est là le devoir strict, certain, indiscutable. Un esprit droit, une conscience nette, un Alceste ne verrait pas plus loin.

La logique, une fois cette prémisse posée, que des lettres appartiennent uniquement à la personne qui les a écrites, ne lui permettrait pas de les remettre entre d'autres mains, sous quelque prétexte que ce fût. Mais lui, qui est flexible et inconsistant, qui regarde les choses humaines par tous les côtés, et trouve à tout des excuses; lui qui, ne consultant que le préjugé, trouve, selon le point de vue où il se place, plusieurs voies à suivre, et prête l'oreille à des conseils très différents et parfois contradictoires, sans savoir auquel s'arrêter, observez par quelle escobarderie il se tire, — l'honnête homme qu'il est ! — de la situation délicate où il s'est mis volontairement.

« Écoutez, Raymond, vous ne me pardonnerez jamais d'avoir dit la vérité. Moi, je ne puis m'en repentir; car j'ai agi comme j'ai cru de mon devoir d'agir. Je suis venu pour remettre à M⁽ᵐᵉ⁾ d'Ange, ou pour lui laisser, si je ne la trouvais pas chez elle, des papiers qui lui appartiennent, depuis l'instant où elle me les a redemandés. Les voici sous enveloppe et cachetés. M⁽ᵐᵉ⁾ d'Ange est sortie ; je dépose ces papiers sur sa table pour qu'elle les trouve en rentrant. Je viendrai dans une demi-heure savoir si elle les a trouvés. Maintenant, mon cher Raymond, faites de la situation ce que bon vous semblera. »

Et quand Suzanne lui adresse des reproches, de très justes reproches, sur la façon dont il l'a traitée, il n'a pas grand'chose à lui répondre :

« Vous avez raison, lui dit-il. J'ai peut-être cédé à un mauvais sentiment, à la jalousie, en croyant céder à la voix de l'honneur. A cause de Raymond, j'ai eu raison de parler ; à cause de vous, j'aurais dû me taire, le proverbe a raison : *La parole est d'argent et le silence est d'or.* Cependant, à ma place, il n'est pas un honnête homme qui n'eût agi comme moi ! »

Il le dit, et il a raison, s'il prend l'honnête homme au sens où l'était Philinte. Mais le vrai honnête homme, celui qui connaît et pratique la grande honnêteté, outre qu'il ne se fût pas mis probablement dans la position où se trouve Ollivier, aurait assurément trouvé un autre moyen d'en sortir.

Il n'eût pas accusé une femme, il n'eût pas laissé aux mains de son fiancé des lettres qui pouvaient détruire son bonheur; ou, s'il eût jugé à propos d'éclairer Raymond, il eût proclamé haut et franchement les aveux qu'il eût cru de son devoir de faire; il en eût assumé à visage découvert toute la responsabilité; il ne se fût pas dérobé derrière ce moyen terme, où s'arrête Ollivier, l'honnête homme.

Ame irrésolue, cœur flottant, conscience indécise, tels sont les traits caractéristiques auxquels on reconnaît les Philinte, qui ne suivent d'autre loi morale que le préjugé du monde, où le hasard de la vie les a jetés.

Il en est deux autres, tout à leur avantage, qui les distinguent. Le premier, c'est l'esprit. Ils ont beaucoup d'esprit. Il est à remarquer que les sceptiques, tels que sont les Philinte, sont, en effet, très spirituels. Comme ils ne s'entêtent point d'une idée, et qu'ils ne se laissent point emporter par la passion, ils ont le loisir de considérer les choses humaines par tous leurs côtés, et d'en tirer des rapprochements inattendus, qui étonnent et qui assurent.

Le mérite extrême, le mérite prodigieux de Molière, c'est d'avoir su donner de l'esprit même à Alceste, dont les boutades sont étincelantes de verve, et je dirais d'*humour*, si le mot se trouvait être du temps. Dumas, lui, n'a su faire qu'un niais de Raymond de Nanjac. En revanche, il a donné tout l'esprit dont lui-même est doué à Ollivier de Jalin.

Philinte n'en manque pas; prenez-y garde! ce n'est pas un raisonneur ordinaire. Il ne ressemble en rien au Cléante du *Tartufe*, qui a le goût et l'allure d'un prêcheur. Non, il plaisante agréablement; il manie l'ironie avec grâce; telle que peut être celle d'un homme de cœur vis-à-vis d'un ami qu'il estime. Aussi n'aimai-je point à voir ce personnage sous les traits un peu trop marqués pour lui de Maubant, qui le joue d'ordinaire.

Maubant lui prête son débit ferme, sa voix âpre et son geste commandant, qui ne sont point de mise ici. C'est Bressant que je voudrais voir dans ce rôle, avec son visage souriant, sa voix ronde et molle, son bien-dire onctueux, toute la bonne grâce et la bonne humeur de sa personne. Ce serait le vrai Philinte, et il donnerait leur vrai sens à ces jolis vers :

> Je ne vois pas pour moi que le cas soit pendable ;
> Et je vous supplierai d'avoir pour agréable
> Que je me fasse un peu grâce sur cet arrêt,
> Et ne me pende pas pour cela, s'il vous plaît !

Bien d'autres passages sont dans ce goût, qu'il faudrait dire d'un ton léger, avec une désinvolture spirituelle, en homme du monde, en homme aimable, en Philinte.

Mais Molière n'a fait qu'indiquer ce trait, dans un personnage qui est de second plan. Dumas y a au contraire insisté, avec beaucoup de force. Son Ollivier a ce coup d'œil vif, rapide et net du Parisien, qui lui fait découvrir à la fois tous les angles par où l'on observe un objet ; et des comparaisons qui lui sautent ainsi aux yeux, jaillit une source de mots, les uns profonds, les autres vifs, et de simple amusement, tous spirituels.

Aussi ne suis-je point du tout de l'avis de ceux qui condamnent chez Ollivier ces longues tirades où il se complaît, décrivant tous les mondes parisiens, et surtout celui dont il s'est plus spécialement occupé : le demi-monde. Elles sont tout à fait dans le caractère du personnage.

Par cela même qu'il ne prend parti sur rien, il observe tout avec la sagacité d'un philosophe indifférent, qui a le regard aiguisé du Parisien, et il aime à verser dans une oreille amie le résultat de ses observations, ne fût-ce que pour se donner à lui-même le plaisir d'une conversation, où abondent les réflexions piquantes, les remarques railleuses. Quoi de plus joli en ce genre que l'apologue du panier de pêche à quinze sous, qui est dans toutes les mémoires!

Comparez ce passage et tout ce qui le suit avec la fameuse tirade du *Misanthrope* de Molière :

> Mon Dieu! des mœurs du temps mettons-nous moins en peine,
> Et faisons un peu grâce à la nature humaine.

Vous verrez qu'à travers l'énorme différence des idées, du langage, du style, c'est le même fond d'esprit; que Philinte et Ollivier, à deux siècles de distance, et sous cette diversité de costumes qui les rendent méconnaissables l'un à l'autre, sont le même philosophe pratique et le même homme d'esprit.

A cet esprit, qui est leur qualité dominante, il faut joindre le courage. Molière ne l'a point marqué dans Philinte, mais il ne l'a pas oublié dans Acaste, qui est à Philinte ce que serait un *petit crevé* d'aujourd'hui à Ollivier de Jalin :

> « Et l'on m'a vu pousser dans le monde une affaire
> D'une assez vigoureuse et gaillarde manière. »

De même, Ollivier est brave. Ce n'est pas qu'en soi la lâcheté soit une chose laide et honteuse; c'est qu'elle disqualifie un homme, et l'empêche d'être bien vu dans la bonne compagnie. C'est qu'il est bien porté d'accepter un duel, les causes même en fussent-elles assez peu raisonnables, et qu'encore un coup, il faut faire comme tout le monde.

Le duel où Ollivier risque sa vie ne termine rien; il le sait bien lui-même :

« Depuis huit jours, dit-il à Raymond qui le provoque,

vous n'attendiez que l'occasion de me chercher une querelle, et je ne suis venu ici, moi, que pour vous fournir cette occasion. Vous croyez qu'un coup d'épée tranchera le nœud dans lequel vous êtes pris, va pour le coup d'épée. Je suis à vos ordres. »

Il est impossible de faire entendre plus clairement : « Ce duel est, en saine raison, inutile et absurde. Mais c'est l'usage qui le veut : allons nous battre ! »

> Car lorsqu'on est du monde, il faut bien que l'on rende
> Quelques dehors civils que l'usage demande.

En voilà assez. Il me semble que, dans cette série de feuilletons, j'ai rendu sensible, pour tout lecteur attentif, cette parenté, cette filiation mystérieuse du *Misanthrope* au *Demi-Monde*.

Dumas n'a point copié Molière ; il ne l'a pas même imité. Mais comme les types persistent toujours les mêmes, et toujours divers à toutes les époques, l'auteur du *Demi-Monde* a, par un effort d'observation personnelle, étudié sur le vif Célimène, Alceste, Philinte, et, comme l'influence des siècles n'avait modifié que leur extérieur, nous retrouvons dans les deux œuvres les traits principaux, qui n'ont pas varié.

19 septembre 1870.

LE FILS NATUREL

Dumas a encore sur le cœur l'accueil relativement froid que le gros du public a fait à l'une de ses meilleures comédies, *le Fils naturel;* au Gymnase d'abord, lors de la création, puis plus tard, quand elle fut reprise à la Comédie-Française. Il l'attribue à la hardiesse qu'il a eue de montrer un fils né d'amours illégitimes qui, retrouvant à l'âge de vingt-cinq ans, lorsqu'il s'est déjà fait un nom lui-même, le père qui n'a pas voulu jadis lui donner le sien, ne témoigne pour ce père, inopinément rencontré, ni tendresse ni respect, et froisse ainsi les préjugés de la foule, habituée aux expansions que provoquent les noms sacrés de père et de fils.

Et Dumas, avec cet art qu'il possède à un suprême degré, de ramasser toutes ses idées sous une forme dramatique, imagine un dialogue entre l'excellent directeur du Gymnase M. Montigny et lui, aux dernières répétitions du *Fils naturel*.

— Et alors, après tout cela, disait Montigny, le père et le fils ne vont pas se jeter dans les bras l'un de l'autre?

— Non, répondait Dumas.

— Le spectateur serait si heureux de ce mouvement.

— Toute la donnée de ma pièce mène et doit mener à la

solution contraire. Je ne l'ai faite que pour cette solution nouvelle.

— C'est bien dur.

— Ça doit être ainsi.

— Vous perdez vingt à vingt-cinq représentations avec votre dénouement.

— Je les retrouverai peut-être plus tard.

Dumas n'en arrive à cette conclusion dernière qu'après une longue dissertation sur ce qu'il appelle le théâtre utile, et où il fait intervenir tous les noms de l'antiquité, Corneille, Shakespeare, Molière; Molière surtout : il se plaît à montrer que les fils de Molière sont encore moins respectueux pour leurs pères que son fils naturel ; qu'on leur passe cependant leurs insolences, et pourquoi ? C'est que Molière a fait du théâtre utile, c'est qu'il a voulu montrer que, lorsqu'un père s'abandonnait à une passion vilaine ou criminelle, son fils ne pouvait plus pour lui concevoir que du mépris, et c'était cette vérité morale que Molière avait exprimée sur la scène à sa façon d'auteur dramatique.

Il y a dans toute cette préface, comme dans toutes celles qu'écrit Dumas, beaucoup de mouvement ; mais elle n'est pas bien claire, et il est assez difficile d'en suivre les développements. C'est que Dumas ne définit pas les mots dont il se sert : théâtre moral, théâtre utile ; il s'attache, chemin faisant, à un détail qu'il présente avec une netteté et une puissance extraordinaires, et il y oublie son thème; on l'y oublie avec lui. Il est moins philosophe qu'auteur dramatique.

Débrouillons tout cela.

Voici la Seine qui vient de déborder, les eaux inondent la plaine. Il y a plusieurs façons d'envisager cet accident : l'ingénieur cherchera les causes du fléau ; il calculera ce qu'il est tombé de pluie ou fondu de neige dans telle contrée, ce qu'en a pu absorber la terre, ce que le lit ordinaire du fleuve en peut contenir, et, sur ces données, il annonce les progrès de la crue ; il fait son œuvre de savant.

L'artiste, lui, ou l'amateur, ou l'homme du monde, s'en va sur un pont ou monte sur quelque point élevé, et il admire la sublime horreur du spectacle. Il peut même chercher à la rendre, s'il est peintre.

Quant à la foule, elle est surtout sensible au désastre. L'inondation fait d'énormes ravages : les maisons croulent, des familles entières qui n'ont pas eu le temps de s'échapper, crient vainement au secours et périssent ou écrasées ou noyées... Si, au lieu de parler de ces malheurs en général, on en prend un, bien touchant, et si on le met sous les yeux des lecteurs, on est sûr de tirer des larmes de tous les yeux.

Et en même temps on excite contre cette aveugle et stupide inondation une sourde colère. Il s'élève dans l'âme humaine comme un ressentiment mystérieux contre l'absurde cruauté des choses. Ces pauvres gens ! qu'avaient-ils fait pour mourir ainsi ? Ils étaient bons, laborieux ; ils venaient de se marier ; un enfant venait de leur naître, et il faut qu'une nuit le fleuve débordé enfonce les murs de leur maison, crève leurs planchers et les emporte comme de simples épaves, et cela sans raison, contre toute équité. C'est un malheur qui crie vengeance au ciel. Et, de fait, l'homme atterré de la catastrophe s'en prend à Dieu ; il le blasphème ou l'invoque, le suppliant de remettre un peu d'ordre dans la nature, de la forcer à se ranger aux lois de l'éternelle justice.

Toutes les fois qu'une force naturelle se révèle à nos yeux par une manifestation éclatante, il y a des gens — ce sont les philosophes — qui en calculent l'intensité et les effets ; il y en a d'autres qui en suivent avec curiosité ou admiration le développement, ce sont les artistes, et enfin la foule est infiniment plus frappée des désordres et des calamités qu'elle soulève, et elle conçoit un étonnement mêlé de dépit et de chagrin contre ces brutalités qui offensent l'idée qu'elle se fait de la justice.

Il va sans dire, n'est-ce pas, qu'un philosophe peut être artiste, et un artiste philosophe, et que tous deux peuvent sentir comme la foule, quand ils sont foule eux-mêmes. Ce sont des catégories commodes pour la distribution des idées.

Dans le monde moral comme dans le monde physique, il y a des forces qui ne sont autres que les passions. Ces forces ne provoquent guère l'attention quand elles coulent paisiblement dans le lit que leur a creusé l'état social. Mais, aussitôt qu'elles s'enflent et débordent, elles deviennent, elles aussi, un sujet d'examen.

Et il se trouve aussi pour les étudier des moralistes qui calculent et l'énergie qu'elles déploient et les résistances qu'elles rencontrent; des auteurs dramatiques ou romanciers qui, jugeant que toute manifestation d'une force est un beau spectacle, la peignent ou plutôt la montrent vivante et agissante, indifférents ou à peu près au mal qu'elle cause, heureux de la voir s'ébattre comme un cheval sauvage en toute liberté.

Et puis, il y a le public, qui, lui, est infiniment plus sensible aux malheurs que toute passion violente, et par cela même devenue égoïste et féroce, ne manque jamais de semer sur son chemin. Le sentiment qu'il a de la justice s'éveille à ces ruines; il souhaite passionnément ou que les misérables qu'elle a injustement dépouillés de leur bonheur soient relevés par une main plus puissante et remis, au dernier moment, en possession de leurs biens, ou du moins que celui qui les a fait souffrir soit puni et souffre à son tour. Il veut que l'on fouette de verges l'inondation.

Dumas prend ses exemples dans Shakespeare et Molière ; il me permettra bien de les prendre chez lui. Ouvrez le *Demi-Monde*.

Quel est le sujet du drame ? L'amour d'un naïf pour une courtisane, c'est-à-dire l'amour le plus bête et le plus enragé qu'il y ait au monde. Dumas a calculé en moraliste la puissance d'aveuglement que cette passion met au cœur de l'imbécile qui s'y est laissé prendre, et, comme il est artiste en même temps, il nous a montré l'homme qui en est possédé allant toujours de l'avant, tête baissée, malgré les spirituels avertissements d'Ollivier de Jalin, malgré les remontrances de M. de Thonnereins, malgré les indices de vérité que le hasard des événements lui fait tomber aux mains ; c'est une force lancée, et Dumas, qui en suit le mouvement et nous le rend sensible aux yeux, fait son œuvre de moraliste et de poëte dramatique.

Si cette force va jusqu'au bout de son action, si ce déchaîné de Raymond de Nanjac épouse la fausse baronne Suzanne d'Ange, le public, qui a regardé d'abord avec une curiosité vive monter le fleuve, se sentira froissé par ce malheur irréparable dans l'intérêt qu'il porte et au pauvre héros et à la justice. Car sa conscience se révolte à l'idée qu'un si honnête garçon confie son honneur et son nom à une si méchante drôlesse.

Savez-vous bien que, dans la vie réelle, l'inondation ne s'arrêterait pas, et Raymond de Nanjac épouserait la belle ? C'est lui qui tuerait Ollivier de Jalin d'un coup d'épée, qui se marierait, de rage, avec Suzanne. Et qu'arriverait-il ? Qu'il apprendrait un jour la vérité, ou que sa femme le tromperait, qu'il se ferait sauter la cervelle après l'avoir poignardée, que l'enfant né de leur mariage traînerait, pauvre orphelin, comme un boulet, le souvenir déshonorant de sa mère, etc., etc.

Mais Dumas a eu compassion de son public et il a préféré composer avec lui. Ollivier de Jalin ne reçoit qu'un coup d'épée insignifiant, arrache des yeux de son ami les coquilles dont ils étaient couverts, rompt enfin le mariage proposé et dit à la baronne :

— Ce n'est pas moi qui empêche votre mariage, c'est la raison, c'est la justice, c'est la loi sociale qui veut qu'un honnête homme n'épouse qu'une honnête femme.

Il aurait pu ajouter : C'est le public qui le veut aussi.

La passion ne s'embarrasse ni de raison, ni de justice, ni de loi sociale. C'est une force qui, une fois débridée, pousse jusqu'aux extrêmes conséquences où son aveugle instinct l'emporte, faisant litière de tous les obstacles; et cela est si vrai, que chez les maîtres de la scène ou du roman, chez les peintres impassibles de la vie humaine, les Shakespeare et les Balzac, elle aboutit le plus souvent à la mort ou à la folie.

Mais les écrivains dramatiques, le plus souvent, tiennent compte de la façon dont le public a coutume d'envisager les choses. Ils consentent à satisfaire ce besoin de vengeance dont il est animé contre les excès de la passion, à donner un contentement à cet esprit de justice qui le porte à s'intéresser aux malheureuses victimes de cette passion, et, comme ils sont après tout les maîtres des événements, puisqu'ils peuvent, sur le théâtre ou dans le roman, les tourner à leur fantaisie, ils les accommodent au goût de la foule.

Il ne font, en agissant ainsi, ni du théâtre moral, ni du théâtre utile.

Ils observent la passion et en notent les progrès : c'est leur métier de moralistes ; ils la peignent vivante, la montrent en action : c'est leur métier d'auteurs dramatiques; ils songent ensuite à leur public : tantôt ils croient mieux de faire des concessions à ses préjugés, et ce n'est pas moi qui leur en voudrai jamais pour cela, tantôt ils espèrent en avoir raison et passent outre, à leurs risques et périls, et comme dit Dumas lui-même dans sa préface :

— Je retrouverai peut-être plus tard les vingt-cinq représentations que je consens à perdre aujourd'hui.

Le mot est très juste et très profond. Voulez-vous que nous nous en rendions compte ensemble? Le public, disais-je tout à l'heure, ne peut voir les choses avec le transcendantalisme philosophique de l'ingénieur et du peintre, je veux dire du moraliste et de l'écrivain dramatique ou du romancier. Il les regarde à un point de vue particulier ; il aime celles qui lui paraissent conformes à la moralité et à la justice ; il hait les autres, et il n'en admet pas plus la nécessité que l'enfant ne pardonne à la porte qui l'empêche de sortir ; il pleure de la voir fermée et la frappe, pour la punir, de coups de poing inutiles.

On pourrait établir des règles fixes et invariables sur les sentiments du public, si la moralité était elle-même une chose invariable et fixe.

Mais les idées et les principes dont se compose la moralité sont, au contraire, comme disent les philosophes, dans un perpétuel devenir, et la moralité d'un temps n'a bien souvent rien à démêler avec la moralité d'un autre.

La moralité n'est en effet qu'un ensemble de conventions sur lesquelles repose la société humaine, telle qu'elle est constituée en un certain temps, dans un certain pays.

Ces conventions changent de siècle en siècle.

Nous n'avons ni sur le mariage, ni sur l'adultère, ni sur la propriété, ni sur la religion, ni sur le jeu des passions, ni sur quoi que ce soit les mêmes idées que les gens du dix-septième siècle, et à plus forte raison que ceux du seizième ou ceux de l'antiquité.

En voulez-vous des exemples ?

Les reproches qu'adresse la princesse Georges, dans la

pièce de ce nom, à son mari et auxquels nous nous associons aujourd'hui, auraient paru du dernier ridicule à nos arrière-grands-pères, qui tenaient à honneur de ne point aimer leur femme, qui vivaient ostensiblement avec des maîtresses, et eussent trouvé d'une souveraine inconvenance que celle qui portait leur nom se tourmentât et les tourmentât pour ces bagatelles.

Cet Alphonse que Dumas (je choisis à dessein tous mes exemples chez lui), cet Alphonse que Dumas a montré si répugnant et qui nous a tous soulevé le cœur, fait grande et charmante figure dans l'ancien répertoire ; vous le verrez sans cesse tenir le haut du pavé dans les pièces de Lesage, de Regnard, de Dancourt ; et même chez Molière, dans le *Bourgeois gentilhomme*, ce Dorante, qui est l'honnête homme de la pièce, qu'est-ce autre chose qu'un Alphonse avec de grandes manières ?

Le baron de Latour du *Demi-Monde* est conspué par tout le monde comme un escroc, parce qu'il triche au jeu ; c'était jadis peccadille, que dis-je là ? cela était bien porté, et je vous renvoie, dans le *Joueur* de Regnard, à la fameuse scène de M. Toutabas, professeur de trictrac, qui savait corriger l'injustice des dés, scène que l'on supprime aujourd'hui, parce qu'elle nous semait choquante ; on en riait jadis..

La moralité a changé.

Ne me parlez pas, je vous supplie, de morale éternelle, immuable... Ce n'est pas la question. Qu'il y ait un idéal de moralité, vers lequel l'humanité tend sans cesse et à la lumière duquel les penseurs jugent les actions des hommes, je le veux croire. Mais il ne s'agit pas de cela pour le moment. Nous n'avons en vue ici que l'idée qu'un certain public se forme de la moralité, puisque c'est à ce public-là qu'au théâtre nous avons affaire.

Eh! bien, la moralité pour le public des théâtres, pour la

foule, c'est l'ensemble des idées, des préjugés, des sentiments qui forment pour ainsi dire la trame de la vie contemporaine. Il juge immoral et par conséquent injuste tout ce qui en sort ou bien y contredit.

Mais vous comprenez bien que, parmi ces idées, beaucoup sont fausses. Ainsi, pour s'en tenir aux exemples précités, il est certain que tricher au jeu est une action déshonnête, que se faire entretenir par une maîtresse est une action avilissante, que planter là une femme fidèle pour jeter sa fortune et son amour aux pieds d'une courtisane, est une mauvaise action.

On n'en sentait point l'infamie, il y a un siècle ou deux, parce qu'elles faisaient partie intégrante de la moralité de ce temps-là. On les hait et on les méprise aujourd'hui, parce qu'il y a eu sur ces divers points une révolution dans les mœurs.

Nous avons, nous aussi, parmi les préjugés dont se compose notre moralité, un certain nombre d'idées avec lesquelles nous vivons en bonne intelligence, et dont l'avenir se chargera de démontrer la fausseté.

N'en prenons qu'une :

Il est admis aujourd'hui (pas par les prédicateurs, cela va sans dire; mais, je le répète, il n'est ici question que du public de théâtre; je ne parle donc que des opinions mondaines); il est donc admis qu'un jeune homme de famille bourgeoise peut faire la cour à une jeune fille pauvre, cueillir la fleur de sa virginité, et, ce qui est pis encore, l'abandonner enfin quand elle va devenir mère.

A supposer que ce dernier point semble douteux aux consciences timorées et délicates, il est certain que pour le moment (en 1883), il n'est pas déshonorant, il n'est pas contre la moralité courante de prendre, hors de son monde, une jeune fille sage et de se marier avec une autre quand on est en âge de faire une fin. Il y a plus : il paraîtrait presque monstrueux, à la société où l'on vit, d'épouser la petite ouvrière dont on a eu un enfant, et cette société ferait grise mine aux deux époux.

C'est la moralité d'aujourd'hui.

Sera-ce la vérité de demain ? A toutes sortes de symptômes très significatifs, dont le moindre n'est pas l'acquittement à jet continu des femmes qui tuent ou essaient de tuer des amants infidèles, je commence à croire qu'il s'opère à cet égard une lente évolution dans nos mœurs.

Quand sera-t-elle terminée ? Je l'ignore.

Mais, pour l'heure, le préjugé est encore dans toute sa force. Le public qui vient au théâtre y arrive donc imbu de ce préjugé ; et ce sentiment de justice qu'il porte en soi, et à l'aide duquel il juge les événements que lui présente le dramaturge, s'exercera dans le sens de ce préjugé.

Cela est évident.

Eh! bien, Dumas convoque la foule à son *Fils naturel*. Que lui montre-t-il ?

Un père qui fait précisément ce que la moralité lui conseillait de faire. Il avait rencontré dans la maison paternelle une petite couturière ; il lui avait conté fleurette ; elle avait cédé ; il était devenu père ; il avait donné une somme de... pour assurer l'avenir de la mère et de l'enfant, et il avait épousé une fille de sa condition.

Eh! bien, tout cela n'est-il pas parfaitement correct ? N'a-t-il pas agi là en galant homme et conformément à la moralité de 1860, qui est encore, dans une certaine mesure, celle de 1883 ?

Aussi, lorsque vingt-cinq ans après le fils retrouve son père et lui reproche son abandon, il n'y a pas moyen : tout le public est contre lui. Tout le monde se dit : A la place du père, j'en aurais fait autant. Que nous vient chanter ce jeune homme avec ses grands mots? Ça n'est pas juste.

Et il le dit d'autant mieux qu'il a reçu de son éducation première, qu'il a trouvé dans l'atmosphère des idées ambiantes, un préjugé qu'il a respiré dès son enfance et dont il est tout imprégné : c'est celui qui fait du père un être sacré; c'est celui qui veut qu'à ces doux noms de père et de fils, même alors qu'ils ne se sont jamais connus, un sentiment s'éveille de respect chez l'un, de tendresse chez l'autre, qui se traduise par une manifestation quelconque.

C'est un préjugé absurde, j'en conviens. Mais, au théâtre, il ne s'agit pas de savoir si l'idée ou le sentiment du public est absurde. Il a cette idée ou ce sentiment, et il ne laisse ni l'un ni l'autre au vestiaire en y déposant son paletot. Si bien que, lorsqu'il voit Jacques demander des comptes à son père ou le blaguer, il est doublement froissé, d'abord parce que le père s'est correctement conduit, et ensuite parce qu'il porte ce nom de père.

Dumas a beau se récrier et dire :

— Mais vous applaudissez à telle scène de l'*Avare* ou des *Fourberies de Scapin*, où les fils disent bien d'autres insolences à leurs pères, sans parler des tours pendables qu'ils leur jouent.

Ce n'est pas du tout la même chose.

Le public qui écoute une pièce de Molière est arrivé au théâtre avec un préjugé plus fort que tous les autres préjugés, et qui emportera toujours la balance; et ce préjugé, c'est que Molière est le maître des maîtres; c'est que ses pièces sont des chefs-d'œuvre consacrés par deux siècles d'admiration, et que s'il a montré un fils faisant donner des coups de bâton à son père, c'est qu'apparemment il fallait que les coups de bâton fussent reçus pour que la perfection du chef-d'œuvre fût accomplie.

Ce préjugé est très ridicule; mais encore une fois nous

sommes au théâtre, et forcés de compter avec les préjugés du public, quelque absurdes, quelque extravagants que soient ces préjugés.

Il s'y joint cette idée que ces choses-là se passaient, il y a deux siècles, que peut-être étaient-ce les mœurs de ce temps. En tout cas, on n'a pas besoin d'en faire la comparaison au nôtre, et aucun père de l'an 1880 ne se sent atteint des coups de bâton que Géronte reçoit de son fils par les mains de Scapin.

Il est vrai qu'on peut demander comment le public du dix-septième siècle a pu, lui, accueillir sans murmurer ces coups de bâton, qui infligeaient à l'autorité paternelle un si cruel outrage.

Eh! mon Dieu! c'est qu'en ce temps-là l'autorité paternelle n'était point menacée et qu'elle souffrait aisément qu'on la bafouât sur les planches. Les pouvoirs les moins discutés sont les plus tolérants. A l'époque où le catholicisme était tout-puissant, le clergé ne se fâchait point des plaisanteries salées qui couraient de toutes parts sur son compte. C'était le temps des contes grivois sur les curés et sur les moines. Tout cela ne tirait pas à conséquence.

Molière avait affaire ensuite à un public moins nombreux et plus lettré que n'est le nôtre. Les quatre ou cinq mille bourgeois qui formaient le public ordinaire du théâtre au dix-septième siècle étaient familiers avec les souvenirs de l'antiquité classique. Ils retrouvaient dans ces coups de bâton de Scapin un souvenir des mystifications dont les pères de Plaute et de Térence étaient victimes, sur le théâtre de cette Rome, où l'autorité paternelle était cependant établie sur des bases si fermes. Ils écoutaient donc ces scènes où les Gérontes sont tournés en ridicule avec le même esprit que nous apportons nous-mêmes aujourd'hui aux pièces de Molière.

Ajoutez encore que chez Molière ces situations inquiétantes sont traitées avec un feu de verve comique qui emporte tout. La scène est si plaisante, qu'on n'a pas le loisir de se demander si elle est indécente ; elle ne laisse pas le temps de la réflexion.

Molière enfin n'a jamais l'air de plaider une thèse. Voyez, par exemple, comme il arrive dans l'*Avare*, à cette fameuse scène où Harpagon est insulté et bafoué par son fils. Il regarde agir cette passion, cette force, qu'on appelle l'avarice, après l'avoir lâchée à travers la famille et la société.

— Voilà ce qui se passe, vous dit-il. L'avare n'est plus un père ; quand il lance sa malédiction à Cléante, son fils, le jeune homme se sauve en lui jetant au nez la phrase gouailleuse : Je n'ai que faire de vos dons !

Est-ce une leçon qu'il prétend donner ? Point du tout ? il suit le développement de la passion qu'il a entrepris d'étudier, il en note les progrès et il nous les fait toucher au doigt. Il ne plaide point, il ne philosophe point, il ne moralise point : il fait œuvre d'artiste simplement.

Dumas est moins désintéressé, à ce qu'il semble.

Il entreprend d'établir une vérité qui, pour le moment, est un paradoxe.

Le public se révolte et lui donne tort.

Maintenant, il y a cent à parier contre un que, l'évolution dont je parle ayant achevé de s'opérer dans les mœurs, le *Fils naturel*, s'il est repris plus tard, ne rencontrera plus les mêmes résistances, puisque le public n'arrivera plus au théâtre avec les mêmes préjugés. L'œuvre ne sera plus considérée que pour ses qualités littéraires : et qui sait? peut-être alors ne trouvera-t-on pas Jacques assez dur envers son méprisable père.

5 mars 1883.

LES IDÉES DE MADAME AUBRAY

I

Une impression qui doit être vraie, car elle est générale, et je l'ai trouvée chez tous ceux qui sortaient du Gymnase, c'est une impression d'étonnement et d'inquiétude :

— Eh! bien, après? disaient-ils.

Voilà un jeune homme de bonne famille, honnête et riche, qui épouse une fille du peuple, qui a failli. Après? Est-ce que l'auteur nous conseille de prendre pour épouses des filles-mères? Il parle beaucoup de la régénération de la femme : croit-il qu'après ce mariage, la question ait avancé d'un pas? Les conditions spéciales où il a mis ses personnages se représenteront-elles une seule fois dans la suite des siècles? Et ces conditions même étant données, Mme Aubray a-t-elle raison ou tort de donner le consentement qu'on lui demande?

— C'est raide! dit l'auteur lui-même.

Raide, soit; mais cela est-il à imiter? Cela résout-il en quelque façon le problème posé par la comédie? Une fille du peuple a été abandonnée de son séducteur, le jour même où elle est devenue mère : la loi ne peut rien pour elle, et c'est elle que la société flétrit. Dumas prend la question sous toutes ses faces, l'examine à loisir, et conclut à la faire épouser par un autre que par le père de l'enfant. Est-ce là une solution pratique?

Chez d'autres, le dénouement d'une pièce ne tire pas à conséquence. Il n'est qu'une façon plus ou moins heureuse de terminer une action dont on ne sait comment sortir. C'est le point final mis à une phrase qui n'est pas achevée. Retranchez ou changez tous les dénouements de Molière, la comédie reste debout.

La vie réelle n'a point de dénouements. Rien n'y finit, parce que rien n'y commence. Tout s'y continue. Tous les événements se tiennent; chacun d'eux plonge par un bout dans la série des faits qui le précèdent, et va par l'autre bout se perdre dans la série des faits qui le suivent. Les deux extrémités trempent dans l'ombre et nous échappent. Il faut bien au théâtre couper à quelque endroit ce fleuve ininterrompu de la vie, l'arrêter à quelque accident du rivage.

Chose difficile! aussi le public est-il d'assez bonne composition sur les dénouements. Il y en a de très beaux, et il les applaudit. Mais s'ils sont faux ou mal venus, peu lui importe, pourvu que la pièce lui ait fait plaisir.

M. de La Seiglière, au quatrième acte, dément tout à coup son caractère; il consent de la façon la plus brusque et la plus inattendue à un mariage dont il devrait avoir horreur. Que voulez-vous? il faut bien finir, et renvoyer le spectateur content. La jeune fille est mariée à celui qu'il aime; on n'en veut pas davantage. On sait bien qu'il faut être coulant sur les dénouements au théâtre. L'auteur les plaque tels quels à un drame, dont l'intérêt est dans la conduite de l'action ou le développement des caractères.

Mais il n'en va pas ainsi dans une pièce de Dumas fils. Il la construit tout entière en vue du dénouement. Tout l'effort de sa pensée se porte à le rendre vraisemblable et nécessaire. Ses comédies sont de vrais problèmes de géométrie; on y arrive par une invincible suite de raisonnements à la vérité qu'il fallait démontrer.

Étant donné une jeune fille qui a failli, et qui garde près d'elle un témoin de sa faute, comment la faire épouser par un jeune homme, qui n'est pas le père de l'enfant, avec l'agrément de sa mère, et l'approbation du public ?

Voilà le problème. Mais où était la nécessité de le poser et de le résoudre ? Quelle vérité en devait jaillir ? quel fruit en pouvait-on tirer pour la conduite de la vie ?

— Eh! bien, après ?

Et qu'on ne voie pas, dans cette critique où j'insiste si vivement, une simple chicane de mots. Si les *Idées de Madame Aubray* ont laissé dans l'esprit de tant de gens un peu d'incertitude et comme un secret malaise, c'est qu'instinctivement on cherchait à la pièce une conclusion économique, philosophique ou morale, et qu'on ne la trouvait pas. C'est qu'on ne pouvait croire que Dumas se fût proposé ce sujet comme une gageure contre l'impossible, comme une partie d'échecs où, pour un joueur habile, le mat est forcé en six coups; c'est qu'on regardait par delà et qu'on n'y apercevait que les deux mots d'Arnal :

— C'est raide !

Il ne faut donc prendre la comédie nouvelle que comme un tour de force, ou, si la comparaison vous semble désagréable, comme un de ces problèmes de géométrie aussi difficiles qu'inutiles à résoudre, et que les savants se proposent pour s'entretenir la main, pour se prouver à eux-mêmes leur supériorité. Une fantaisie d'artiste.

Cela posé, la chose est faite de main de maître. Le drame tout entier, caractères, événements et situations, pousse d'un élan irrésistible vers la solution où tend l'auteur, et vous y jette, bon gré mal gré, ahuri, convaincu. Prenez chaque scène l'une après l'autre, il n'y en a pas une qui ne soit une explication, une excuse, une préparation, et d'un seul mot un acheminement au dénouement final : c'est le triomphe de la logique, une logique serrée, ardente, implacable.

Trois personnages conduisent l'action : la jeune fille, la mère et son fils. Tous trois sont, par leur caractère, dirigés vers ce mariage impossible, qui doit être le couronnement de l'œuvre.

La jeune fille est une des plus heureuses trouvailles d'Alexandre Dumas fils. Elle a commis une faute, sans savoir même ce qu'elle faisait. On ne lui a donné aucune notion de morale ni de pudeur : elle a trouvé très naturel de se livrer à qui la soutenait, elle et sa mère; elle est inconsciente, car la conscience est, comme le reste, un fruit de l'éducation.

Elle obéit aux instincts de nature. Le jour où elle s'est sentie mère, elle a aimé le petit être qu'elle portait dans son sein, comme la chatte aime ses petits; elle s'est ensuite dévouée à lui, sans croire que ce fût là un sacrifice, ni qu'il y eût à tout cela la moindre honte.

Son séducteur l'a quittée, pour se marier à une autre. Rien ne lui semble plus naturel. Elle savait bien que les gens de sa condition n'épousent point une fille de son espèce. Il lui a, en partant, assuré une rente à elle et à son fils. Elle lui en sait gré; car il n'était obligé à rien, et il lui a fait la vie douce, exempte du travail qu'elle n'aime point : elle n'a pour lui que de la reconnaissance.

Et voyez comme cette conception est habile. Supposez que cette jeune fille eût senti pour son premier amant une passion vraie et forte, le dénouement devenait bien plus difficile à faire accepter. Telle qu'on nous la présente, elle est vierge, sinon de corps, d'âme tout au moins, et même de sens.

Le mari nouveau n'a point de souvenir importun à combattre. Elle a profondément oublié l'accident bizarre qui l'a rendue mère, sans qu'elle y fût pour rien. Cet enfant, il est vrai qu'elle l'a mis au monde; mais le hasard l'a conçu, en dehors d'elle, sans sa participation. Elle est devenue mère, et n'a jamais été maîtresse.

Ces distinctions peuvent sembler subtiles; elles sont prises dans la vérité. Rousseau et après lui les philosophes spiritualistes ont beau s'écrier, en belles phrases :

« Conscience ! conscience ! instinct divin, flamme immortelle, etc., etc. » La conscience s'apprend; elle ne se fait entendre que si on lui a enseigné à parler : elle est née de la civilisation, et se perfectionne avec elle.

Ces natures inconscientes, qui font le mal sans savoir ce qu'est le mal, ni même s'il y a un mal, ne sont point rares chez les gens qui n'ont reçu aucune éducation. Et si nous descendions au dedans de nous-mêmes, si nous remontions le cours de notre vie, nous serions très surpris d'y trouver des actions, que nous ne commettrions plus sans remords, et qui nous ont semblé, à l'heure où elles nous échappaient, les plus naturelles du monde.

C'est que notre conscience a suivi les progrès de notre âge et de notre esprit : elle est devenue plus sensible, plus délicate. L'instrument de précision s'est amélioré; il a été porté à un plus haut point de perfection.

Cette création fait donc le plus grand honneur à Dumas, et suffirait à tirer de pair le drame nouveau. Elle est neuve, et en même temps elle est vraie. Mais ce qui est encore plus remarquable, c'est qu'elle est dans la logique de l'action, c'est qu'elle est faite pour préparer et pour excuser le dénoûment.

Le personnage de Mme Aubray est bien moins aisé à comprendre et à définir. Je me trouvais hier à un dîner où chacun en donna son explication, et là-dessus s'engagèrent des discussions passionnées qui n'aboutirent point. Et pourtant ceux qui se prenaient ainsi aux cheveux n'étaient pas les premiers venus ; ils se connaissaient en lettres et en théâtre.

J'ai retrouvé dans le grand public la même incertitude ; la foule qui ne juge que par le gros bon sens n'a pas des idées plus nettes là-dessus que les délicats qui subtilisent et raffinent.

Et n'est-ce pas là un défaut ? Peut-on mettre à la scène des caractères si complexes qu'il soit impossible de démêler, au premier coup d'œil, les mobiles qui les font agir ? Les personnages très simples et tout d'une pièce ne sont-ils pas l'essence de la comédie ?

Je ne sais ; mais je n'ai à donner ici que mon impression particulière : je raffole de cette Mme Aubray. Cette complication même est peut-être ce qui me charme le plus en elle. J'y retrouve quelques femmes de ma connaissance, qui savent, comme elle, beaucoup de choses à la fois, et ne savent pas plus qu'elle ce qu'elles désirent au fond.

— C'est une bonne femme, disent les uns, un peu tracassière, un peu dominante, mais sensée et juste, et qui cédera quand elle verra la douleur de son fils et l'équité de sa cause.

— C'est une femme chrétienne, disent les autres, tout imbue de vraie religion, que la pente de ses principes et de ses sentiments mène à pardonner toute faute, à relever, fût-ce au prix de ses préjugés détruits, toute créature tombée.

— Eh ! non, s'écrie-t-on à côté : c'est une exaltée, une Krudner. Ne la voyez-vous pas, dès la première scène, qui appelle son mari mort depuis vingt ans : « Je le vois, dit-elle, il est là, il m'inspire, il me conseille. » Toutes les énergies de tempérament qu'elle n'a pas dépensées dans un autre amour se sont reportées et concentrées dans une seule idée, la régénération sociale de la femme, qui est devenue une idée fixe, je dirais presque une monomanie, si le mot n'emportait en soi une idée de défaveur qui est loin de la pensée de l'auteur.

Le *dada* à peine enfourché, la voilà qui prêche, qui moralise, ne tenant plus compte ni des nécessités de la vie, ni des conventions admises, ni de l'opinion du monde. Comme les mystiques, qui passent par-dessus la tête des prêtres pour s'élancer d'un bond jusqu'à Dieu, elle foule aux pieds les lois de la morale ordinaire, pour s'élancer d'un coup d'aile à la morale universelle, immuable, qu'elle embrasse d'un invincible amour.

De ces trois portraits, quel est le véritable? Tous trois ensemble, et c'est cela qui m'en plaît. Il y a un peu de tout dans cette femme singulière, que Dumas a sans doute copiée sur nature. Elle est vraie, elle sonne plein.

C'est une exception, disait-on autour de moi. Si l'on entend par là qu'il y a peu de femmes qui soient absolument taillées sur le patron de M*me* Aubray, on a raison sans doute. Mais que de femmes retrouveront dans les idées de M*me* Aubray quelques-unes de leurs aspirations secrètes. N'ont-elles pas toutes de ces engouements irréfléchis pour le bien? Ne sont-elles pas toutes poussées par cette manie convertissante et précheuse? Une fois en proie à l'idée fixe, ne s'y abandonnent-elles pas plus franchement, plus ardemment que l'homme, qui est tiraillé en tous sens par les devoirs plus nombreux de la vie et se tient, par cela même, plus en équilibre?

Et si la religion intervient dans leur façon de penser et de sentir, ne l'accommodent-elles pas toutes, comme fait M*me* Aubray, au tour de leur esprit particulier? Ne se croient-elles pas ingénument chrétiennes, en avançant des monstruosités qui les eussent fait, il y a deux siècles, brûler en place publique?

On peut dire qu'en général les femmes ont d'instinct compris et applaudi Mᵐᵉ Aubray. C'est qu'à sa place beaucoup eussent, sinon agi, au moins pensé comme elle; c'est qu'elles se sont reconnues là dans ce qu'elles peuvent avoir de meilleur; c'est qu'elles sont des créatures imaginatives, exaltées, amoureuses de morale et de vertu, et toujours capables d'un coup de tête, si les idées qu'elles aiment sont en jeu.

C'est un caractère bien curieusement fouillé que celui de Mᵐᵉ Aubray; plus on tourne autour, plus on y découvre de traits singuliers et profonds. Mais avant tout, et surtout, il est tracé de façon à rendre vraisemblable le dénoûment du drame. Aucune résolution n'étonnera d'une femme ainsi bâtie, et l'on sera conduit à trouver qu'en accordant son consentement au mariage de son fils, elle est conséquente à ses idées et à ses passions.

Toute l'action du drame est arrangée de telle sorte que les moindres événements pèsent sur Mᵐᵉ Aubray, et la poussent dans le sens de sa détermination future. Chaque acte l'achemine fatalement, et par l'irrésistible logique des faits, à ce dénoûment, où son caractère l'a déjà prédisposée.

Je ne puis ici reprendre la pièce scène à scène : et le pourrais-je, je ne le ferais pas. Le secret d'ennuyer est celui de tout dire. Mais c'est une étude amusante que vous pouvez tous essayer. Il n'y a pas un mot qui ne tende, qui ne précipite à ce mariage, si improbable.

Vous rappelez-vous cette scène qui nous a si fort effarouchés le premier soir, et qui étonne bien encore un peu aujourd'hui, quand Mᵐᵉ Aubray veut marier sa protégée à un jeune gandin qu'elle connaît à peine, sous prétexte qu'ayant mis lui-même des filles à mal, il doit réparation au sexe et à la morale en épousant une fille qui a failli.

La situation est, en effet, singulière. Elle peut s'expliquer pourtant, si l'on considère que Mme Aubray est emportée par une idée fixe, qu'elle a perdu la juste notion des choses; qu'elle s'est envolée, loin de la pratique ordinaire de la vie, dans les nuages de ses spéculations.

Mais ce qu'il faut surtout considérer, c'est que la scène est absolument nécessaire pour justifier le dénoûment. Toutes les raisons que Mme Aubray donne à cet étranger, qu'elle enveloppe, qu'elle presse de ses théories, vont à l'acte suivant se retourner contre elle. Son fils la battra en brèche avec ses propres arguments; elle sera prise aux filets qu'elle a tendus elle-même.

Et son caractère est tel qu'elle ne pourra échapper aux conséquences des principes qu'elle aura posés elle-même. Concevez-la aussi exaltée, mais moins foncièrement honnête et droite. Elle se sauvera, au moment décisif, par quelques-unes de ces portes de derrière que trouvent toujours les esprits de mauvaise foi.

Elle, non pas. Prenez-y garde : le dialogue est admirable.

— Voyons! ma mère, dit le fils à Mme Aubray; depuis cette première faute, Jeannine n'en a pas commis d'autre?

— Ah! elle me l'a dit du moins.

C'est le premier cri de la femme irritée : Elle me l'a dit! Cela signifie : Dois-je avoir foi à sa parole? J'en pense ce que je peux! Veut-on se fier à une fille de la sorte?

— Et toi, le crois-tu? ajoute le fils.

Ici, l'on s'adresse directement à sa loyauté : si elle dit oui, son consentement est au bout; mais elle est honnête; jamais le mensonge n'a souillé ses lèvres.

— Je le crois, dit-elle avec effort.

Je le crois! Le mot est bien simple; mais la situation le rend très beau et lui donne une force extrême. Oui, elle croit que cette fille, en dépit d'une faute, est une brave, sincère et pudique enfant. Elle le croit! son aveu même la condamne à céder.

Tout se réunit contre elle : ses idées qu'elle a exposées tout le long de la pièce, son mépris qu'elle a étalé des jugements du monde, la proposition qu'elle a faite à un autre d'épouser cette fille, la foi qu'elle a en sa vertu, et jusqu'à ce sentiment chrétien qui conseille le pardon, sentiment qu'elle porte au fond de son cœur : comment ne serait-elle pas vaincue?

Elle l'est :

— Épouse-la, s'écrie-t-elle.

Et tout le public se laisse entraîner avec elle à l'inéluctable nécessité de la situation. C'est raide! mais ce n'était pas possible autrement!

Dumas a donc gagné son procès; mais j'en reviens à mon point de départ :

Le procès valait-il la peine d'être engagé? On s'aperçoit, la comédie une fois terminée, qu'elle se tient en l'air, ou du moins qu'elle ne repose que sur une base de fantaisie.

Et maintenant, je n'ai pas dit un mot des questions sociales que l'auteur a soulevées de toutes parts, comme la poussière du chemin, en traversant l'action de sa pièce. C'est l'honneur de Dumas qu'on puisse se promener ainsi autour de ses œuvres, les examiner à divers points de vue, et trouver partout matière à discussion.

Au lieu que beaucoup de comédies modernes ne fournissent guère qu'à une rapide analyse, à une appréciation sommaire, celles de Dumas ont ce mérite extrême de provoquer la réflexion, d'être un sujet d'études toujours nouveau.

Vous pouvez les revoir plusieurs fois, et les scènes mêmes, qui ne vous plairont point en elles-mêmes, auront encore cet avantage d'exciter en vous la pensée ; elles vous donneront un plaisir sérieux et durable ; elles prêteront à de longues et intéressantes conversations. Ce sont, comme disait Rabelais, des os médullaires à ronger. Nous y reviendrons peut-être encore quelque jour, pour en extraire ce qui reste de moelle.

25 mars 1867.

II

Les *Idées de Madame Aubray* ont atteint, cette semaine, au Gymnase, leur centième représentation. C'est le moment de parler d'une sorte de manifeste qu'a publié Dumas fils sur son œuvre, et qui a fait quelque bruit.

Quelques feuilles religieuses ayant loué les tendances de la pièce nouvelle, Dumas fils crut devoir leur écrire, pour les remercier d'abord, et pour leur exposer ensuite quel avait été son but en composant les *Idées de Madame Aubray*. Je croyais tout bonnement, comme vous, comme tout le monde, que ce but avait été de faire une comédie qui lui rapporterait un peu de gloire, beaucoup d'argent, et ce qui vaut mieux qu'argent et gloire, l'intime satisfaction d'avoir produit une belle œuvre.

Non, Dumas était poussé d'une autre idée : c'est lui qui l'assure, du moins, et en style fort embrouillé, comme il arrive souvent aux artistes qui cherchent à expliquer leurs ouvrages, et quand ils ont sonné midi, veulent absolument marquer quatorze heures. C'est ainsi que des compositeurs ne se contentent pas d'écrire de la musique qui plaise; ils prétendent encore, à l'aide des sons, régénérer le monde; que des peintres trouvent un sens humanitaire et social à leurs tableaux, et se répandent, sur leurs propres œuvres, en commentaires où personne, sans en excepter eux-mêmes, ne voit goutte.

La lettre de Dumas, un esprit si clair pourtant, et si net! n'est pas beaucoup plus facile à comprendre que les abstractions métaphysiques de Wagner, et elle n'est guère mieux écrite. Chose étrange! cet homme qui, dans ses comédies, ou quand il conte et décrit, a le style si décisif, si tranchant, ne se retrouve plus, quand il s'agit d'exposer ses théories, de suivre un raisonnement. Sa phrase, pour me servir d'une comparaison familière aux typographes, sa phrase tombe en pâte. C'est un effroyable gâchis, où pendent de côté et d'autre des bouts d'idées interrompues.

La première de toutes, celle où insiste le plus Dumas, c'est que les *Idées de Madame Aubray* ont été faites pour réconcilier la religion catholique avec le théâtre. Vous en seriez-vous jamais douté? Et, maintenant que Dumas vous a dit son secret, croyez-vous la chose aussi avancée qu'il le suppose?

Diantre! réconcilier la religion avec le théâtre, ce ne sont pas des prunes que cela? Mais Dumas sait-il seulement sur quel principe est fondée la réprobation dont le catholicisme a toujours poursuivi les œuvres dramatiques? Il l'ignore à coup sûr; car il n'eût point ajouté, comme il le fait dans la suite de son raisonnement, que l'essence du théâtre était d'amuser.

Oui, cela est vrai, il faut, avant tout, qu'une pièce divertisse son public; mais c'est justement le plaisir qu'elle donne qui met la religion en défiance et qui arme ses foudres. Le catholicisme croit que cette terre est une vallée de larmes, où les hommes ne doivent avoir d'autre pensée que de faire leur salut. Toute distraction qui les détourne doit être proscrite, ou du moins suspectée. Il a bien été obligé, sur un grand nombre de points, de composer avec les habitudes du siècle, d'admettre des tempéraments, et de se relâcher de la rigueur du principe; mais là où il est secondé par les circonstances, il l'applique dans toute son inflexibilité.

Le théâtre avait contre lui la facilité des mœurs qu'il autorise, et que même, dans une certaine mesure, il commande; les souvenirs licencieux de l'art païen; le débraillé cynique des premières œuvres qu'il représenta à l'heure où il revint à la lumière, chez les nations chrétiennes; il affichait hautement, même dans ses œuvres les plus morales, la prétention d'amuser; il fut condamné sans rémission, et il ne pouvait point ne pas l'être.

Il faudrait que le catholicisme, pour changer d'avis sur la matière, se reconstituât tout entier sur de nouvelles bases. Si la société moderne a le théâtre en honneur, c'est qu'à son insu peut-être elle a donné à sa morale un autre fondement que la religion, c'est qu'elle suit d'autres maximes de vivre. Son catéchisme serait plutôt cet admirable quatrième livre de l'*Éthique* de Spinosa, où ce grand philosophe explique si bien pourquoi la joie est saine et nous rapproche de Dieu.

« Il n'y a, dit-il, qu'une farouche et triste superstition qui défend de se divertir. Car en quoi est-il plus convenable d'apaiser la faim et d'éteindre la soif que de chasser la mélancolie? Aucune divinité ne nous tient à vertu les larmes, les sanglots, la crainte et autres moyens de cette espèce, qui sont d'une âme impuissante. Mais user des choses et s'en délecter, autant qu'il peut se faire, non pas à la vérité jusqu'au dégoût, car ce n'est plus là se délecter, c'est le fait d'un homme sage. Oui, dis-je, il est d'un homme sage de se refaire par une nourriture et les boissons modérées et agréables, et de se récréer ; ainsi, par les parfums, par le charme des plantes verdoyantes, par la parure, par la musique, par les divertissements gymnastiques et l'équitation, *par les théâtres*, et les autres amusements dont chacun peut user, sans aucun dommage pour autrui. »

Spinosa prouve sa théorie avec cette rigueur de raisonnements mathématiques qu'il apporte à toutes ses démonstrations. Mais il n'est pas question pour le moment de savoir si elle est vraie ; ce qui est certain, c'est qu'elle est en contradiction manifeste avec les principes du catholicisme, et que les *Idées de Madame Aubray*, qui, de l'aveu même de leur auteur, ont pour but l'amusement, ne changeront rien à cette incompatibilité d'humeur.

Tout ce que nous demandons à un écrivain, c'est de nous faire une belle œuvre. Elle est morale, par cela seule qu'elle est belle ; car elle ouvre notre âme à la joie, qui est saine de sa nature, et, selon l'expression de Spinosa, nous rapproche de Dieu. Il m'est fort indifférent que les idées qu'exprime Mme Aubray soient justes ou fausses ; j'en saurai bien faire la différence moi-même ; mais ce que je veux, c'est que le personnage soit conséquent jusqu'au bout au caractère que l'auteur lui a donné, c'est qu'il ait une physionomie particulière, c'est qu'il vive : si la morale qu'elle prêche est mauvaise, c'est à moi de la rectifier. Il ne s'agit pas ici de morale, mais d'art.

Tenez, un exemple qui rendra bien sensible ce que j'entends.

Au second acte, Mme Aubray presse Barantin de reprendre sa femme, par qui il a été trompé, et qu'il a chassée de chez lui. Barantin fait des objections très sensées, parle des préjugés du monde, de la nécessité de s'y soumettre dans une certaine mesure, et poussant à sa vieille amie un de ces arguments que l'on appelle *ad hominem :*

« Que votre fils entende un jour tenir sur sa mère un propos qui l'outrage, il sautera au visage de celui qui l'aura tenu, et il fera bien. Où sera le chrétien, alors? Ce sera l'état social et le sentiment qui reprendront leurs droits ! »

Que répond Mme Aubray à ce coup droit :

« Aveugle que vous êtes! s'écrie-t-elle, vous ne voyez donc pas qu'elle ne suffit plus cette morale courante de la société? et qu'il va falloir en venir ouvertement à celle de la miséricorde et de la réconciliation? que jamais celle-ci n'a été plus nécessaire qu'à présent? que la conscience humaine traverse à cette heure une des plus grandes crises, et que tous ceux qui croient en Dieu, doivent ramener au bien par les grands moyens qu'il nous a donnés lui-même, tous les malheureux qui s'égarent? »

Voilà la réplique. Eh bien ! elle est excellente, si vous la considérez en artiste ; absurde au point de vue de la morale. Que demande l'art ? Qu'un personnage parle conformément au caractère qui lui est attribué... Mme Aubray est une illuminée, et nous savons tous combien cette espèce de femmes se paie aisément d'idées vagues et de grandes phrases ; comme elles sont promptes à l'exclamation, comme elles s'imaginent avoir détruit une raison de fait en la couvrant d'un nuage d'expressions abstraites. Je suis donc enchanté de la tirade de Mme Aubray. Elle me semble d'une observation très vraie, profonde et fine en même temps.

Mais voici que Dumas me crie : Je suis de l'avis de Mme Aubray, elle est mon porte-paroles et celui de la morale. Ah! diable ! c'est une autre affaire, alors ! Je demande aussitôt ce que c'est, à proprement parler, que la morale de la miséricorde et de la réconciliation. Ce sont là des mots que je n'entends pas bien, et j'ai besoin qu'on me les définisse en analysant les idées qu'ils renferment. Mme Aubray m'affirme que la conscience humaine traverse une grande crise : soit ! mais quelle est cette crise ? en quoi consiste-t-elle ? par où se distingue-t-elle des autres crises qu'a traversées la conscience humaine, car elle ne fait que cela de siècle en siècle traverser des crises, la conscience humaine ? Quels sont ces moyens que Dieu emploie lui-même pour ramener les malheureux qui s'égarent ? Sont-ils à notre portée ? Plus j'examine le discours de Mme Aubray, moins je le trouve précis et concluant. Ce ne sont qu'obscurité où je me perds.

Ces obscurités peuvent passer pour la marque d'un art savant, car il est naturel que des hallucinés n'aient pas l'expression plus nette que la pensée ; c'est ainsi qu'on admet qu'un scélérat étale des maximes odieuses, et un hypocrite de faux semblants de phrases dévotes. Mais du moment que Mme Aubray est un modèle à suivre, il faut qu'elle s'explique plus clairement. Dumas prétend qu'elle nous instruise : eh ! bien ! alors, qu'elle ait un corps de doctrine, qu'elle réfute les objections, qu'on sache ce qu'elle veut, et qu'elle prouve que ce qu'elle veut est bon.

Par bonheur pour lui, Dumas n'a songé à tout cela que la pièce faite. Ou s'il s'en est préoccupé en l'écrivant, c'est que, par une heureuse inconséquence, qui n'est pas rare chez les excellents artistes, il a peint un bon tableau, en essayant de régénérer la morale, et que le tableau, pour ne rien régénérer du tout, n'en est pas moins remarquable. Au contraire !

Dumas se fait illusion sur ce qu'il a entrepris ; il se trompe également sur le résultat qu'il a obtenu. Il s'imagine que les spectateurs sont entrés dans la pensée intime de son drame ; et des applaudissements donnés à sa pièce, il conclut à l'approbation qu'ils accordent à la thèse qui en forme le fond : « Le public de la première représentation, dit-il, en acclamant le dénoûment, a prouvé à l'auteur qu'il l'avait compris. »

Un auteur trouve toujours qu'il est compris quand sa comédie a du succès. Il croit au contraire ne l'avoir pas été, si son ouvrage n'est pas bien reçu. Et, à ce propos, un écrivain de petit journal, qui signe Philalèthe (amant de la vérité), et qui n'est pas indigne de ce beau nom, rappelle la préface que M. Émile Augier et Jules Sandeau mirent à leur *Pierre de touche*.

Ces messieurs reconnaissaient bien que la pièce était tombée, mais ils cherchaient la raison de cette chute autre part que dans le mérite de l'œuvre : « Les sifflets, disaient-ils, ne sont qu'une protestation contre l'idée mère de notre comédie... évidemment, il y a eu méprise. »

La méprise est chez ceux qui croient que le parterre et les loges s'occupent de leur thèse. Sans doute, il ne faudrait pas qu'un écrivain s'en allât, de gaieté de cœur, choquer les plus chers préjugés du public et révolter sa conscience du moment. Il se ferait siffler sans miséricorde. Mais, en dehors de ces cas, qui ne sont pas communs, le public, conduit en cela par son instinct de l'art, s'inquiète infiniment moins de la thèse soutenue par l'auteur que de la façon dont elle est présentée. S'il a applaudi le dénoûment de la pièce, ce n'est pas du tout, comme le prétend Dumas, que sa conscience fût exaltée à comprendre la nécessité du dénouement, ni qu'il passât aux théories de Mme Aubray, c'est qu'il a trouvé ce dénoûment logique, et conforme à ce qu'il attendait des caractères mis en jeu.

Et je dirai même à Dumas, qu'il se trompe absolument sur l'effet de la première représentation. Il ne voit qu'enthousiasme et larmes ; j'y étais, et sais fort bien que les choses ne sont point allées ainsi. Le dénoûment n'a point passé sans hésitation ; il y a eu, comme on dit vulgairement, du tirage ; et nous avons tous vu le moment où la pièce, côtoyant le précipice, allait y tomber.

Et savez-vous bien ce qui l'a sauvée de la chute ? Ce n'est pas Mme Aubray, qui nous faisait à tous l'effet de ce qu'elle est en réalité, une hallucinée, une folle, généreuse sans doute, mais parfois déplaisante. C'est Barantin, cet excellent Barantin, qui est chargé d'exprimer ces idées de morale courante, contre lesquelles Mme Aubray s'emporte si fort.

Il était là avec son bon sens, froid, aigu et tranchant ; et toutes les fois que le public allait se cabrer contre cette situation, que Dumas s'imagine avoir été acceptée d'emblée, acclamée même ; c'est lui, qui en traduisant, sous une forme ironique, l'étonnement de la salle, la ramenait, et lui servait en quelque sorte à décharger sa mauvaise humeur.

Et quand enfin le mariage fut conclu, c'est lui encore qui, prévoyant l'effet désastreux de ce dénoûment singulier, désarma tous les spectateurs, en disant tout haut ce qu'ils pensaient tout bas :

— C'est égal !... c'est raide !

Eh ! oui, c'était raide. Et Dumas, qui n'en convient plus aujourd'hui, le savait fort bien alors. Car c'est un malin que Dumas ! S'il a mis là le rôle de Barantin, c'est qu'il avait moins de confiance qu'il ne veut bien dire dans l'exaltation de notre conscience et dans notre enthousiasme de la vertu. Barantin représentait la raison et le bon sens. Il allait au-devant de nos objections, les prenant à son compte, et nous dépouillant, avec une bonhomie gaie, des armes dont nous allions nous servir contre le drame. C'est lui qui était chargé de gagner la bataille, et Dumas, qui lui doit tout, est bien injuste de sonner à présent, pour Mme Aubray, les fanfares de la victoire.

Mais il en sera presque toujours ainsi. Les artistes ont rarement l'esprit critique, et quand par hasard ils en sont doués, ils ne l'exercent jamais sur leurs propres œuvres. C'est à la lettre d'eux que l'on peut dire : qu'ils ne savent ce qu'ils font. Il faut leur pardonner, puisque l'Évangile nous l'ordonne, et que voilà l'Évangile réconcilié avec le théâtre.

8 juillet 1867.

LA FEMME DE CLAUDE

Je suis en ce moment avec curiosité les représentations que Mme Sarah Bernhardt donne de la *Femme de Claude* à la Renaissance. J'y tâte le goût du public. C'est lui qui, en fin de compte, reste le maître, puisque c'est lui qui fait vivre le théâtre et qu'il n'y aurait pas de théâtre sans lui. Dans tous les autres arts, il est permis de faire peu de compte du public et de railler sa sottise. Un peintre ou un sculpteur peut déclarer fièrement qu'il entend ne travailler que pour une douzaine de connaisseurs; un poëte peut, à la rigueur, composer ses vers pour un petit nombre de dilettantes. Mais un écrivain dramatique, par cela seul que son œuvre doit être, non pas lue au coin du feu, mais représentée dans une salle de théâtre devant un grand public, ne saurait faire abstraction de ce public. Qu'il se dise : je n'aurai que dix ou quinze salles et je m'en contenterai. Permis à lui, s'il trouve un directeur qui partage ses idées et risque le coup. Mais encore faut-il que les dix salles, il les ait pleines et que cette œuvre, quelle qu'elle soit, les émeuve ou les amuse. Si elle n'est faite que pour chatouiller quelques délicats, pris isolément, elle manque évidemment son but, qui est de porter, sinon sur la foule, au moins sur une foule.

Un orateur qui, parlant devant une grande assemblée, l'ennuie ou la choque, est mal venu à traiter ceux qui l'écoutent d'idiots et de crétins. C'est lui qui est un sot, parlant à des crétins, de ne pas trouver les paroles qui toucheraient ou séduiraient des crétins et des idiots. Le premier devoir d'un dramaturge, c'est d'empaumer son public. Il y a évidemment façon et façon de le faire. Toutes ne sont pas de même ordre; et il en est de basses et même de déshonorantes pour un écrivain. Mais je ne sais pas de belle œuvre de théâtre qui n'ait dès l'abord réussi devant le public. Ne me parlez pas de *Phèdre*, qui ne tomba que sous les efforts d'une cabale très puissante; ni du *Misanthrope*, qui fut très goûté en son temps, quoi qu'en ait dit la légende.

Ce qui est vrai, c'est que beaucoup de pièces qui n'ont que des qualités de surface obtiennent parfois des succès étourdissants où n'atteignent pas des ouvrages infiniment supérieurs; c'est que Thomas Corneille l'emporte sur Pierre par le nombre des représentations. Thomas s'entendait mieux que Pierre à flatter les goûts du moment, voilà tout; l'avenir remet les choses à leur place. Cet avenir vient vite. Il suffit de vingt ans, nous en sommes sans cesse témoins, pour flétrir les grâces d'une pièce qui avait pour premier mérite d'être à la mode du jour. Elle a tourné la tête au public de son temps; il en a poussé un nouveau qui a d'autres tours de penser, de sentir et de parler; il s'étonne du plaisir qu'a pu trouver à cette vieillerie le public d'autrefois.

Heureux qui peut écrire des œuvres dramatiques capables de plaire au public de tous les temps! Mais c'est déjà quelque chose de plaire au public du sien, et une pièce ne peut être tenue pour bonne que si elle plaît à un public. Il n'est donc pas indifférent (et c'est une étude très amusante) d'examiner les rapports que soutient une œuvre de théâtre un peu considérable avec les divers publics qui l'écoutent tour à tour, de chercher et de découvrir les raisons qui la leur rendent sympathique ou qui les refroidissent et les aliènent.

C'est une observation curieuse et dont vous pouvez vous donner le plaisir en allant un soir à la Renaissance revoir la *Femme de Claude*. Ce sont les spectateurs des petites places qui sont les plus nombreux, qui paraissent le plus attentifs, le plus intéressés... Ils prennent visiblement du plaisir à suivre les ténébreuses intrigues de ce Cantagnac, qui sait tout et voit tout, comme le solitaire de M. d'Arlincourt, qui est l'agent mystérieux d'une compagnie formée au capital de deux milliards, qui tient en sa main l'honneur des femmes et la vie des hommes. C'est un personnage de mélodrame, et voilà sans doute pourquoi il plaît à cette catégorie de spectateurs.

Vous vous rappelez l'*Étrangère* à la Comédie-Française. Le premier soir, les beaux esprits avaient fait grise mine à cette vierge du mal qui méditait sur l'humanité tout entière des vengeances si raffinées et qui remuait des millions sans avoir l'air d'y prendre garde. Elle leur parut échappée de quelque vieux mélodrame de d'Ennery, et si le rôle n'eût pas été joué, comme il le fut, merveilleusement par Mme Sarah Bernhardt, je ne sais s'il n'eût pas compromis le succès de la pièce. C'est lui qui, plus tard, le consolida. Il y a en France toute une partie du public qui adore les histoires de croquemitaine, qui aime frémir aux machinations ourdies par les traîtres de mélodrame, qui a déjà empli des centaines de fois la salle de l'Ambigu ou du Châtelet pour voir l'affreux Rodin étendre sournoisement sa griffe vers les deux victimes innocentes que protège le bon Dagobert.

Je regretterai toujours que Dumas n'ait pas eu la fantaisie de pousser plus avant dans le mélodrame. Il eût renouvelé le genre. C'est un genre dont le public français a le goût et dont il sent le besoin.

Oui, dans la *Femme de Claude,* ce qui semble plaire au public de maintenant, ce qu'il paraît suivre avec passion, c'est la partie mélodramatique, celle à laquelle Dumas tient sans doute le moins, celle qu'on a le moins louée dans son ouvrage : c'est Cantagnac soudoyant Césarine, c'est Césarine séduisant Antonin, après avoir échoué près de son mari. Quant au symbole et autres fariboles dont on a tant parlé, il n'a pas l'air d'y faire plus attention que si jamais Ibsen n'avait existé.

Le symbole... tenez ! j'ai reçu d'un de ces amis inconnus que se font les journalistes une lettre où se trouve ce qu'on peut dire (à mon avis) de plus simple et de plus sensé sur cette question :

Cher maître,

J'étais hier en matinée à la Renaissance, et en rentrant chez moi, j'ai lu votre chronique du *Temps.* Vous dites qu'on a beaucoup parlé de symbole, à propos de cette *Femme de Claude.* Eh ! bien, je trouve que s'il y a du symbole dans cette pièce, il y en a dans toutes les pièces de théâtre. Comment ! ceux qui ont découvert, je suppose, que Césarine, c'était le génie du mal, Claude, le génie du bien absolument impeccable, Antonin, l'humanité bonne au fond, mais faible et se laissant séduire par le mal, se sont écriés : C'est de l'Ibsen !

Mais à le prendre par là, tout est de l'Ibsen. Quand mes professeurs au lycée m'expliquaient que l'*Horace*, de Corneille, c'était la lutte entre l'amour et le patriotisme, ils auraient pu ajouter aussi : C'est de l'Ibsen. Le premier ibsénien, ce fut le premier qui s'avisa d'écrire un ouvrage dramatique; c'est quiconque crée un personnage, réalise une abstraction. Antigone est une abstraction; Œdipe, une entité. Et que sont donc Alceste, Tartufe ou Harpagon? des symboles.

Vous-même, combien de fois ne nous avez-vous pas dit dans vos conférences de l'Odéon que ces personnages étaient grands, parce qu'ils seraient éternellement vrais? Or, que faut-il pour qu'un personnage soit éternellement vrai, si ce n'est qu'il symbolise une vertu, un vice ou un ridicule, vrais dans tous les temps?

Mais l'art, n'est-ce pas? l'art dramatique, c'est de souffler la vie à cette abstraction, c'est de l'habiller, c'est de la faire presque complètement disparaître sous le costume, sous le masque, sous l'action du personnage, qu'il faut nous montrer aux prises avec les événements choisis exprès pour faire ressortir son caractère, si bien que les braves gens du parterre s'écrient : « Comme c'est ça ! » si bien qu'une femme, hier, derrière moi, disait :

— Hein! c' qu'une femme peut faire tout de même!

Voilà ce qu'Ibsen ne fera jamais dire! Mais prétendre qu'il a inventé le symbole au théâtre est aussi absurde que si l'on disait qu'il a inventé l'art dramatique lui-même. Non, Ibsen n'a rien inventé; il prend comme tous les autres une idée générale; mais il ne l'habille pas. Il ne lui donne ni vie, ni mouvement, ni couleur. C'est le symbole squelette!

Veuillez croire, cher maître, etc.

P. WEBER.

Voilà la question nettement posée. Ce que je reproche aux personnages de la *Femme de Claude,* ce n'est pas d'être symboliques, c'est de n'être pas vivants. Jamais, non jamais une abstraction ou, si vous aimez mieux, une entité (je ne tiens pas aux mots) ne m'intéressera au théâtre par cette seule raison que j'y viens voir non des entités qui symbolisent une idée, mais des êtres de chair et de sang, qui souffrent et qui pleurent comme moi, chez qui je retrouve l'écho de mes joies et de mes douleurs, des êtres qui vivent en un mot. Je saurai bien, après que j'aurai pleuré sur eux et avec eux, je saurai bien moi-même dégager de leur personnalité l'idée abstraite qu'elle représente; j'en ferai un symbole si bon me semble. Je ne veux pas d'un symbole squelette, pour me servir de l'expression même de mon correspondant. Au théâtre, je viens pour être ému d'abord, pour m'amuser. Je réfléchis ensuite si le cœur m'en dit. Voilà mon esthétique. Tous les raisonnements du monde ne feront pas que je m'amuse à la *Femme de Claude*; c'est donc une œuvre manquée ou du moins qui manque son but. Est-ce à dire que ce soit une œuvre indifférente? Est-ce que nous en parlerions tous avec cette vivacité, si l'on n'y sentait tout de même la griffe du maître? Le tour de main est prodigieux; deux ou trois scènes sont de premier ordre; le style est d'une qualité rare. Avec tout cela, je ne crois pas que jamais la *Femme de Claude* prenne rang parmi les meilleures œuvres de Dumas. La vie en est absente.

1er octobre 1894.

MONSIEUR ALPHONSE

Tout le monde était là pour la première scène de *Monsieur Alphonse*. Vous le dirai-je? je n'ai pas vu le rideau se lever sans un battement de cœur. J'avais conservé de cette merveilleuse soirée, où pour la première fois nous fut révélée l'œuvre de Dumas, un si éblouissant souvenir! J'aurais eu un chagrin mortel si cette reprise m'eût apporté une déception. Mon amour-propre même en eût souffert. J'avais écrit au lendemain un feuilleton si enthousiaste! Bien que je n'hésite jamais à revenir sur mes impressions premières, quand elles sont démenties par l'événement et que je me retrouve plus tard d'accord avec lui, ce m'est toujours un léger ennui de voir que je me suis trompé, que j'ai cédé à un engouement, que je n'ai pas su démêler, à travers les mérites qui ne sont que de circonstance, les défauts véritables qui doivent choquer un quart de siècle plus tard.

Je n'ai pas, quoi qu'on en ait pu dire, beaucoup de ces erreurs sur la conscience. Je puis relire, quand l'occasion s'en présente, quelques-uns de mes feuilletons qui datent de vingt-cinq ans, et je ne suis pas trop mécontent du diagnostic que je portais alors. J'ai presque toujours mis le doigt sur le point qui plus tard a été reconnu faible; j'ai été séduit par les qualités qui ont fait souvent le succès durable des diverses reprises.

Savez-vous bien que je n'aurais pas à retrancher un mot de l'article que j'ai lancé, il y a quatorze ans, au lendemain de la première représentation. Peut-être atténuerais-je l'éclat de quelques épithètes. Mais il faut bien admettre que sous le coup de la première émotion on force un peu la note.

Il n'y a qu'un point sur lequel je demanderais à revenir. Permettez-moi d'abréger les explications : je suppose que vous connaissez tous *Monsieur Alphonse*, et si vous ne l'avez jusqu'à ce jour ni vu jouer ni lu, je ne puis que vous donner le conseil de profiter de l'occasion.

Vous vous rappelez la scène de l'aveu, la scène qui était la scène à faire.

Mme de Montaiglin avait commis une faute avant son mariage, une faute qu'elle n'avait pas avouée à son mari. Elle avait eu d'un mauvais drôle, qui avait profité de son ignorance pour la séduire, une fille, qu'elle avait fait élever à la campagne, à l'insu de M. de Montaiglin. Par un concours de circonstances, dans le détail desquelles je n'entre pas, cette enfant vient de lui être confiée par son mari même, qui ne sait d'elle qu'une chose, c'est qu'elle est la fille du jeune Alphonse, le fils d'un des amis de son père... Elle est dans le ravissement : elle pourra donc, sous les yeux de son mari, élever cette petite fille, qui est la sienne, et s'en faire aimer.

Voilà que, par un revirement imprévu, Alphonse réclame sa fille. Il va se marier à une femme riche, et la femme qu'il épouse, mise au courant de la situation, lui a dit : « Tu as une fille ; je la prends, nous l'élèverons ; elle me sera chère, venant de toi. »

Rien de plus naturel. M. de Montaiglin, à qui Alphonse

parle de ce nouveau projet, le trouve fort sensé, fort juste, et il se charge d'en causer avec sa femme. Il ne voit pas, lui, ombre de difficulté à cela.

La proposition frappe au cœur la malheureuse mère. Ah! que la scène est admirablement faite, et poignante, et douloureuse! Mᵐᵉ de Montaiglin commence par donner les raisons que lui fournissent les circonstances : la petite fille sera mieux élevée par elle que par Mᵐᵉ Guichard, une femme de cœur bon, mais grossière et brutale; elle sera plus aimée, plus choyée; elle est si gentille qu'on s'y est attaché déjà...

Elle s'échauffe peu à peu et s'exalte; et son amour de mère l'emportant sans qu'elle y prenne garde, elle fait un tableau navrant du malheur de cette orpheline, livrée à un misérable sans cœur et à une femme sans éducation, qui n'aura jamais connu ni les joies du foyer, ni les baisers maternels; et tandis qu'elle parle avec l'accent de la colère et du désespoir, ne mesurant plus ses paroles, qui révèlent, à son insu, l'affreuse vérité, son mari, inquiet d'abord, puis stupéfait, puis épouvanté, la regarde d'un œil scrutateur, n'osant pas comprendre et sentant à chaque mot la vérité s'enfoncer dans son cœur comme une lame de poignard.

Il lui relève le front, la regarde droit dans les yeux; elle tressaille, elle voit qu'il a tout deviné, et, folle de terreur, elle tombe à genoux.

Oh! cette scène-là... il n'y a pas d'erreur, tout le monde pleurait il y a quinze ans; tout le monde a pleuré encore cette fois. Quand je dis tout le monde, il va sans dire que j'entends ceux qui s'abandonnent tout entiers aux émotions du théâtre. Mais c'est la suite qui jadis n'avait point passé sans exciter quelques scrupules et je ne puis mieux faire, pour montrer quelle était alors notre disposition d'esprit, que de reproduire ce que j'en disais dans mon feuilleton :

« Que va faire le mari, après cette confession ?

« Quel dommage que Dumas se soit chaussé la cervelle d'idées si étranges sur le rôle du mari dans le ménage! Ce mari... voyons! vous ou moi à sa place, nous aurions pleuré de douleur ou juré de colère ; nous aurions souffert ; une tempête de sentiments et de résolutions contraires aurait grondé dans notre cerveau ; et si nous nous étions résignés à oublier, à pardonner, ce n'eût été qu'après un long et profond ébranlement, car nous sommes des hommes, c'est-à-dire des créatures passionnées et faibles, et si l'on avait porté au théâtre nos hésitations et nos angoisses, on eût fait à coup sûr avec le talent de Dumas une scène pathétique, toute pleine d'attendrissements et de larmes.

« Le mari regarde la femme qui se traîne à ses genoux, attendant son arrêt, et d'un ton grave, pénétré, solennel :

« — Créature de Dieu, lui dit-il, toi qui as failli et te repens, relève-toi, je te pardonne.

« Voilà un pardon bien extraordinaire ! C'est que, pour Dumas, dans ses théories nouvelles sur le mariage et l'amour, le mari n'est plus simplement un homme qui aime sa femme. C'est le grand-prêtre, l'hiérophante de l'amour, qui en célèbre avec elle les saints mystères. Il plane au-dessus d'elle : il est son guide, sa lumière, son dieu. Or, un dieu n'a pas de faiblesse vulgaire : qu'il pardonne ou qu'il tue, ce n'est point par sentiment qu'il se détermine. Il juge, comme le Très-Haut, que cela est bon, et, comme lui, il est content de son œuvre.

« Ces idées singulières, d'un mysticisme bizarre, doivent avoir dans les études ou dans les observations de Dumas des racines que je ne connais point. Il faut bien les lui passer, puisque aussi bien nous ne gagnerons jamais rien sur lui à cet endroit. Son siège est fait. Mais enfin, nous, bonnes gens, nous n'en tiendrons pas moins que les maris de ce genre, qui officient pontificalement sur l'autel conjugal, les maris mystagogues dont l'âme est débarrassée de tous liens terrestres des passions, qui habitent les régions sidérales et laissent de là tomber sur leurs femmes un regard de protection compatissante... Allons ! allons !... ces maris-là sont fort rares dans le monde et c'est vraiment un bonheur pour notre pauvre terre. Car ces êtres supérieurs seraient prodigieusement ennuyeux et quelque peu ridicules. »

J'avais traduit là, il y a quatorze ans, le sentiment public. On avait eu quelque peine à admettre, malgré l'émotion de la scène, malgré les pleurs qu'on versait, cette magnanimité soudaine, imprévue, du mari trompé et pardonnant.

Je n'ai point retrouvé cette impression, ou je ne l'ai pas du moins retrouvée au même degré ni chez les autres, ni chez moi-même. Sont-ce les mœurs qui se sont modifiées, et comprenons-nous plus aisément la nécessité ou la possibilité de l'indulgence sereine en ces sortes d'affaires? Cela pourrait bien être. Avons-nous pris d'avance, aujourd'hui que nous connaissons la pièce, notre parti de ce pardon, et ne nous choque-t-il plus parce qu'il est attendu et accepté? La chose est probable.

Il y a cependant une autre raison qui est purement d'ordre dramatique et qui vaut la peine d'être mise en son jour, car elle confirme certaines de mes théories.

Il faut dire d'abord que cet étonnement, que nous avions tous éprouvé à la première et dont je m'étais fait l'interprète, était allé s'affaiblissant, si même il avait été senti, aux représentations qui avaient suivi la nôtre. Ces publics se composent de gens moins disposés à chicaner l'auteur et à chercher la petite bête, qui se laissent plus aisément prendre par les entrailles.

Dumas, qui est un maître ouvrier et sait son théâtre comme personne, Dumas avait eu l'art de préparer le revirement qui nous avait semblé si imprévu.

Préparer, au théâtre, ce n'est pas seulement expliquer les causes et montrer par avance aux spectateurs l'invincible nécessité d'un événement, se produisant à leur suite. Non, c'est cela, et c'est quelque chose de bien plus subtil et de bien plus délicat.

Préparer un coup de théâtre (quel qu'il soit, revirement de passion ou brusque instrusion d'un fait), c'est mettre les spectateurs dans une disposition d'esprit telle qu'ils l'attendent, qu'ils le désirent, et soient tout prêts, par conséquent, à le tenir pour vrai.

Je ne cesserai de le répéter : tout est illusion au théâtre. Une chose vraie au théâtre est une chose que le public croit vraie et l'art dramatique consiste non à lui rendre la chose vraisemblable, ce qui serait impossible la plupart du temps, mais à s'emparer de son esprit et à le tourner de façon qu'il veuille que la chose soit vraie et qu'il la tienne pour vraie, sans révolte ni chicane. En théâtre, si vous voulez que le spectateur voie un objet jaune, ce n'est pas l'objet qu'il faut teindre de cette couleur ; ce serait presque toujours prendre une peine inutile. C'est la jaunisse qu'il faut donner au spectateur lui-même ; il faut lui mettre le jaune dans les yeux.

Et voyez-vous, ça, c'est autrement difficile, car il n'y a pour y arriver ni règle ni raisonnement qui serve. C'est un instinct, un pur instinct... Vous pouvez entasser le long d'un événement toutes sortes d'explications préliminaires ; plus vous le justifierez, plus le public, averti par vos explications même de son invraisemblance, se rejetera en en arrière et refusera d'y croire. Un auteur dramatique n'en prendra quelquefois nul souci ; il se contente d'inspirer au public, par des moyens mystérieux à son usage, le désir que le fait soit vrai, et un public croit toujours ce qu'il désire.

Il va sans dire qu'il y a des publics plus ou moins aisés à mettre dedans : celui des premières représentations est particulièrement réfractaire ; c'est un oiseau qui dérobe la queue où l'auteur se flatte de mettre le fameux grain de sel traditionnel. Les publics ordinaires sont plus faciles aux illusions.

Certes, Dumas a préparé de longue main ce coup de théâtre par des explications qui le rendent vraisemblable. Ainsi, il a fait de M. de Montaiglin, un capitaine de vaisseau, habitué durant ses navigations lointaines aux longues rêveries devant la mer immense, d'un tour d'esprit mystique, et laissant tomber de haut sur les misères humaines un regard chargé d'infini. Il n'eût pas assurément mis ce pardon sur les lèvres d'un agent de change ou d'un médecin.

Mais, en dehors de ces préparations, dont je ne méconnais pas l'importance, il y a encore ceci, qui est bien autrement essentiel, c'est que tous, nous sommes en train de pleurer ; c'est que nous nous disons tous : Cette pauvre femme ! elle a failli, c'est vrai ; mais cela date de si loin ! et elle a expié sa faute par tant de larmes ! Elle est si heureuse de rentrer en possession de sa fille, et tout s'arrangerait si bien si on la lui laissait !

Nous sentons tous une envie folle de nous jeter aux genoux de M. de Montaiglin et de lui crier : Voyons ! ne soyez pas dur pour elle ! arrangez ça ! laissez-lui sa fille. Qu'est-ce que ça peut vous faire ? Il n'en sera ni plus ni moins pour vous ; et elle, voyez comme elle pleure ; voyez comme nous pleurons ! Si ce n'est pas pour elle, faites cela pour nous.

Quand un auteur a réussi à mettre son public dans cet état d'esprit, il n'a plus de ménagements à garder. C'est un poids qui nous tombe de la poitrine, quand Montaiglin, domptant, sans rien nous en dire, les révoltes de son cœur, tend la main à sa femme :

— Relève-toi, créature de Dieu...

Nous voilà enchantés. Nous nous essuyons les yeux de si bon courage que nous n'avons pas le loisir de faire nos réflexions sur la singularité de ce pardon rapide.

— Puisqu'il devait pardonner, tant mieux que ce soit fait tout de suite ! Nous voilà délivrés d'une terrible angoisse.

Monsieur Alphonse a remporté encore un succès prodigieux cette fois, et un succès d'autant plus flatteur pour Alexandre Dumas que les artistes y sont pour peu de chose.

11 février 1889.

L'ÉTRANGÈRE

Tâchons de nous reconnaître dans ce singulier pêle-mêle d'idées et d'événements qui constitue l'*Étrangère*, d'Alexandre Dumas, et qui forme un des plus longs spectacles qu'ait jamais donné la Comédie-Française. Cela ne sera peut-être pas facile ; mais nous en viendrons à bout.

Et d'abord courons droit à l'idée mère.

Il y a, dans la nature, des végétaux nés de la corruption des corps, qui ont pour fonction de dissoudre et de détruire les parties restées saines. La science les a nommés des vibrions. Ce sont les ouvriers de la mort.

Eh ! bien, les sociétés en décomposition donnent naissance à de certains hommes qui font inconsciemment tout ce qu'ils peuvent pour dissoudre et détruire les parties restées saines du corps social.

Ce sont les vibrions de la civilisation.

Ces vibrions accompliraient leur office, si la Providence ne s'en mêlait; si elle ne prenait plaisir à retourner contre eux les principes morbides qu'ils distillent. Elle les arrête ou les supprime, au moment venu ; on entend alors un petit bruit, c'est ce qu'on avait pris pour l'âme du vibrion, qui s'envole.

Les bonnes gens croient à un accident ; non c'est la nature qui, voulant la vie, s'est débarrassée de ces agents de destruction.

J'abrège ainsi en quelques lignes cette théorie que Dumas a présentée, mêlée à beaucoup d'autres, dans une de ces longues conversations dont il a le secret.

On assure que nombre d'amis très sincères de l'écrivain demandaient la suppression de cet interminable entretien, et que Dumas s'y est refusé obstinément.

Ils avaient raison, et Dumas n'avait pas tort.

Ils avaient raison, cela est certain : car cette théorie est absolument fausse; toutes celles qui l'entourent et l'appuient dans cette même scène forment un fatras inintelligible, écrit de ce style, familier aux préfaces de Dumas, qui affecte les allures pédantes du langage scientifique, sans en avoir la précision. C'est du galimatias qui n'a pas même le mérite d'être amusant.

Mais Dumas n'avait pas tort, parce que sa pièce tourne tout entière sur cette théorie du vibrion ; parce que son héros principal est un vibrion, et que tout le drame conspire à l'éliminer ; parce qu'en effet il n'est supprimé que par un coup de la Providence, par un accident.

Vous vous rappelez sans doute combien de fois nous avons démontré que l'accident ne devait pas avoir de rôle dans un drame, puisque le drame est une œuvre de logique. Mais ici, par un renversement singulier des choses, c'est la logique même qui exige que le dénoûment sorte d'une cause accidentelle. L'idée première, en effet, celle qui commande l'économie tout entière de la pièce, est que le vibrion disparaisse au moment où l'on ne sait comment s'en sauver, par un hasard providentiel.

C'est peut-être le seul ouvrage dramatique où cette sorte de dénoûment soit de bon aloi : je n'en connais pas d'autre au moins chez qui l'on puisse remarquer cette particularité bizarre.

Le vibrion de l'*Étrangère* c'est le duc de Septmonts. Je

n'ai pas besoin de vous faire le portrait du duc; vous avez vu cent mélodrames au boulevard du crime où les gentilshommes du faubourg Saint-Germain sont de ténébreuses canailles. Empruntez-leur celui qu'il vous plaira; ce sera le nôtre; ayez soin seulement de lui conserver cette grâce de bon ton et cette dignité de langage qui sont de mise à la Comédie-Française.

Le duc de Septmonts, qui s'est ruiné de fond en comble et compromis en cent façons, a redoré son blason en épousant Mlle Morisseau, la fille d'un commerçant qui avait amassé dix millions de fortune. La pauvre enfant aimait un brave garçon, fils de sa gouvernante, nommé Gérard, sorti de l'École polytechnique pour être ingénieur. Mais le père rêvait une alliance princière. Gérard, trop timide et trop fier, s'était retiré. La jeune fille, dépitée contre lui, privée des conseils d'une mère, a accepté le mari qu'on lui présentait.

Le mariage s'était (à son insu) tripoté entre le duc et le père Morisseau, chez une de ces femmes, venues on ne sait d'où, qui ont gagné leur fortune on ne sait comment, chez qui va le tout Paris des hommes, et qui ne sont reçues nulle part. Celle-là s'appelle mistress Clarckson; mais personne n'a jamais vu M. Clarckson, et l'on doute qu'il existe.

Maintenant vous voyez la pièce : le duc est le vibrion à supprimer; car il a pris, par des moyens honteux, sans amour aucun, la place de Gérard : il est donc un animal dont la fonction est de dissoudre le vrai mariage, qui ne va pas sans tendresse réciproque; la Providence doit y mettre bon ordre, en le supprimant, à l'heure décisive, par un coup imprévu de sa main.

Le drame est là, et non ailleurs; et cette vue bien nette du but où court Dumas vous expliquera, sans les justifier d'ailleurs, une foule de détails choquants, qui sans cela resteraient incompréhensibles.

La duchesse aime Gérard, qu'elle n'a pas revu depuis son mariage, qui est tout récent. En général, quand une femme mariée a conservé au cœur quelqu'une de ces affections d'enfance, ou elle cherche à la vaincre, par respect pour le nœud conjugal, ou elle la cache, par pudeur.

Mais ces réserves ne sont pas à l'usage de la femme d'un vibrion. La duchesse a pour attentif l'un de ces *patitos*, dont on écoute les déclarations, sans jamais rien leur accorder.

— Je ne vous aime pas, lui dit-elle, j'aime Gérard.

— Très bien, répond le *patito*. Je vous l'amènerai.

Il s'en va chez un vieux chimiste, membre de l'Institut, qui connaît ce Gérard, et lui expose le désir de la duchesse :

— Très bien ! dit le membre de l'Institut ; le duc est un vibrion ; tout est permis contre lui ; j'amènerai Gérard.

Et il amène Gérard.

Il y a pourtant dans cette démarche des côtés qui le tracassent un peu : « Ah ! s'écrie-t-il, si mes collègues de l'Institut me voyaient ! » Mais un détail rassure sa conscience : au moment de se retirer, en confident discret, et de laisser Gérard seul avec la femme qui l'aime, il se penche à l'oreille du jeune homme :

— Tu sais ce que tu m'as promis ! lui dit-il.

Et il s'en va là-dessus, oubliant de les bénir.

Quand la duchesse a vu entrer Gérard, elle a poussé un cri et s'est jetée sur ses mains ; il y a du monde, mais qu'importe ! on ne se gêne pas pour un vibrion. Une fois seule, c'est bien autre chose ; elle lui dit très nettement : Je t'aime ! je t'adore ! je suis à toi ! Partons.

Gérard la calme, lui donne de bonnes paroles, lui propose son amitié; mais là, une vraie amitié : rien qu'amis!

Vous croyez que je charge, que je plaisante; aucunement. C'est la femme qui insiste, c'est l'homme qui se dérobe. Cet homme-là, nous le connaissons bien, il se retrouve dans toutes les pièces de Dumas, parce qu'il est Dumas lui-même. Il en a tracé le portrait en pied dans l'*Ami des Femmes*; il en a montré la silhouette dans toutes ses comédies; jamais il ne lui avait donné un rôle si bizarre à jouer.

La duchesse, ne pouvant le prendre pour amant, se résigne à en faire son directeur de conscience. Elle fera tout ce qu'il lui dira, et, pour commencer, elle le consulte sur une difficulté : son mari, le vibrion, veut qu'elle aille rendre visite à l'étrangère; elle a refusé jusqu'à présent... mais si Gérard veut?...

Il veut. Elle ira donc.

Je vous vois venir. Vous vous récriez à ce mot : « Eh quoi! Vous ne nous avez pas encore dit un mot de l'étrangère! » Voici qui va bien plus vous étonner. Je pourrais continuer jusqu'au bout cette analyse sans même prononcer son nom. C'est elle qui impose son titre à la pièce; c'est elle qui semble avoir le principal rôle, et elle est parfaitement inutile à l'action. Elle n'y est rattachée que par un incident qui pourrait aisément se passer d'elle. C'est elle qui apprendra au duc ce qu'il aurait su également par tout autre, que sa femme aime Gérard. Une fois qu'elle aura accompli cette piètre fonction, elle disparaîtra comme un simple infusoire.

Tout cela est bien extraordinaire; mais cette pièce se compose d'étonnements.

La façon dont l'étrangère a été introduite dans le drame est très originale et forme une des scènes les mieux menées et les plus saisissantes qu'il y ait au théâtre.

On donne chez la duchesse un bal de charité, où chacun peut pénétrer pour son argent. Mais elle s'est réservé un salon, où ne sont admis que les gens de son monde. Tandis qu'elle y est à deviser avec ses intimes, on lui apporte un billet : c'est l'étrangère qui lui demande une tasse de thé et offre de la payer 25.000 francs pour les pauvres. Mistress Clarckson a un intérêt secret à pénétrer dans ce sanctuaire fermé à ses pareilles. Elle aussi, elle aime Gérard, et elle veut s'assurer s'il n'est point parmi les attentifs de la duchesse.

La grande dame, outrée de cette insolence, a répondu que si Mistress Clarckson pouvait se présenter au bras d'un homme qui eût le droit de l'introduire, elle serait tout aussitôt reçue.

Tous les hommes se sont tus; c'est alors que le duc se lève. Il doit beaucoup à l'étrangère, sans compter qu'il passe pour être son amant. Il va la chercher.

Rien de dramatique comme cette entrée. La colère sèche et hautaine de la duchesse, l'ironique impertinence du duc, l'aisance affectée de l'étrangère, l'attitude curieuse des femmes, l'air embarrassé des hommes formaient un tableau d'un pittoresque achevé. Mistress Clarckson connaît tous ces hommes pour les avoir reçus chez elle. Elle cause paisiblement avec chacun d'eux, tandis qu'elle boit à petits coups une tasse de thé que la duchesse lui a offerte du bout des doigts, comme avec des pincettes; au moment de se retirer, elle l'invite gracieusement à venir chez elle lui rendre sa visite, et ajoute à demi-voix qu'elle lui parlera de Gérard.

C'est cette visite à laquelle la duchesse s'est longtemps refusée, malgré les instances de son mari, malgré les prières de son père, malgré les avis du vieux chimiste, mais qu'elle a résolu de faire, sitôt que Gérard le lui a conseillé. C'est que si elle n'y allait pas, il irait, lui, et elle ne veut pas qu'il la revoie.

Cette visite est le point culminant du troisième acte, et elle ne sert à rien, et il n'en sort rien, et les choses se retrouvent après sur le même pied qu'auparavant.

L'étrangère en profite pour raconter toute sa vie à la duchesse. Un récit de trois cents lignes, et quel récit !

On le dirait détaché d'un roman de Gustave Aymard. C'est un tissu d'extravagances et de vulgarités inutiles. Si Mlle Sarah Bernhardt n'avait jeté sur ces niaiseries romanesques la prestigieuse poésie de son geste et de sa diction, le public aurait pouffé de rire. C'est du mauvais mélodrame de l'Ambigu-Comique.

L'étrangère termine sa narration en sommant la duchesse de renoncer à Gérard :

— Non ! répond-elle sèchement.

— Alors, c'est la guerre !

Or, cette guerre (je ne saurais trop le redire) se terminera là. L'étrangère se contentera de révéler au duc que Gérard aime sa femme et de lui dire :

— Au lieu de braconner sur les terres des autres, faites donc le garde champêtre chez vous.

Après quoi, elle remisera ses canons de bois et rentrera dans sa boîte. C'est fini d'elle et pour elle, nous ne la reverrons plus qu'au dernier acte, qui viendra dire : J'ai perdu ! retournons en Amérique. Mais elle pourrait prendre le bateau sans prévenir : personne ne pense plus à elle ; cette étrangère reste, en effet, très étrangère à la pièce, qui coule à côté d'elle et sans elle.

Le duc n'avait certes pas besoin d'elle pour apprendre l'amour que sa femme porte à Gérard. La duchesse le crie à tout venant. Elle est d'une imprudence vraiment bien extraordinaire.

Elle écrit à son ami une lettre où elle dit en propres termes qu'elle exècre son mari, qui est un misérable, et qu'elle l'adore, lui, Gérard. Ces lettres-là, d'habitude, on prend un certain soin pour qu'elles arrivent à leur adresse. Mais à quoi bon toutes ces précautions contre la mauvaise humeur d'un vibrion? La duchesse donne tout simplement cette lettre, avec plusieurs autres, à une femme de chambre, qui les remet à un valet de pied, qui les dépose chez le concierge, chargé de les porter à la poste. C'est comme je vous le dis!

Et la duchesse s'étonne qu'une lettre qui passe par tant de mains soit interceptée! et elle s'indigne que son mari ait eu l'indélicatesse de mettre la main dessus! Je sais bien que le mari est impardonnable, étant un simple vibrion. Il faut avouer pourtant que sa femme lui a donné quelque droit de se méfier, et que la conduite qu'elle tient à son égard excuse un peu cette indiscrétion, que tout autre aurait commise à sa place. Songez que toujours, en causant avec Gérard, elle appuie familièrement la tête sur son épaule, et ne se dérange pas de cette position, même lorsque les domestiques entrent.

Il a du bon pourtant, ce mari! En lisant la lettre de sa femme, il a reconnu ses torts; il a été pris d'une jalousie qui le ramène à de meilleurs sentiments.

— Permettez-moi, lui dit-il en substance, de réparer mes fautes à votre égard; de mériter qu'un jour vous m'écriviez une lettre pareille à celle que je viens de lire et que je vous rapporte.

Avouez que, pour un vibrion, voilà des sentiments très honorables et de bonnes paroles. La duchesse n'en est que plus furieuse. Elle refuse de reprendre cette lettre qui l'accuse, elle accable son mari d'invectives, et c'est alors que nous apprenons pourquoi elle lui en veut tant. Elle lui lance en plein visage les procédés dont il a usé envers elle, le soir même des noces. Car ce diable de Dumas ne craint point d'étaler devant douze cents personnes des images qui se formulent ordinairement dans le grimoire des hommes de loi. Elle ajoute qu'elle aime Gérard, qu'elle ne le quittera jamais ; elle lui prédit que Gérard le tuera, et s'enfuit en le traitant de misérable et en faisant claquer les portes.

La scène a soulevé de longs applaudissements. C'est qu'elle est violente, et que ces brutalités, quand elles ne révoltent pas le public, l'émeuvent toujours et le transportent. Mais j'en appelle au bon sens des esprits droits : est-ce que cela est supportable ? Où a-t-on vu des duchesses de cet acabit ? Quoi ! son mari a en poche de quoi la faire condamner devant tous les tribunaux du monde, et il a beau être un vibrion, les juges n'entrent pas dans ces considérations de physique ; il l'a surprise, il n'y a qu'un instant, roucoulant un duo d'amour avec son amant ; je sais bien que ce duo, arrivant au quatrième acte, n'est pas à sa place, et qu'il est d'ailleurs très ennuyeux ; ce n'est pas une raison pour que le mari n'en soit pas quelque peu touché ; et quand le mari lui propose de passer l'éponge sur le passé, de vivre ensemble de la vie de famille, c'est elle qui lui crie : J'ai un amant, je veux garder mon amant ! Si c'est là le faubourg Saint-Germain, je préfère le quartier Mouffetard.

Il ne reste plus au duc qu'à provoquer Gérard. Mais voici qui est plus étrange que tout le reste. Le père Morisseau prend parti contre son gendre pour l'amant de sa fille. Il déclare à Gérard qu'il sera son témoin, et Gérard accepte ! C'est de l'aberration mentale, tout simplement.

Nous voilà au cinquième acte. Tout le commencement est rempli des préparatifs de ce duel. Nous continuons de nager en pleine fantaisie. Ce pauvre vibrion de mari ! il finit par m'intéresser! Tout le monde le trouve si gênant, on lui reproche si durement de vivre encore! Sa cousine, la marquise de X***, vient voir la duchesse et la console : rassurez-vous! il sera tué! Et en attendant, elle lui offre sa maison pour refuge, parce que les médisances du monde s'arrêteront sur le seuil d'une femme respectée, d'une vertu inattaquable.

Au moment où la duchesse accepte, où Morisseau se réjouit, où le vieux savant approuve, Gérard entre, oui, Gérard qui a le front de venir ouvertement, en ces circonstances, chez celle qu'on lui donne pour maîtresse, et la bonne marquise de dire aussitôt :

— Voilà Gérard qui vient voir la duchesse, laissons-les seuls causer un instant.

Et, de fait, elle emmène tout le monde! Je vous dis que nous sommes à l'Ambigu-Comique. Nous courons au dénoûment : le duc va triompher, car il est de première force à l'épée, et Gérard ne manie que la plume. Mais le duc est un vibrion et l'accident approche.

Il approche sous la forme du yankee Clarckson. Si je ne vous l'ai pas encore présenté, c'est que jusqu'à présent il s'est promené à travers l'action sans y être utile. L'auteur le gardait pour être le *deus ex machinâ*.

Le duc l'a prié d'être son témoin. Pourquoi le duc, qui doit avoir tant d'amis de club tout disposés à lui rendre ce service, sans explications, s'en va-t-il le demander à un étranger, qu'il connaît à peine de vue, et qui l'accable de questions gênantes? C'est qu'il est un vibrion, et que la Providence le pousse à faire des sottises.

La scène est d'une invraisemblance criante; mais elle est faite de main de maître, et je ne crois pas qu'il y en ait de mieux conduite, de plus forte, de plus amusante dans le théâtre de Dumas fils.

Ce yankee est taillé sur le modèle de tous les Américains de roman, grossier, pressé, habitué à compter la vie des hommes pour rien, et les tuant, pour se servir de l'expression même de mistress Clarckson, comme de petits lapins. Il a vu le duc une fois chez celle qui porte son nom sans être sa femme ; il connaît un peu mieux Gérard, parce qu'il a demandé à ce jeune ingénieur un mémoire sur le lavage de l'or, et que Gérard a découvert un procédé qui économise 25 pour 100 sur les frais de l'opération. Mais au fond il ne tient pas plus à l'un qu'à l'autre ; il méprise notre vieille Europe, et voilà tout.

Il écoute donc le duc ; mais voici où est l'originalité charmante de la scène. A mesure que le duc expose ses griefs et conte sa situation, les plaintes qu'il formule se retournent contre lui, et lui deviennent au contraire, dans l'esprit du yankee, des sujets d'accusation. Par un mouvement de dialogue d'une habileté incomparable, le témoin choisi par le duc passe au parti de Gérard, si bien qu'il finit par s'écrier, récapitulant tous les moments de la conduite que le duc lui dit avoir tenue :

— Mais ces procédés, monsieur, sont d'un drôle... Oui, monsieur, vous êtes un drôle !

Vous imaginez la joie maligne du public à cette conclusion qu'il voit venir de loin. Car le public hait ce vibrion de duc ! il est enchanté, comme dans les mélodrames, lorsque paraît le gendarme vengeur.

Le duc se redresse furieux ; il se battra avec Clarckson ; mais auparavant il doit en finir avec Gérard. Ce n'est pas le compte de Clarckson qui est pressé ; on l'attend en Amérique. Il insiste. Le duc refuse. Il a encore raison, ce malheureux duc, si cruellement crossé par tout le monde, et néanmoins c'est dans toute la salle un formidable éclat de rire, quand le yankee s'écrie :

— Ah çà ! est-ce que vous croyez que je vais vous laisser tuer un homme qui m'économise 25 pour 100 sur mes frais.

Le combat a lieu à l'instant même, derrière la maison ; le vibrion est embroché ; tout le monde revient sur la scène pour se réjouir et la cousine du vibrion, et le vieux savant, et le beau-père, et la duchesse, et Gérard. Il n'y a que mistress Clarckson qui ne soit pas contente. Mais bonsoir à l'étrangère et bon voyage !

Et comme le commissaire, qui est entré sur ces entrefaites, prie le vieux savant de constater la mort :

— Avec plaisir, répond-il.

Que voulez-vous ? c'est un vibrion.

Telle est cette pièce bizarre qui tient à la fois de la haute comédie et du grossier mélodrame, mélange inouï de fantaisies extravagantes, de hardiesses étranges, de vulgarités choquantes et de morceaux incomparables ; où deux scènes de maître, celle de la présentation de l'étrangère au premier acte et celle de la discussion avec le yankee au cinquième, se détachent sur un fond d'inventions qui rappellent à la fois Ponson du Terrail et d'Ennery ; où éclatent de toutes parts, à travers un brouillamini de métaphysique subtile, de discussions oiseuses, de récits inutiles ou saugrenus, une foule de mots plaisants et profonds ; où se découvrent, à chaque instant, au milieu d'un fouillis insensé, des coins ravissants de mise en scène habile ou de spirituelle observation ; une comédie sans intérêt et qui amuse d'un bout à l'autre ; mal bâtie, faite de pièces et de morceaux, et qui ne vous lâche pas un seul instant ; un monstre enfin, un monstre informe, mais puissant toujours, et par endroits charmant.

21 février 1876.

DENISE

Il y a une idée qui a toujours poursuivi M. Dumas, qu'il a exposée et défendue dans maints ouvrages : comédies, brochures et articles de journaux. Cette idée, qui est fort simple, c'est qu'il n'est pas plus permis à l'homme de connaître et de posséder une femme avant le mariage, qu'il n'est permis à la femme d'apporter à son mari ce que M. Dumas lui-même appelle un capital ébréché. Cette idée-là, c'est après tout l'idée chrétienne ; c'est même, si l'on veut, l'idée morale, et il est difficile de ne pas la trouver aussi indiscutable en théorie qu'elle semble être impraticable dans le train de la vie ordinaire.

Mais cette idée en a pour corollaire une autre qui soulève plus d'objections. Si la pratique autorise l'homme à déroger à cette loi morale ; si elle ne lui tient pas rigueur quand il apporte à la femme qu'il doit épouser un cœur qui a déjà battu pour une autre et parfois même pour plusieurs autres, pourquoi n'userait-on pas de la même indulgence envers la femme ?

Une jeune fille a failli, son séducteur l'abandonne ; est-ce une raison pour qu'elle ne puisse plus être, elle, ni épouse honorée, ni mère aimée de ses enfants ? Qui empêche un autre homme, s'il aime cette jeune fille, de travailler à son propre bonheur, en réparant le tort qu'a fait à cette jeune personne un Don Juan de passage? Et remarquez, ajoute Dumas, qu'en agissant ainsi, il fait en quelque sorte pénitence d'erreurs semblables qu'il a commises lui-même. Il a abusé peut-être plus d'une fois de l'innocence des jeunes filles; il épouse une fille qui a été mise à mal par un autre, comme un autre pourra réparer ses fautes à lui-même.

Telle est la théorie. Je ne la discute pas, n'ayant point à m'occuper ici de questions de psychologie et de morale; je l'expose tout simplement parce qu'elle a été l'idée génératrice d'une pièce célèbre : les *Idées de Madame Aubray,* parce que nous la retrouvons encore au début et au dénouement de *Denise,* le nouveau drame que M. A. Dumas vient de donner à la Comédie-Française.

Il n'y a guère d'idée qui soit plus antipathique à un public français que celle-là; il n'y en a point qui choque davantage les préjugés du monde. Interrogez-vous, vous qui me lisez et descendez au fond de votre cœur : y a-t-il une perspective qui vous semble plus désobligeante, qui vous inspire un sentiment plus invincible de répulsion? N'être pas le premier dans le cœur d'une femme, on s'y résout encore; on se flatte toujours d'effacer ces impressions légères qu'a laissées dans l'âme d'une jeune fille innocente une première amourette, mais la possession semble imprimer une marque autrement indélébile; personne ne se résigne à n'arriver que le second; il y a là un effort dont on ne se sent point capable; la nature crie. Est-ce bien la nature, ou si ce n'est que la convention sociale? Je l'ignore. Mais peu importe ici, la vérité est que nous, Français, nous sommes bâtis de la sorte et qu'il y a toujours, au théâtre, un danger extrême à heurter de front l'opinion et les sentiments du public, à lui imposer de force une thèse contre laquelle ses préjugés se révoltent.

M. Dumas, qui est l'homme de toutes les hardiesses,

avait gagné une première fois la partie dans les *Idées de Madame Aubray;* non sans peine, par exemple, non sans résistance, car les *Idées de Madame Aubray*, bien qu'elles soient une maîtresse œuvre, ont dompté la foule plus qu'elles ne l'ont séduite. Le succès a été considérable, il n'est jamais devenu populaire.

Dumas est revenu à son idée favorite dans *Denise*, et il a fait encore une fois avec lui-même la gageure de nous imposer la même thèse et le même dénouement mais en s'y prenant d'autre façon, en noyant les révoltes du public, dans un torrent de larmes.

Dumas est, en art dramatique, l'homme le plus logique que je connaisse ; ses pièces, je parle des bonnes, sont construites avec une rigueur mathématique ; nous pouvons donc, à l'aide du dénouement qui était son dernier objectif, reconstruire par le raisonnement le drame tout entier et montrer la part que chaque élément doit, de toute nécessité, prendre à l'action commune.

L'idée mise au théâtre comporte fatalement un certain nombre de personnages ; prenons-les l'un après l'autre. Le premier, c'est naturellement le jeune homme qui doit épouser, André de Bardannes. Dans les *Idées de Madame Aubray*, c'était le jeune homme qui, emporté par son amour, voulait épouser la fille séduite ; c'était la mère qui avait opposé aux desseins de son fils les répugnances du monde ; c'était la mère dont il avait fallu vaincre la résistance. Il n'y avait donc plus à se préoccuper de ce côté de la question. Qu'a fait M. Dumas ? C'est dans le cœur même de l'amoureux qu'il a cette fois transporté le débat. Il aime, mais il est imbu des préjugés mondains, en proie aux tortures de la jalousie rétrospective ; c'est lui qu'il faudra persuader. Dumas n'a donc mis à côté de lui ni père ni mère : il l'a fait orphelin.

Il fallait, de plus, que cet André eût vécu de la vie commune, qu'il eût eu des maîtresses, une tout au moins, et que cela fût visible aux spectateurs. Car il faut, selon la théorie, qu'en réparant le tort fait par un autre à la jeune fille, il se rachète lui-même des fautes commises avec les femmes qu'il a aimées sans les épouser. M. Dumas a donc ramassé toutes ses fautes dans un personnage, Mme de Thauzette, grande dame qui a jeté jadis son bonnet par-dessus les moulins, mais qui jouit encore de quelque considération dans la bonne compagnie, d'où ne l'a écartée aucun éclat trop violent. André l'a connue, comme il sortait du collège, à l'âge où les dames qui ont l'usage de la galanterie laissent venir à elles les petits jeunes gens.

Cette liaison, ou si vous aimez mieux cette éducation, a duré quelques années; elle s'est dénouée sans se rompre; Mme de Thauzette a toujours conservé un pied dans la maison, comme dans l'amitié d'André.

André avait une sœur au couvent dont il ne pouvait guère s'occuper, lancé comme il l'était dans le tourbillon de la vie élégante; c'est Mme de Thauzette qui allait lui rendre visite, son frère ne voyant aucun mal à cela; car le monde est tout plein de ces compromis.

Cette Mme de Thauzette a ses raisons pour cultiver l'amitié de Marthe de Bardannes : elle a un fils, un mauvais sujet de fils, qui est la grande et la vraie passion de sa vie; elle songe que ce fils, Fernand de Thauzette, pourra un jour épouser la jolie Marthe, qui apporte en dot un million dans chaque main; elle, il faut bien qu'elle se l'avoue, elle a dissipé aux folies d'une vie légère le patrimoine des Thauzette.

Fernand, voilà notre séducteur, car vous pensez bien qu'ayant une fille séduite, il nous faut un séducteur. Dans les *Idées de Madame Aubray*, le séducteur était un monsieur quelconque, un passant, un homme qu'on n'avait pas revu, et l'ignorance où l'on était du misérable avait singulièrement facilité le mariage du dénouement. Mais, cette fois, M. Dumas a voulu que le premier possesseur fût là, en chair et en os, et que le mariage avec son ancienne victime se fît sous ses yeux : car Dumas se plaît aux difficultés vaincues, il sème exprès son steeple-chase d'obstacles formidables, pour avoir le plaisir de les franchir et de nous dire ensuite : Sautez donc derrière moi !

Mais vous comprenez que ce Fernand de Thauzette doit être un vilain homme, car s'il était sympathique, le mariage de la fin deviendrait odieux. Aussi l'auteur ne l'a-t-il pas ménagé ; c'est un viveur qui n'a d'autre mérite que sa jolie figure. Dumas même ne lui a pas donné d'esprit dans la conversation et il a fallu qu'il se fît violence à lui-même, mais il est capable de tous les courages par amour de la logique.

Reste la jeune fille. Oh ! celle-là, elle sera douée de toutes les qualités. Elle sera noble, elle sera tendre, elle sera instruite, bonne musicienne, fille dévouée à ses parents ; imposant, pour rester avec eux, silence à ses goûts d'art ; belle par-dessus tout, cela va sans dire : c'est Mlle Denise Brissot.

Comment André de Bardannes l'a-t-il connue ? Un jour que, s'ennuyant, il avait mesuré le vide de son existence frivole et qu'ayant fait ses comptes il avait trouvé son patrimoine fortement écorné, il avait pris la belle résolution de se retirer dans une de ses propriétés et de la faire valoir lui-même. Il avait besoin, pour remettre de l'ordre dans ses affaires, d'un régisseur qui fût honnête et intelligent ; Mme de Thauzette connaissait la famille Brissot ; elle avait proposé Brissot à André, qui tout de suite avait reconnu en lui un homme étroit peut-être et minutieux, mais franc comme l'osier : la droiture en personne. André l'avait installé chez lui, dans une aile du château.

Brissot était marié, il avait naturellement amené sa femme et sa fille Denise.

André n'avait pas tardé à être séduit par la bonté honnête et la dignité fière de Mme Brissot, par la bonne grâce un peu triste de sa fille. L'idée lui était venue alors de retirer sa sœur du couvent, puisqu'elle pouvait avoir au château Mme Brissot pour chaperon et Mlle Brissot pour institutrice.

Nous avons donc, au moment où la toile se lève, au château de Bardannes, André et sa sœur, Mme de Thauzette et son fils, Brissot, sa femme et sa fille.

Est-ce tout ? Non. La théorie exige encore un autre personnage. Rappelez-vous, je vous prie, les termes de cette théorie : C'est qu'un homme ne doit posséder qu'une femme, comme une femme ne doit être qu'à un homme. Eh ! bien, mais, il faut que cette idée, l'idée génératrice de la pièce, ait son représentant attitré ; il faut que le système se cristallise en un personnage qui, le moment venu, ait qualité pour l'exposer et l'imposer. Ce personnage, c'est Thouvenin : Thouvenin est une manière d'ouvrier très intelligent qui est sorti du rang de bonne heure, s'est distingué par de grandes et fructueuses inventions ; un homme supérieur, ce qui ne l'empêche pas d'être un brave homme.

Il a rencontré André de Bardannes je ne sais où, peut-être au collège ; il s'est pris de sympathie pour ce jeune homme, et lorsqu'André s'est mis lui-même à la tête d'une grande exploitation agricole, Thouvenin est venu sur son invitation voir les travaux et lui donner des conseils. C'est ainsi qu'il est l'hôte du château et qu'il y habite en même temps que tous ceux que nous venons de passer en revue.

Bien entendu que ce Thouvenin a mis sa théorie en pratique. Dès le premier acte, il déclare nettement qu'il a apporté à sa femme les prémisses de sa virginité et que depuis il n'en a jamais connu d'autres. Cette déclaration, je dois le dire, a quelque peu étonné et scandalisé le public. On a chuchoté tout bas, on a souri ; on a vu là une de ces boutades familières au Dumas de l'*Ami des Femmes* et de l'*Étrangère*. Point du tout ; si Thouvenin est ainsi fait, c'est que M. Dumas en avait besoin pour forcer l'assentiment du public au dénouement qu'il lui préparait ; c'est que c'est lui qui doit donner les coups de poing de la fin ; si bien que le spectateur, à demi assommé, n'y voie plus que du feu.

Il faut rendre grâce à Dumas de ne pas nous avoir présenté Mme Thouvenin ; cette heureuse femme aurait excité dans la salle trop de jalousie chez les unes, trop de compassion chez les autres.

Ah ! cette fois, nous avons tout notre monde !

Eh ! bien non. Il nous faut encore deux personnages ; quand je dis : il nous faut, je me trompe, ce sont des personnages de luxe. M. Dumas a voulu, pour donner plus de brillant à son exposition, qu'une pimbêche du grand monde se trouvât sur la scène au château des Bardannes quand la toile se lève, qu'elle vît défiler l'un après l'autre, tous les personnages du drame futur et qu'elle les marquât tour à tour d'un trait incisif et méchant. Le personnage, après avoir fait son office, disparaît, vous ne le reverrez plus ; mais M. Dumas, qui est toujours bon, avait, pour amoindrir les regrets du public, confié ce rôle à Mme Amel, qui, par ses manières, ses attitudes et sa voix, tient le milieu entre une duchesse et une marchande de poisson, plus près de l'une que de l'autre.

Son mari l'accompagne. Il se peint d'un mot : quand sa femme s'est éloignée, on lui dit :

— Elle a beaucoup d'esprit, Mme de Pontferrand ?
— Oui, elle est mauvaise comme une gale.

Il sort avec sa femme et ne reparaîtra pas davantage. Lui, c'est dommage en vérité, car il est fort plaisant sous les traits de Coquelin cadet. Mais l'un et l'autre étaient inutiles ; M. Dumas aurait pu s'en passer et peut-être eût-il mieux valu qu'il s'en passât ; il est vrai que nous y aurions perdu une scène étincelante ; nous y aurions gagné de n'être pas jetés tout d'abord sur une fausse piste, car nous ne pouvions deviner au début du drame quels sont les personnages à qui nous devons d'abord consacrer notre attention.

Je ne sais, mais il me semble que vous avez assez l'habitude du théâtre pour deviner tout de suite quel sera le nœud de l'action. Il doit être évident pour vous que ce jeune Fernand de Thauzette a dû être cet amant que Mlle Denise Brissot garde dans son passé.

Oui, vous l'avez deviné, mais parce que je vous ai présenté les choses sous la forme ramassée d'une analyse. Nous autres, qui regardions pour la première fois se dérouler la pièce, nous ne l'avons su ou du moins nous n'en avons été sûrs qu'assez tard. Tout ce qu'on nous a dit, c'est que les deux jeunes gens, Fernand et Denise, se sont connus enfants, Mme de Thauzette ayant été une amie intime de Mme Brissot.

Ils ont grandi l'un près de l'autre, se tutoyant comme frère et sœur ; plus tard, ils se sont aimés : un de ces amours de cousin à cousine qui sont si fréquents dans les familles. Fernand a en effet songé à épouser Denise ; la mère, Mme de Thauzette s'est opposée à ce mariage, qui ne lui paraissait pas sortable pour son fils ; les Brissot sont des gens fiers, ils n'ont rien témoigné de leurs sentiments ; les jeunes gens n'ont rien changé à leurs habitudes d'enfance, ils se tutoient encore et personne n'y trouve à redire, sauf Mme Amel, qu'on ne reverra plus.

Mais Mlle Brissot porte partout une dignité si triste que nous pensons bien qu'il y a un secret dans sa vie. On ne l'a jamais vue rire, dit André. Pourquoi ne l'a-t-on jamais vue rire? Et nous nous demandons tous également : Pourquoi ne l'a-t-on jamais vue rire?

Si André se fait cette question, c'est que lui, qui est orphelin, d'un caractère rentré et morose, n'a pu voir sans en être touché cette fleur de beauté fière et de grâce discrète. Il ne s'est jamais ouvert à elle de ses sentiments, car c'est un galant homme, plein de délicatesse. Il n'en est pas moins vrai que, chez les hobereaux du voisinage, on fait des gorges chaudes de cette passion, car il n'est personne qui ne croie qu'André est l'amant de Denise.

Mme de Thauzette le croit aussi, il n'est pas étonnant que celle-là n'ait qu'une confiance médiocre dans la vertu des femmes. Mais elle ne s'en inquiète point, au contraire, elle voit dans cet incident un moyen d'arriver plus promptement à ses fins. Elle a rêvé de marier son fils à Marthe, et déjà ce jeune coureur de cœurs et de dots a ouvert le siège; il envoie des billets doux à la jeune échappée du couvent, et la jeune échappée du couvent ne fait pas trop mauvaise mine à ce beau garçon qui lui parle d'amour. Elle correspond avec lui sous l'œil vigilant de Mlle Brissot, qui a des raisons pour se défier de l'homme et qui surveille ce commerce. L'institutrice a même cherché dans une scène, qui est une merveille d'adresse, à éveiller les craintes d'André; elle lui laisse entendre que sa sœur a besoin d'un cœur à qui elle puisse s'ouvrir et que c'est lui qui devait être le premier à recevoir ses confidences, si elle en a à faire.

Nous, public, nous ne laissons pas d'être étonné de ces

façons mystérieuses et compromettantes de faire la cour à une honnête jeune fille que l'on veut épouser, mais il est évident que l'auteur a son idée ; il veut nous montrer avec quelle facilité on s'empare du cœur d'une jeune fille qui n'est pas prévenue et nous faire savoir que Fernand est passé maître en cet art. Mlle Marthe de Bardannes est, sans le savoir, sans s'en douter même, sur le grand chemin de la perdition, n'est gardée de la chute finale que par ses millions qui font d'elle une épouse plus désirable que ne serait la maîtresse.

C'est sur elle, en effet, que Mme de Thauzette a jeté les yeux pour être la femme de son fils et elle s'en va la demander pour lui à son ancien amant, à André. Quelle jolie scène et comme elle était difficile à faire ! Il faut que Mme de Thauzette soit à la fois et une mère prudente et une ancienne maîtresse ; qu'elle évoque tout ensemble et les souvenirs du temps passé, souvenirs de tendresse, qui sait même ? de libertinage, et les images plus sévères de vie heureuse et réglée à la maison ; elle, élevant les enfants qui naîtront de cet heureux mariage. La scène est faite à ravir, cette scène est de main de maître, avec un art consommé, avec une grâce exquise de langage. André refuse son consentement ; ce n'est pas parce que Fernand est un viveur ; il sait par son propre exemple que d'un ex-viveur on peut faire un très galant homme : c'est que Fernand, précisément, ne lui semble pas être un galant homme ; il l'a surpris dans une circonstance importante de sa vie de jeune homme commettant une flagrante indélicatesse ; il a dans le temps couvert cette faute par reconnaissance pour la mère, mais cette faute est grave, elle est de celles qui entachent l'honneur d'un homme, il ne croit pas possible de hasarder le bonheur de sa sœur sur une aussi mauvaise carte. Mme de Thauzette est étonnée, elle se dépite ; elle se répand en protestations, puis en câlineries, puis en mots de colère ; et parmi les paroles qui lui échappent (il n'échappe à Mᵐᵉ de Thauzette que ce qu'elle veut bien dire) se trouve cette phrase :

— C'est votre maîtresse qui s'oppose à ce mariage ; c'est Mˡˡᵉ Denise.

André s'indigne, et la fine mouche ajoute :

— Oh ! d'ailleurs, vous ne seriez pas son premier amant !

Elle comptait bien piquer le cœur d'André, elle ne se doutait pas elle-même de la douloureuse blessure qu'elle allait faire.

André lui serre les poignets à la faire crier :

— Qu'entendez-vous par là ? lui demande-t-il avec angoisse.

— Mais rien, rien ; j'ai dit cela sans savoir.

Au fond, elle est ravie de l'incident ; elle en fait part à son fils :

— Bah ! se disent-ils, André épousera Denise, et nous, nous aurons Marthe.

C'est là-dessus que finit le premier acte, un acte plein de mouvement, d'une clarté d'exposition vraiment extraordinaire, tout plein d'intérêt, semé de mots brillants, de tirades vibrantes, et qui, malgré la complication des intrigues et des personnages, a été écouté avec une curiosité passionnée.

Quand le second acte s'ouvre, nous nous trouvons en présence de deux courants d'idées si bien mêlés qu'il est presque impossible de les séparer dans l'analyse : d'un côté, les intrigues que va nouer le fils de Mᵐᵉ de Thauzette pour s'emparer du cœur et des millions de Mˡˡᵉ Marthe ; de l'autre, les efforts que va faire André pour découvrir la vérité sur Denise ; efforts auxquels nous nous associerons, car, malgré les allusions qui ont été faites par-ci par-là à une faute possible, nous non plus nous ne savons rien de positif.

Mlle Marthe est sous le charme d'un premier amour; cet amour est encore envenimé par Mme de Thauzette, qui insinue à la jeune fille que son frère veut se débarrasser d'elle pour être plus libre de ses allures avec Denise. La pauvre petite fille, à qui l'éducation du couvent a donné un tour d'esprit mystique, et qui ne comprend rien aux menées ténébreuses que l'on ourdit autour d'elle, a une explication très vive avec son frère et lui demande pourquoi il a refusé Fernand.

Et comme son frère lui répond que c'est parce qu'il ne l'a pas trouvé digne d'elle, elle lui laisse entendre que cette réponse a été dictée. — C'est bien, lui dit son frère; retourne au couvent; quand tu auras ta majorité, tu seras libre d'épouser malgré moi qui tu voudras.

La petite fille s'est butée; elle accepte. Le hasard la met en présence de Denise, elle le prend de très haut avec la gouvernante et lui insinue que, si elle a surveillé ses jeunes amours avec Fernand, c'est que sans doute elle y avait un intérêt de jalousie.

La réponse de Mlle Brissot est superbe de hauteur et d'indignation; elle déclare très nettement que si elle a dénoncé ces échanges de tendresse entre Marthe et Fernand, c'est qu'elle savait ce Fernand indigne d'être aimé d'une fille pure et chaste comme Marthe.

— Et comment le savez-vous? Par expérience sans doute!

Mlle Brissot ne livre point son secret, que nous commençons d'entrevoir, mais elle affirme, avec une émotion profonde, qu'elle n'a eu d'autre but que de sauver Marthe d'une aventure dangereuse; que pour elle, aussitôt Marthe partie au couvent, elle quittera le château, où elle n'a plus rien à faire; elle vivra comme elle pourra, de leçons, mais l'honneur sera sauf.

Et tandis que ce côté de l'action se développe peu à peu sous nos yeux au second acte, l'autre marche d'un pas un peu plus lent, mais chaque progrès nous serre le cœur d'une angoisse inexprimable.

Vous ne seriez pas le premier : ce mot a été comme un trait empoisonné qui s'est enfoncé dans le cœur de ce pauvre André. C'est une âme concentrée et sombre; le chagrin est d'autant plus violent chez lui qu'il ne s'évapore pas en vaines paroles, le doute, un doute affreux, le travaille ; il sent le besoin de chercher, de trouver la vérité. A qui s'adressera-t-il ?

Au père Brissot d'abord. Il l'interroge sur les relations que sa fille a pu avoir avec Fernand ; mais le brave homme ne sait rien.

Pour lui, ces amourettes de la seizième année n'ont pas tiré à conséquence, il n'en a pas tenu compte.

André parle de ses incertitudes à Thouvenin, l'homme de bon conseil.

— Voilà qui est fort simple, répond Thouvenin, qui aime la ligne droite : demandez simplement à Denise ce qui en est; c'est une honnête fille, elle le dira.

Mais ce moyen est trop simple ; la parole de Denise, qui est intéressée à l'affaire, ne rassurerait pas ce cœur torturé de jalousie ; il faut, comme l'Œdipe de la tragédie grecque, qu'il s'informe du fatal secret près de tous ceux qui ont pu le savoir, et qu'à chaque interrogatoire il reste plus désespéré.

La situation est poignante, et Dumas en a tiré un parti merveilleux ; c'est là la nouveauté curieuse de son drame, qu'on puisse le rapprocher de la plus belle des tragédies antiques. André revient à la charge près de Mme de Thauzette.

— Que savez-vous ? lui dit-il ; dites-moi tout ce que vous savez.

Mais Mᵐᵉ de Thauzette ne sait rien ; rien de plus que M. Brissot. Pour elle également, ces amours printanières n'ont eu que des fleurs ; son fils ne l'a point prise pour confidente.

C'est alors qu'André, poussé par la jalousie, s'avise d'un artifice qui serait bien retors s'il n'était d'une innocence rare. Il n'y a que les amoureux pour être aussi machiavéliques et aussi bêtes dans leurs calculs.

— Vous m'avez demandé, dit-il, la main de ma sœur pour Fernand, je vous la donne.

Et aussitôt, se tournant vers Fernand qui vient d'entrer et à qui l'on annonce la bonne nouvelle :

— Maintenant, lui dit-il, nous sommes beaux-frères, tu dois tenir à l'honneur de la famille ; eh! bien, j'aime Mᵏˡᵉ Brissot ; je veux l'épouser ; ce serait un déshonneur pour nous tous si je faisais ma femme d'une jeune fille qui a été quelque chose pour toi. Jure-moi que tu n'as pas été son amant et je la demande à son père.

Ah! que les amoureux, surtout quand ils sont jaloux, sont de purs idiots! S'il lui restait une étincelle de sens commun, André réfléchirait que c'est la seule occasion où il soit non pas seulement permis à un honnête homme, mais ordonné, mais enjoint de mentir. Il verrait que d'ailleurs l'intérêt de Fernand s'accorde ici avec les conseils de l'honneur mondain ; il ne tenterait donc pas cette épreuve qui ne peut mettre entre ses mains la vérité vraie.

Mais, je vous l'ai dit, André est un passionné et un passionné sombre. L'autre lui donne sa parole d'honneur, cela suffit.

Il fait venir M. et Mᵐᵉ Brissot et leur fait sa demande. Le père Brissot est au comble de l'étonnement et de la joie ; il n'oppose à ce projet qu'une objection : c'est la différence de condition et de fortune ; et nous, tandis qu'il se livre à l'expansion de sa joie, nous regardons M⁻ᵉ Brissot, dont la figure témoigne d'une épouvante et d'une désolation croissantes. Elle semble si bien perdue dans un désespoir sans paroles que tout le monde s'est dit à la fois dans la salle :

— Il y a quelque chose ! La mère le sait, qu'est-ce qu'il y a ?

Et quand Brissot, se tournant vers sa femme, l'a apostrophée d'un ton réjoui, lui disant :

— Eh ! bien, toi, tu ne dis rien ? Est-ce que tu consens ?

— Oui, a-t-elle répondu.

Et la façon dont ce oui a été jeté, d'une voix basse et égarée, de l'air d'une femme qu'on tire d'un horrible rêve, a fait tressaillir tout le public. Une angoisse inexprimable a serré tous les cœurs :

— Est-ce que c'est elle qui va faire la révélation attendue ?

Non, à coup sûr ; la scène entre Denise et André, c'est la scène à faire, et M. Dumas, qui a le sens du drame, n'aurait jamais eu garde de l'esquiver.

La voilà qui entre, cette jeune fille énigmatique dont nous soupçonnons la faute sans savoir quelle est au juste la gravité de cette faute et si elle la confessera.

A peine a-t-elle paru qu'un frémissement a couru de l'orchestre aux quatrièmes loges ; il y a eu ce mouvement de curiosité et d'attente que savent seuls exciter les maîtres du théâtre.

Je ne sais guère de scène plus belle et plus pathétique. Du premier coup, Denise déclare qu'elle est de celles que l'on aime, mais que l'on n'épouse point. Il y a une faute dans son passé ; elle ne se mariera pas.

Une faute ; et laquelle ? Elle ne trahirait assurément pas le nom de son séducteur, mais, au cours de l'entretien,

André, lui contant les démarches qu'il a faites, lui apprend qu'il a accordé la main de sa sœur à Fernand et que Fernand, interrogé par lui, lui a donné sa parole d'honneur qu'il n'était pour rien dans l'affaire.

A cette nouvelle, le cœur de la pauvre Denise se soulève d'une indignation profonde; ce misérable, le mari de Marthe, la sœur de l'homme qui les a recueillis, aimés! La vérité, l'affreuse vérité s'échappe en torrents de ses lèvres; elle raconte avec des sanglots (et je vous jure que, dans la salle, tout le monde sanglotait avec elle) la façon dont elle a été prise; l'abandon du séducteur, les démarches faites par sa mère pour le ramener à l'idée de mariage; ces démarches inutiles; l'enfant né de cette erreur...

— Et cet enfant, qu'est-il devenu? demande André.

— Ah! oui, vous, vous êtes un honnête homme, vous pensez à l'enfant!

Et alors dans un récit... Mon Dieu, j'avoue que ce récit tient un peu du mélodrame et que toute cette histoire de l'enfant mort pourrait être retranchée sans inconvénient... mais nous avons tant pleuré en l'entendant, mais elle est si touchante? Et puis n'est-il pas naturel qu'une jeune fille dont le cœur s'est ainsi débondé tout à coup verse sans y regarder tous ses chagrins à la fois, même ceux dont elle ferait mieux de conserver le secret au fond de son âme? Si c'est là une faute, avouons que c'est une de celles dont il est permis de dire : *Felix culpa.*

Il y avait longtemps que je n'avais vu pleurer de si bon cœur dans une salle de spectacle, et je n'en fais pas le fier, j'y allais comme les autres de mes deux ruisseaux de larmes.

A la fin de cette confidence, Denise est tombée dans les bras d'André, éperdue de désespoir.

Le père entre. Il a tout entendu. C'est un vieux soldat, un barre de fer : il chasse sa fille, qu'André ramène chancelante. A ce moment, Fernand entre, faisant le joli cœur ; le bonhomme saute sur lui, l'étrangle à moitié et lui dit :

— Je donne deux heures à ta mère pour venir me demander la main de ma fille ; si elle ne vient pas, où que tu sois, je te tuerai !

Après ce troisième acte, le succès n'était plus douteux ; ce furent, dans le public, des acclamations et des rappels sans fin. Et dans les couloirs, en sortant, tout le monde se disait déjà :

— Bah ! il l'épousera tout de même, il faudra qu'il l'épouse.

Dumas avait gagné sa cause avant d'avoir plaidé sa thèse. Car au théâtre l'essentiel n'est pas d'avoir un dénouement qui ait le sens commun, c'est de faire désirer au public le dénouement qu'on lui prépare, quel qu'il soit, même s'il n'a pas l'ombre de sens commun.

Le quatrième acte ouvre par une scène magistrale ; une des plus belles que Dumas ait écrites et qui rouvre la source de larmes fermée après le troisième acte.

M. et Mme Brissot sont en scène : Brissot reprochant à sa femme de ne l'avoir pas mis au courant, lui, le père de famille, de ce qui se passait dans la famille. Rien de plus tendre et de plus abandonné dans sa tendresse que le plaidoyer de Mme Brissot. Elle se jette au-devant de sa fille ; elle la couvre de son indulgence maternelle ; elle a des mots qui feraient fondre un cœur de roche :

— Ah ! s'écrie-t-elle, Dieu a bien fait de faire le cœur des mères, car, en vérité, celui des pères n'aurait pas suffi.

— Mais voyons, toi qui parles, s'écrie Brissot, si je t'avais demandé avant de me marier avec toi de me céder, qu'aurais-tu donc fait ?

— J'aurais fait comme elle, puisque je t'aimais, répond la mère.

Cette scène est le dernier éclat de pathétique que comporte ce drame. Il nous faut arriver au dénouement et vaincre les dernières rébellions du public.

A nous, ami Thouvenin ! Voilà le moment de venir à la rescousse. J'avais été un peu étonné de voir que ce rôle épisodique de Thouvenin, rôle effacé jusque-là, eût été confié à l'un des premiers comédiens du Théâtre-Français, à M. Coquelin. C'est que Dumas (Ah ! qu'il est habile, ce Dumas, et malin ! et comme il excelle à mettre dedans tout son monde), c'est que Dumas avait besoin pour plaider sa thèse d'un homme qui eût de l'autorité, l'oreille du public, de la force et de l'adresse en même temps ; qui pût tantôt manier un poids de 500 kilogrammes et tantôt escamoter une simple muscade ; il lui fallait Coquelin.

Et voilà qu'en effet Thouvenin et André se retrouvent, l'un hébété de désespoir, l'autre frais, dispos et railleur comme un Ariste de l'ancien répertoire ou comme un Desgenais du répertoire moderne :

— Je m'attendais toujours, dit Thouvenin au jeune homme, que tu allais sauter au cou de cette brave enfant qui s'est dévouée pour sauver ta sœur d'un sot mariage.

Et comme André ne répond que par un haut-le-corps, Thouvenin entame son plaidoyer.

Quel plaidoyer, mes amis ! Plus long que le monologue de Figaro dans la *Folle journée ;* il y prend tour à tour tous les tons : celui du raisonnement, celui de la raillerie, celui de l'attendrissement ; c'est un homme du monde, c'est un moraliste, c'est un prophète ; un prophète plus encore que tout le reste, car il a ce don particulier aux prophètes de parler longtemps, de parler toujours au nom d'un éternel quelque chose, sans s'arrêter jamais.

Et à tout cela que répond André? André ne répond rien. Et la raison en est simple : c'est que tout le public répond pour lui, et Dumas est trop spirituel pour prêter à ce public une voix sur la scène ; il faut que le public soit battu ; battu et content; le moyen le plus assuré de le battre, c'est de laisser l'adversaire parler tout seul et d'avoir l'air de croire qu'il n'y a pas un argument sérieux à lui opposer.

La vérité est que la cause était déjà plus qu'à demi gagnée dès la fin du troisième acte ; les raisonnements de Thouvenin n'ont fait impression sur le public que parce que nous sentions tous une disposition secrète à nous laisser convaincre par lui. Tandis qu'il plaidait la thèse générale des filles séduites qu'un autre épousait pour réparer la faute du premier séducteur, nous nous disions, nous : Quelle bonne et belle fille que cette Denise! Comme André sera heureux avec elle et qu'il serait dommage qu'il ne l'épousât point !

Aussi n'a-t-on écouté que d'une oreille très distraite toute une longue scène (une scène insupportable à mon sens et qu'il faudra retrancher) où Marthe, reprenant tout ce qui vient de se passer et faisant la part de chacun, conclut un dénouement qui se ferait si aisément sans elle.

Tout le monde attend le cri d'André rappelant Denise, qui s'en va pour toujours.

— Denise ! s'écrie-t-il.

Elle tombe dans ses bras et le rideau baisse.

La pièce a été merveilleusement jouée, avec un ensemble rare partout, même à la Comédie-Française. Mlle Bartet a déployé dans les deux premiers actes une grâce fière et triste, et au troisième un pathétique extraordinaire Nous n'avons plus à lui reprocher aujourd'hui ce jeu saccadé et nerveux qui nous agaçait quelquefois chez elle. Tout cette fois était large et étoffé. Les rôles sombres et rentrés conviennent à Worms, qui a le visage morose, mais au cœur un foyer brûlant, et dans la voix une tendresse profonde. Il a été admirable dans André.

Coquelin a dit avec un art consommé l'énorme monologue du quatrième acte. Tous les jeunes comédiens feront bien d'aller étudier le morceau à cette école. Ils verront comme on peut nuancer à l'infini un plaidoyer tout en raisonnement ; y être tour à tour familier, insinuant, railleur, éloquent, superbe, et sans jamais sortir de la vérité. Je plains ceux qui écouteront la tirade dite sur un théâtre de province par un acteur du cru.

Got a donné au père une excellente physionomie de vieux soldat austère et digne, à l'esprit étroit, mais fier. Le personnage prend, joué par lui, une grande ampleur.

Je ne saurais assez louer Mme Pauline Granger, qui fait Mme Brissot. J'ai déjà dit que son « *oui* » du troisième acte avait fait frissonner tout le public. Elle a répandu sur tout le rôle une sensibilité mêlée de résignation et de révoltes et toute mouillée de larmes. Mme Pauline Granger passait déjà pour une bonne comédienne : ce rôle l'a tirée de pair et mise au premier rang.

Baillet était chargé du rôle du Don Juan, un mauvais rôle, que Dumas n'a fait qu'indiquer, sans le marquer de traits curieusement fouillés et nets. Baillet n'y a peut-être pas toute la désinvolture souhaitable ; peut-être aussi eût-il pu en accentuer le côté satanique. Mais ce n'est pas sa faute ; le rôle a été insuffisamment étudié par l'auteur.

Et de même notre pauvre petite amie Reichemberg n'a pas un bien bon rôle : c'est celui de Marthe. Elle le dit avec infiniment de justesse et de grâce ; mais il n'y a pas moyen de tirer de la farine d'un sac de son.

Je termine par Mme Pierson, pour qui Dumas a écrit, avec amour, le joli rôle, le rôle étincelant de Mme de Thauzette. Mme Pierson y a ravi tous les cœurs et conquis tous les suffrages. Elle a joliment rendu ce rôle complexe, mêlé de galanterie et de maternité. Elle est avenante, elle est spirituelle, elle est gaie et, quand il le faut, gentiment émue. C'est pour elle un triomphe véritable.

Et c'est aussi un triomphe pour la Comédie-Française ; pour M. Perrin, son directeur, qui a réglé avec un art exquis toute cette mise en scène. La pièce ne comporte point de décors, puisque Dumas y a respecté l'unité de lieu et même celle de temps ; elle n'exige pas non plus de costumes, car elle se passe à la campagne entre le déjeuner et le dîner.

Nous ne cessons de le répéter, le vrai mérite de la mise en scène ne consiste pas dans le décor et le costume ; je suis même bien aise de voir, à côté de *Théodora*, un succès en habit de ville dans un décor de salon.

26 janvier 1885.

FRANCILLON

— Mon ami, dit au premier acte Francillon à son mari, regarde-moi bien. Je t'aime passionnément ; j'adore l'enfant né de cet amour ; je suis une très honnête femme et je n'ai qu'une idée, c'est de continuer à l'être. Mais, comme je tiens le mariage pour un engagement mutuel, comme nous nous sommes mutuellement juré respect et fidélité, et que je te suis fidèle, je te donne ma parole que, si jamais j'apprends que tu as une maîtresse, une heure après que j'en aurai acquis la certitude, j'aurai un amant : œil pour œil, dent pour dent.

Voilà le mari prévenu ; il passe outre ; la femme l'apprend. A elle d'exécuter la menace. Elle veut donner une leçon à son mari ; elle s'accuse de la faute qu'elle n'a point commise. Il est au désespoir, et, quand il a épuisé toutes les douleurs ou tous les ridicules de l'aventure, la vérité se découvre : elle n'est point coupable, et tout le monde s'embrasse.

C'est là une donnée du genre de celles qui plaisaient à Scribe et aux hommes de son école. Prenez-y garde ! *Oscar ou le Mari qui trompe sa femme* est bâti sur une idée à peu près pareille. Mais c'est ici qu'éclate la différence des procédés, et Dumas, qui avait déjà eu l'honneur de renouveler le mélodrame avec l'*Étrangère*, a, d'un coup de sa baguette magique, transformé le vieux vaudeville avec *Francillon*.

Supposez la donnée de *Francillon* aux mains de Scribe. Quel eût été son premier soin? C'eût été de mettre le spectateur dans la confidence, pour lui épargner le trouble où l'aurait jeté le soupçon de l'infidélité de la femme et pour le faire mieux rire aux dépens du mari, qui est le seul à ne pas savoir le secret. Ou, s'il ne nous eût pas avertis expressément de la vérité, il se serait arrangé pour que nous ne crussions qu'à demi à toute cette histoire, pour que nous ne fussions pas trop dupes, pour que nous nous disions : Il y a quelque chose là-dessous.

Scribe, qui n'a jamais eu de fantaisie qu'une fois dans sa vie, dans l'*Ours et le Pacha*, met en scène un pacha bonhomme et féroce, qui crie à un instant :

— Qu'on leur coupe à tous la tête.

Lagingeole se jette éperdu à ses genoux :

— Ah! Seigneur!

— Laissez donc! reprend Shahabaham; c'est pour leur faire peur. Il faut bien s'amuser.

Le vaudeville chez Scribe s'inspire tout entier de ce mot de Shahabaham. L'auteur ne croit pas que c'est arrivé, et il prend ses dispositions pour que vous ne croyiez pas que c'est arrivé. Il fait semblant d'y croire; mais il cligne discrètement de l'œil; et vous-même, vous feignez d'y croire pour entrer dans le jeu. C'est une convention.

Cette convention s'impose à tout l'ouvrage. Il ne faut pas qu'un trait de passion véritable ou de mœurs exactement observées y éclate tout à coup. Il détonnerait. Il faut qu'on soit dans le faux tout le temps, dans un certain faux aimable et souriant, que l'on est convenu de tenir pour la vérité, tant que le spectacle dure. Car, comme dit Shahabaham, il faut bien s'amuser.

Et l'on s'amuse. Les hommes sont de grands enfants, et les enfants ne prennent-ils pas un plaisir extrême à des jeux tout pareils. Tolstoï conte, en ses délicieux mémoires, qu'un jour, avec ses petits camarades, ils firent partie de simuler une chasse. Ils s'armèrent de bâtons, qui figuraient des fusils, et couchèrent en joue des oiseaux imaginaires. Un des leurs, Volodia, qui était un peu plus âgé, haussait les épaules et se moquait de leurs bâtons qui ne partaient pas. Et Tolstoï ajoute :

« Je savais très bien qu'avec un bâton on ne pouvait pas tuer un oiseau. Mais puisque c'était un jeu. Si on se mettait à raisonner de cette manière, on ne devrait pas non plus monter à cheval sur les chaises. Et pourtant Volodia pouvait se rappeler, lui aussi, que, durant les longues soirées d'hiver, nous couvrions de châles un fauteuil et que nous le transformions en voiture. L'un faisait le cocher, l'autre, le laquais, et les petites filles se plaçaient au milieu; les trois chaises formaient la troïka des chevaux et nous nous mettions en route. Et que d'aventures nous arrivaient pendant ce voyage imaginaire! et avec quelle rapidité passaient ces longues et joyeuses soirées d'hiver! Si l'on voit tout avec les yeux de la sagesse, il n'y a plus moyen de jouer, et si l'on ne joue pas, que reste-t-il alors ? »

Eh! bien, oui, ce vaudeville n'était qu'un jeu où chacun se prêtait à l'illusion! C'est pour cela que les données les plus scabreuses (celle d'*Oscar* est immonde, tout simplement) ne tiraient pas à conséquence; personne ne les prenait au sérieux. Cette donnée, on se gardait bien de l'examiner, de la scruter, d'en faire un texte de réflexions philosophiques. Faire penser, grand Dieu! à quoi bon? cela n'est point amusant et fatigue. Des à peu près de vérité, des sentiments à fleur de peau, des personnages quelconques, s'agitant dans un réseau d'événements ingénieusement disposés pour mettre l'idée en lumière, c'était le vaudeville de Scribe.

Et il fallait qu'il fût joué comme il avait été écrit, sans éclat de passion profonde. Je me souviens que Mlle Bartet fut, dans *Bertrand et Raton*, chargée d'un rôle de jeune fille qui allait demander à la reine la grâce de son fiancé, condamné à mort. Elle joua la scène avec un emportement extraordinaire ; vous savez comme elle est nerveuse et vibrante. C'était admirable ; mais ce n'était pas ça du tout. Elle avait fait craquer le cadre de la comédie de genre ; elle y avait introduit la vérité d'accent, et par là même, elle en avait dérangé le bel ensemble. Quand une héroïne de Scribe demande la grâce d'un fiancé condamné à mort il est entendu que ce fiancé n'est condamné que pour rire et qu'elle, la pauvre fille, fait le simulacre d'une personne très émue ; mais elle sait, comme nous, que tout ça finira bien, car ça ne peut pas mal finir, puisque c'est un vaudeville. Elle a l'air de craindre, nous avons l'air de trembler ; c'est un jeu, et, si le jeu est bien mené, nous y prenons un plaisir très vif.

Mieux vaudrait dire : Nous y prenions. L'ensemble de conventions sur lequel reposait le vaudeville, tel que l'ont conçu Scribe et son école, croule de toutes parts. Il n'y a plus guère que deux sortes de personnes qui le goûtent pleinement encore : le gros du public bourgeois, qui n'a pas encore été pris dans l'engrenage des idées nouvelles et pour qui les vieilles conventions font encore office de vérité ; puis quelques amateurs, comme moi, qui aiment cette forme, comme ils aiment celle de la tragédie, parce qu'elle était, prise en soi, une forme parfaite. Mais il est évident que les jeunes générations s'en sont déprises.

A tort ou à raison, c'est un point que je n'examine pas ;

elles veulent partout au théâtre une observation plus directe, plus exacte, plus minutieuse de la réalité. Il leur faut, au lieu des types de l'ancienne comédie ou des personnages neutres du vaudeville, des hommes vivants, marqués de signes particuliers, qui aient une physionomie propre. Il ne leur déplaît pas non plus qu'on philosophe sur les événements dont se compose la pièce, et, comme elles aiment mieux la fantaisie que le bon sens, elles sont plus agréablement chatouillées si cette philosophie est paradoxale, si elle excite à la contradiction.

Ce sont précisément ces qualités nouvelles que Dumas a très hardiment infusées dans le vaudeville.

Une fois la donnée choisie, — une donnée à la Scribe, c'est un point entendu, — il a voulu, absolument voulu que nous crussions, mais d'une foi profonde et entière, à la menace de Francillon et au coup de tête qui suit cette menace. Ici, ce n'est plus un jeu. Il faut que nous admettions comme certain le fait de la femme se livrant à un amant de hasard le jour même où elle apprend que son mari a une maîtresse.

Il n'y a qu'un moyen de nous y faire croire : c'est de nous peindre une femme dont le caractère, l'éducation, les mœurs et le langage soient tels qu'après avoir passé vingt minutes dans sa compagnie nous nous disions tous : Eh! mais, cette petite femme-là est très capable d'une folie de ce genre! C'est encore de nous la montrer dans un milieu si réel que nous soyons pour ainsi dire pressés, enveloppés du sentiment de la vérité.

Si le premier acte de *Francillon* est merveilleux, s'il a été aux nues, ce n'est pas seulement parce qu'il est éblouissant d'esprit, parce que jamais Dumas n'a fait se choquer l'une contre l'autre avec plus de prestesse des répliques plus étincelantes ; c'est aussi, c'est surtout, parce que tout y est disposé avec un art prodigieux, avec une incroyable sûreté, pour nous incliner, pour nous contraindre à croire que le fait monstrueux sur lequel repose la pièce n'est pas une invention de vaudevilliste, que *c'est arrivé.*

Sa Francillon est une femme de sentiment profond, exalté même. Elle aime son mari d'un amour absolu, et ce qu'elle aime dans son mari, c'est le mari : semblable en cela à la princesse Georges. L'enfant ne vient qu'après; elle l'a allaité elle-même, il est vrai ; elle n'a laissé à personne le soin de le veiller; mais l'enfant n'est pour elle que le témoin vivant de son amour. Dumas a marqué cette nuance d'un mot profond et terrible. Quand elle parlera, après la trahison de son mari, de se retirer chez sa mère :

— Est-ce que vous emmenez votre enfant? lui demande son beau-père.

— Non, répond-elle presque indifférente, le voyage le fatiguerait.

— C'est un tort, lui a dit sagement une de ses amies ; tu es épouse plus que mère. Une fois mère, si tu n'es pas mère avant tout, tu es perdue.

Francillon n'est qu'épouse. Elle aime éperdument son mari ; elle le veut, et elle le veut pour elle toute seule. Cette passion jalouse s'exhale en quelque sorte de toute sa personne ; on la respire en l'entendant parler.

Elle se tourmente ; car elle a surpris des signes de froideur chez ce mari tant aimé. Il a été naturellement écarté de la chambre conjugale par les soins donnés à la nourriture de l'enfant. Voilà le bébé sevré, et il ne marque aucun désir de rentrer. Elle s'étonne, elle s'irrite ; elle est nerveuse. Elle n'écoute qu'impatiemment les conseils avisés d'une amie qui, elle, a su régler ses affections et sa vie. Cette grasse et prudente personne laisse son mari fatiguer ses défauts avec d'autres ; elle l'accueille en souriant quand il revient à deux heures du matin, tout frais, dit-elle, et tout neuf.

— Et comment le sais-tu? demande Francillon.
— Il m'éveille.

Le mari de Francillon rentre, lui aussi, à deux heures du matin, mais il ne réveille pas sa femme. Et elle se ronge de jalousie. Ah! si elle savait qu'il la trompât! C'est qu'elle n'a rien de la brebis qui tend le cou à l'égorgeur! Honnête, elle l'est sans doute, et foncièrement; mais hardie, délibérée, excessive même. Nous la voyons dans son salon tenir tête à des amis de son mari qui l'agacent et avec qui elle cause en toute liberté sans ombre de pruderie.

Ces amis ont le droit de tout dire. Ce sont des amis de collège de Lucien de Riverolles. Ils avaient dans le temps formé avec lui une association dont le premier article des statuts exigeait que les associés resteraient célibataires. L'article 2 prévoyait le cas où l'un des membres viendrait à se marier. Les autres s'engageaient à ne jamais rien entreprendre sur sa femme, à veiller au contraire sur l'honneur du mari et à le préserver, si faire se pouvait, de toute atteinte.

Lucien de Riverolles s'était marié, ses amis lui étaient restés fidèles, et le badinage s'était continué entre eux. Ils avaient gardé le droit d'appeler Mme de Riverolles de son petit nom de Francillon, de la taquiner et de lui dire toutes sortes de choses très osées, dont le mari souriait. Elle s'en fâchait quelquefois, les rappelait à l'ordre; mais le pli était pris.

Et admirez ici la malice de l'auteur! Devinez-vous pourquoi il a inventé cette association chimérique d'amis qui ont pris ces habitudes singulières et à qui l'on concède ces privilèges exorbitants? C'est qu'il avait besoin de nous bien faire entrer dans l'esprit que cette femme si honnête, si aimante, si dévouée à ses devoirs, connaît tous les mystères de la vie parisienne, pour en avoir entendu parler des hommes du club à qui la blague boulevardière est familière ; qu'elle sera donc femme à ne pas reculer s'il lui faut un jour affronter une situation effarouchante.

Toute cette conversation qui voltige dans le salon de Lucien et avec son approbation est si libre, si aiguisée, qu'en nous livrant au plaisir de l'entendre nous nous laissons pénétrer de cette idée qu'une jeune femme devant qui se tiennent ces discours quelque peu dissolvants, si elle est nerveuse et excitable, peut, à un moment donné, faire un coup de tête, qu'elle regrettera ensuite toute sa vie.

Le salon se vide peu à peu, minuit arrive ; c'est l'heure de se mettre au lit. Mais Lucien annonce l'intention de sortir. Il faut qu'il aille au cercle retrouver ses amis.

— Tu viens de les voir.

— J'en ai d'autres.

Ces autres, Francillon soupçonne bien qu'ils ne portent point le chapeau rond. On a beaucoup parlé, dans le cours de la soirée, d'une certaine Rose Mignon qui est une des anciennes de son mari. Il va sans doute la retrouver ; Francillon ne veut point de cet horrible partage. Elle se colle à lui ; avec une ardeur inexprimable, avec des câlineries charmantes, dans une scène qui est d'une pénétrante vérité d'accent, elle le prie, elle le supplie de ne la point quitter, de lui donner cette soirée, à elle sa femme ; elle le menace de représailles s'il s'écarte du droit sentier. Elle est insinuante, elle est tendre, elle est pathétique, elle est terrible. Non, vous ne sauriez croire avec quelle attention anxieuse et émue nous suivions tous le développement de cette scène, prise aux entrailles de la vie réelle. Il n'y avait pas un de nous qui ne se dît : Voilà une femme qui, si son mari part, va faire une bêtise ; c'est évident.

Il s'échappe de ses bras, et elle aussitôt jette une pelisse sur ses épaules. Elle va le suivre. Elle donne des ordres à la femme de chambre, qui la regarde partir, et qui tout de suite appelant son mari, Jean :

— Madame sort, lui dit-elle tout bas, suis-la.

Et, tandis que Jean court s'apprêter, elle baisse la lampe et la toile tombe.

Elle baisse la lampe; vous croyez que ce détail n'est rien. Ne vous y trompez pas : ce détail de ménage plonge plus avant le public dans l'illusion de la réalité. On baisse la lampe; donc nous sommes chez nous; c'est comme cela que les choses se passent à la maison.

Prenez les pièces d'il y a trente ans et celles d'aujourd'hui. Autrefois on cherchait à finir un acte sur un mot à effet, qui relançait la pièce et ravivait la curiosité pour l'acte suivant. Dumas père a dans ce genre des trouvailles inimitables. A présent, on aime à le terminer sur un petit fait insignifiant en lui-même, mais qui rappelle au public l'image de la vie réelle. Vous pouvez, par cette remarque, mesurer la distance qui sépare les deux théâtres.

Quand le rideau se relève, tous les événements de la nuit se sont accomplis. Lucien est allé au bal de l'Opéra retrouver Rose Mignon et il a soupé avec elle. Quand il rentre, il trouve sa femme agitée, fiévreuse. Il lui demande des nouvelles de sa santé. Qu'a-t-elle.

Et alors Francillon lui conte sa nuit ?

Elle aussi, elle arrive du bal de l'Opéra. Elle a suivi son mari, dissimulée dans un fiacre. Il est allé au cercle; elle y est allée derrière lui; il est parti pour l'Opéra; elle a loué un domino et s'y est rendue. Là, elle l'a vu, dans une loge, se montrer avec Rose Mignon. Il a emmené sa maîtresse souper à la Maison-d'Or; elle l'y a suivi encore. Elle a demandé un cabinet à côté du sien; mais elle non plus n'était pas seule. Elle avait avisé un beau garçon, rencontré par hasard au vestiaire; elle l'avait regardé d'une certaine façon; il lui avait offert ses services, et elle l'avait emmené souper à la Maison-d'Or. Elle s'était adressée à un des garçons de l'établissement, un gros...

Pardon si je m'arrête encore ici pour vous faire admirer un merveilleux artifice de l'auteur. Il y avait à craindre que cette confession, jetée d'une voix haletante par l'actrice, ou parût trop violente au public en passant les limites ordinaires du vrai, ou qu'elle fit dérailler absolument la pièce vers le drame noir. Il fallait trouver un incident qui ramenât le public tout ensemble et au sentiment de la réalité et au ton de la comédie.

A ce moment, Lucien interrompt sa femme.

— Eugène? demande-t-il.

A ce mot d'Eugène, un fou rire a couru du bas en haut de la salle. C'est qu'on y retrouvait le viveur qui connaît par leur nom les garçons d'un grand café; et le public est reparti de plus belle à rire quand la femme a repris :

— Eugène, si vous voulez.

Elle poursuit son récit. Tandis que Lucien buvait du vin de Champagne avec Rose Mignon, elle en faisait autant avec son inconnu. Car elle n'a pas même demandé son nom à ce passant, à cet exécuteur inconscient des hautes œuvres de sa vengeance. Elle l'a poussée jusqu'au bout. *Consummatum est.*

On prétend que Dumas avait une peur horrible de ce récit. C'était coquetterie de sa part. Il devait passer et il a passé comme une lettre à la poste. Ce récit, après tout, c'est l'exposition du sujet, et on se révolte rarement contre une exposition. Celle-ci est faite dans un grand mouvement de passion qui emporte le spectateur. Et puis...

Et puis, — ce Dumas est si malin, si malin qu'il a tablé

là-dessus, — et puis, de quelque atmosphère de réalité qu'il ait entouré l'événement, il sait bien que nous en doutons toujours un peu, que nous pensons tout bas :

— C'est impossible! Elle s'accuse, mais c'est pour le faire enrager! Tout cela s'éclaircira.

Et nous attendons, inquiets, douteurs, agités.

— Qu'est-ce que le mari va faire?

Ah! décidément, ce Dumas est, en même temps que le plus audacieux, le plus retors des auteurs dramatiques. Si son Lucien était un homme comme tous les autres, il n'y aurait plus de pièce possible. Car enfin, mettez-vous à la place d'un homme à qui l'on vient de faire une confidence de cette nature. Je ne sais pas ce que vous ferez; mais à coup sûr, pour peu que vous soyez amoureux et jaloux de votre honneur, vous vous emporterez à des démarches excessives et péremptoires qui ne laisseront plus de retour.

Pour que la pièce se poursuive et dure, il faut que Lucien soit, comme le dit Dumas de lui, un pur serin. C'est un gentleman, épris de correction, qui ne voit dans la tuile qui lui tombe sur la tête que le désordre qu'elle va jeter dans sa vie, que les commentaires qu'elle va soulever dans le monde.

Sa première idée n'est pas de se venger ou de se jeter aux pieds de sa femme, en lui demandant si elle a parlé sérieusement, en implorant son pardon. Non, il ne songe qu'à s'assurer si toute cette histoire est vraie. Parmi les circonstances données par sa femme, il y en a dont il ne peut récuser l'authenticité. Mais toutes se peuvent excuser, sauf la dernière. A-t-elle poussé jusqu'à la dernière? Elle le dit; mais ne ment-elle point?

Il interroge la femme de chambre, il interroge Jean. Ce sont là encore des scènes exquises, d'un comique achevé, et qui ont le mérite inappréciable de nous rejeter, après le grand coup de cette confession extraordinaire, dans le train de la vie commune. Il n'apprend rien de certain, et il ne peut en effet rien apprendre sur le point unique qui le préoccupe.

C'est alors qu'il s'avise de réunir un congrès pour délibérer sur la chose. Le congrès se composera de ses amis, ses associés, et de son père.

Ah! c'est de cette scène, si j'avais été Dumas, que j'aurais eu peur et grand'peur. Remarquez-le : cette scène est extravagante et absurde.

Sur quoi va-t-on délibérer? Sur un seul point : a-t-elle, oui ou non, dit la vérité? On a dit et répété partout que Dumas avait prétendu traiter ce problème de philosophie conjugale : l'adultère du mari est-il aussi coupable que celui de la femme? Les conséquences en sont-elles les mêmes d'un côté et de l'autre? Mais pas du tout. Il n'y a pas un mot dans la pièce sur ce point. Et il ne peut pas se trouver un mot qui y soit relatif. Car il faudrait, pour le traiter, que Francillon eût franchi le pas; et l'on ne sait pas encore si elle l'a fait, et l'on espère qu'elle ne l'a pas fait, et cette espérance se trouvera justifiée par l'événement.

Que Dumas eût mis le problème à l'ordre du jour, à la bonne heure, et je reconnais que sa pièce est, comme tout ce qu'il écrit, très suggestive, pour me servir du jargon à la mode. Mais, pour lui, il ne le discute point; il se dérobe, il ne met sur le tapis que cette interrogation :

— Est-elle, oui ou non, coupable?

Ce qui n'est qu'une question de fait.

Et, pour le dire en passant, c'est ce qui prouve qu'il y a toujours quelque inconvénient à prendre une donnée de vaudeville en se refusant les conventions dont le vaudeville a besoin. Dumas est tenu par sa donnée; une fois son sujet exposé et la confession faite, comme il s'est supprimé les ingénieuses combinaisons de petits faits dans lesquelles un Scribe aurait empêtré le mari, il ne lui reste plus qu'à tourner sur place, en philosophant sur cette pointe d'aiguille : Est-elle, oui ou non, coupable ?

On consulte le père. Ce père ne nous a pas été présenté; Dumas a compté sur l'autorité de son nom pour sauver ce qu'il dit; car si ce n'avait pas été Dumas !... Ce père inouï, au lieu de dire à son fils :

— Voyons! je vais causer avec ta femme et tirer les choses au clair.

Au lieu d'avoir un entretien avec sa belle-fille, où il lui ferait sentir l'impertinence de sa conduite et lui arracherait un aveu qu'elle doit à son âge et à son affection, se met à conter gaillardement une histoire de Brantôme, de laquelle il résulte que « de grandes et honnestes dames » ont eu parfois recours à ce moyen de vengeance.

Voilà un fils bien consolé! Ce fils est un serin, je le veux bien; mais le père, qui, en présence de cette catastrophe domestique, reste indifférent et gouailleur, de quel nom le nommer?

Les autres ne disent et ne peuvent rien dire qui soit topique. Nous nous étonnons un peu, association à part, qu'on les mette dans cette confidence. Il n'y a amitié qui tienne; en général, un mari garde ces choses-là pour soi. Ici nous sommes en pleine convention. Cette convention ne nous fait pas l'effet d'être surannée comme celle de Scribe. Mais c'est de la convention pure. Les amis se proposent d'aller aux nouvelles; le mari part de son côté, le père se met à une table de piquet avec l'amie de Francillon, et la toile tombe au moment où il bat les cartes.

C'est encore là une fin d'acte prise exprès dans la réalité

quotidienne. J'avoue qu'elle me choque. Ou le fait est vrai, et alors il est si monstrueux, si fécond en conséquences abominables, que je ne comprends rien à cette placidité; ou vous n'y croyez pas vous-même, et alors je vous en veux de me donner pour rien, à moi public, tant d'inquiétudes.

Le troisième acte est rempli par l'enquête à laquelle se livrent les intéressés. Dumas a bien senti qu'à mesure que cette enquête se prolongeait la crédulité du public ne pouvait que décroître, et il avait besoin de nous garder jusqu'au dernier moment le bandeau sur les yeux. Il a donc imaginé un nouvel interrogatoire de Francillon par son amie Thérèse; et Francillon lui réaffirme de nouveau, avec serment, qu'elle a jusqu'au bout poussé l'expérience. Nous voilà donc rejetés dans nos incertitudes. Qu'elle ait dit un mensonge à son mari dans un premier moment de fureur, pour le faire souffrir dans son orgueil et dans son amour, passe encore. Mais quel intérêt, la leçon si cruellement donnée, aurait-elle à mentir à Thérèse? Aucun. Il est donc certain qu'elle dit la vérité.

Et si nous nous obstinons, dans la salle, à croire qu'elle ne la dit point, c'est qu'un instinct obscur nous avertit que, si c'était vrai, vraiment vrai, la pièce prendrait un autre cours et ne s'attarderait pas à établir cette vérité. Elle en déduirait tout de suite les conséquences.

Parmi les scènes épisodiques qui composent ce troisième acte, il y en a une qui me semble incomparable. Lucien cause de son histoire avec un de ses amis, qui est horriblement las de l'existence qu'il mène, allant de son lit au Bois, du Bois au cercle, du cercle à son lit, ne voyant que des imbéciles, sans intérêt dans la vie; il se blague lui-même, avec un rire amer et triste, de l'inutilité de sa personne; il termine en demandant un cigare à son ami, l'allume et s'en va en disant : Il n'y a plus même de bons cigares.

La scène n'a pas trente lignes; elle est d'une modernité navrante. Dumas a ce mérite de toucher en passant à une foule de questions qui préoccupent l'homme contemporain, il les indique d'un mot, et laisse longtemps le public rêveur. C'est à cet égard le premier de nos auteurs dramatiques.

Il faut en finir. Du moment que Francillon n'a pas avoué d'elle-même, il faut imaginer un artifice ingénieux qui lui tire, à son insu et presque malgré elle, la vérité des lèvres. Ça, c'est du vaudeville; aussi le moyen de Dumas est-il de pur vaudeville. Je l'ai entendu très vivement discuter; personne n'y eût pris garde dans une comédie de Scribe. On l'eût même trouvé spirituellement imaginé.

Ici, on ne l'a pas jugé vrai.

Le notaire de Lucien a envoyé son maître clerc porter à son client des papiers à signer. Ce maître clerc se trouve être précisément l'inconnu de la Maison-d'Or; Francillon recule de surprise en le voyant; il ne la reconnaît pas, puisqu'elle est restée masquée; mais elle ne peut s'y tromper, et, se tournant vers son mari, par une dernière bravade qui serait bien peu excusable si elle n'acheminait la comédie au dénouement :

— Voilà l'homme à qui vous en voulez!

Et elle se retire. Et aussitôt, Lucien et son ami prétextent un pari pour faire subir à ce malheureux clerc un interrogatoire que tout autre à sa place arrêterait au premier mot. Il y répond; la scène est d'ailleurs filée avec un art digne de Scribe; et il apprend à ces messieurs qu'il n'a rien obtenu de sa convive improvisée.

Cet aveu ne rassure qu'à demi Lucien. Il voudrait une

preuve plus décisive. Thérèse le fait cacher derrière une porte et, prenant Francillon à part :

— Eh ! bien ! ma pauvre enfant, ce jeune homme a parlé.
— Qu'a-t-il dit?
— Il a confirmé tes aveux.
— Il en a menti ! s'écrie Francillon, dont l'orgueil se révolte.

Le mari entre ; le beau-père entre ; les associés entrent ; tout le monde entre ; on s'embrasse : quitte pour la peur !

Bon pour aujourd'hui ! mais, dans un an, Lucien retournera à Rose, et sa femme, qui l'a traité de Sganarelle (ces mots-là ne s'oublient point), prendra un amant, il n'y a pas à en douter, un vrai cette fois ! et c'est alors que se posera la véritable question : Les choses sont-elles égales dans l'adultère de la femme et du mari ? Elle demeure entière après la comédie de Dumas.

Cette pièce a obtenu un succès étourdissant et tel que je n'en ai pas vu de pareil depuis bien des années. J'ai cru devoir, chemin faisant, souligner mes réserves; mais j'ai été charmé, séduit, bouleversé comme le public. Ce premier acte est un éblouissement; la première moitié du second est d'un pathétique haletant; la seconde est d'un comique irrésistible, bien que ce ne soit pas là, à mon sens, la scène à faire. J'aime moins le troisième; il s'y trouve pourtant une conversation admirable, qui est peut-être la chose la plus forte et la plus vivante de l'ouvrage. Et partout des mots ! et des mots tout battant neufs ! des mots de situation ! des mots de caractère ! des mots d'esprit ! C'est une profusion dont rien ne peut donner une idée.

Francillon a été jouée avec un ensemble admirable et qui touche de bien près à la perfection. Il faut donner la place d'honneur à Mlle Bartet, qui a été nerveuse à souhait; elle a même eu au troisième acte un rire de mépris ironique et de douleur indignée qui a soulevé la salle. Francillon a deux qualités qui la caractérisent : l'orgueil, un orgueil intraitable, et l'amour du mari. Mlle Bartet a mis ces deux points en lumière avec un art merveilleux. Francillon était autrement difficile à jouer que Denise; elle fait plus d'honneur encore à l'actrice. A côté d'elle, Mlle Pierson, bonne et douce conseillère, avait un rôle expressément écrit pour sa nature tempérée et d'une amabilité un peu molle. Elle y est excellente.

Un personnage épisodique n'a pas trouvé place dans mon analyse. C'est celui d'une jeune fille qui est pour Dumas le type de l'ingénue moderne. Supposez que la Marcelle du *Demi-Monde* ait été élevée dans un bon pensionnat et qu'elle ait vu, à sa sortie de pension, la bonne compagnie du jour, vous aurez Mlle de Riverolles, qui est très sage, mais très futée, de propos hardis, mais de conduite prudente, qui, parmi les amis de son frère, choisit sagement un quadragénaire, brave homme au fond et pas trop déplumé. C'est Mlle Reichemberg qui joue ce rôle avec bien de la finesse et de la malice. Elle a, du jour au lendemain, rendu célèbre la recette de la salade japonaise.

Ah! que le personnage de Riverolles est difficile et ingrat! Comme j'admire Febvre d'avoir gardé à ce nigaud la dignité correcte de l'homme du monde! Savez-vous bien que, si ce rôle eût été insuffisamment tenu, il n'y avait plus de pièce. C'est sur lui que l'ouvrage repose tout entier.

Thiron est d'une causticité très amusante dans le rôle énigmatique et impossible du père. Worms n'a qu'un rôle de confident, ou, si vous aimez mieux, de Desgenais. Il lui donne beaucoup de mordant; il dit avec une ironie bien mélancolique la scène du pessimisme. Truffier a es-

quissé de façon très plaisante une silhouette de jeune
crevé, et Laroche joue convenablement, bien que de façon
un peu grise, le quadragénaire qu'épousera Mlle Reichemberg.

N'oublions pas Coquelin cadet, qui fait Jean, le domestique. Il excelle à donner une physionomie curieuse à ces
personnages de second plan. Il a le sens de la caricature.
Mlle Kalb ne fait que passer dans un rôle de soubrette.
On a eu plaisir à voir sa figure éveillée.

Francillon inaugure, à vrai dire, l'administration de Claretie. Car il n'avait pu jusqu'à cette heure qu'achever
les projets de M. Perrin. Pour son premier coup, il a eu la
main heureuse. Mais, comme disait Dumas lui-même, on
n'a pas du bonheur comme on a du ventre, sans le faire
exprès.

21 janvier 1887.

LE SUPPLICE D'UNE FEMME

I

Le *Supplice d'une Femme* offre cette particularité, singulière entre toutes, que nous n'en pouvons nommer l'auteur. L'affiche porte trois étoiles. Il est vrai qu'en revanche tout le monde connaît le mot de ce secret, qui est, assurément cette fois, le secret de la comédie. Les noms de MM. Émile de Girardin et Alexandre Dumas fils sont dans toutes les bouches.

Mais pourquoi chacun d'eux a-t-il décliné l'honneur d'un triomphe si éclatant, ou plutôt pourquoi n'en ont-ils pas pris chacun leur part? Associés pour le travail, comment se fait-il qu'ils se soient dérobés chacun de son côté quand il ne s'est plus agi que d'en recueillir la gloire? Il y a là un mystère qui intrigue le public. Je n'ai guère rencontré depuis huit jours une personne que ne me demandât la clef de cette irritante énigme.

La vérité est ici, comme partout d'ailleurs, assez difficile à démêler, à travers les récits contradictoires de ceux qui prétendent le mieux la connaître. Les amis de M. Émile de Girardin content l'histoire d'une manière, les tenants de Dumas fils donnent une autre version, et les indifférens se jettent à la traverse, embrouillant de circonstances nouvelles un procès déjà fort compliqué. Peut-être vaudrait-il mieux ne pas s'acharner à la découverte d'un petit secret où l'art, après tout, n'est intéressé en aucune sorte. Mais la curiosité du public a été si vivement surexcitée par ce bizarre incident, qu'on ne peut guère lui opposer une fin de non-recevoir. Voici, après enquête, ce qui m'a paru le plus vraisemblable.

M. de Girardin, qui a dû voir bien des drames en sa vie, avait été jadis le témoin d'une scène, qu'il avait trouvée très émouvante dans la vie réelle, et qu'il songea à transporter au théâtre. Il le fit avec la maladresse d'un débutant qui appuie lourdement, et d'une main inexpérimentée, sur les situations les plus délicates. Il lut sa pièce au Théâtre-Français. Elle était d'un homme trop connu et trop influent pour qu'on la refusât : on la reçut donc, avec une politesse froide, en lui faisant comprendre qu'en l'état où elle était, elle aurait quelque peine à être jouée.

M. de Girardin en appela à un petit comité d'amis, qui, après bien des compliments, se rangèrent à l'avis déjà donné par M. Thierry. Alexandre Dumas avait assisté à cette lecture. Le sujet le frappa; il vit aisément qu'il y avait là un beau drame, qui n'était pas encore entièrement sorti de son bloc. Il dit à M. de Girardin qu'il suffirait d'un très petit nombre de retouches, pour mettre la pièce au point, et qu'il se chargeait de les indiquer, d'un coup de plume.

A quelque temps de là, en effet, il rapporta le manuscrit marqué au crayon rouge de quelques annotations. M. de Girardin lut ces remarques, les trouva justes; mais il était fort occupé de politique et jeté dans un autre courant d'idées. « Tenez, dit-il à Dumas, vous avez commencé cette besogne; vous seriez bien aimable d'aller jusqu'au bout; remportez le manuscrit! »

Dumas n'a point pour habitude d'accepter de collaboration. Mais le sujet lui plaisait; il se sentait aussi plus libre sous le nom d'un autre que sous le sien propre. Le voilà rognant, taillant, ajoutant, récrivant. Il sort de ce travail une nouvelle pièce, si différente de l'ancienne que M. de Girardin en est déjà un peu ému.

Il demande qu'on lise les deux manuscrits au comité du Théâtre-Français. C'est lui qui commence; et il n'a pas achevé le second acte que Régnier déclare qu'il est inutile d'aller plus loin; qu'il ne jouera jamais un rôle, où il est sûr d'être sifflé dès la première scène. On passe à la version d'Alexandre Dumas, qui paraît scabreuse encore, mais possible à tout prendre.

— Faites donc comme vous voudrez, dit M. de Girardin, et que Dumas se charge des répétitions!

Personne n'ignore qu'il n'y a pas une pièce, si achevée soit-elle, qui ne fonde pour ainsi dire tout entière et ne se reconstruise au travail des répétitions.

C'est une scène qu'on supprime, une autre qu'on ajoute, un mouvement qu'on modifie; un drame en répétition est une sorte de matière fluide que l'on pétrit en vingt façons, avant qu'elle prenne une forme définitive. Après vingt jours de ce travail incessant, où Régnier eut, dit-on, une grande part, la pièce de Dumas ne se ressemblait plus guère à elle-même; mais elle ressemblait encore bien moins à celle de M. de Girardin.

On le convoqua pour les répétitions générales; il ne reconnut plus son œuvre, s'emporta, et déclara qu'il la retirait. On lui répondit qu'il n'en avait pas le droit, son collaborateur se refusant à cette combinaison. Il y eut quelques mots vifs échangés : « Ah! c'est ainsi, s'écria M. de Girardin, eh! bien! je ne veux être pour rien dans tout cela. — Ni moi, non plus, répliqua Dumas fils, puisque vous le prenez sur ce ton. » Et les voilà tous deux qui, partant chacun de leur côté, laissent les comédiens à eux-mêmes.

Les répétitions générales continuent ; point d'auteurs ! Cela ne s'était jamais vu depuis que le monde est monde. Les acteurs allaient toujours ; mais la peur commençait à les galoper ! Une pièce abandonnée, cela ne dit rien de bon. On arrive ainsi à la dernière répétition, celle qui se fait en costume. M. de Girardin se blottit au fond d'une baignoire, à gauche ; Dumas, au fond d'une autre baignoire, à droite ; tous deux en face l'un de l'autre, en chiens de faïence. L'un furieux, l'autre boudant ; à l'orchestre, trois ou quatre dames, amies de la maison, qui suivaient le drame et fondaient en larmes. C'était le public.

— La pièce tombera, criait Girardin. J'en suis sûr.

— C'est bien possible, disait Dumas, je m'en lave les mains.

Vous imaginez l'effet de ces prédictions sinistres sur les comédiens. Eux-mêmes n'étaient point déjà si rassurés ! La donnée du drame leur semblait si hasardeuse ! L'un d'eux me contait que, le soir de la première représentation, ils entrèrent en scène avec la conviction qu'ils allaient tomber sous les sifflets.

L'émotion leur étranglait la voix. Lorsque, à la chute du rideau, on rappela les acteurs, et qu'il fallut reparaître, Mme Favart, qui est pourtant une robuste et vaillante artiste, était si brisée qu'elle pouvait se traîner à peine et pensa s'évanouir.

Le succès, qui fut inouï, ne fit qu'accroître la mauvaise humeur de M. de Girardin. Tous ses amis couraient le féliciter : — Mais, s'écriait-il, ce n'est pas ma pièce ; je n'accepte pas vos compliments. Laissez-moi tranquille.

— Allez au diable ! disait de son côté Dumas aux siens ; est-ce que cela me regarde ? — Et cependant le public, battant les mains, criait à s'égosiller : L'auteur ! l'auteur !

Mais personne ne voulait plus l'être : la toile se releva, et Régnier, s'avançant à la rampe : « Messieurs, dit-il, l'auteur de la pièce que nous avons eu l'honneur de représenter devant vous désire garder l'anonyme. » L'auteur était donc celui-là même que Figaro tenait pour son patron. Qu'importe après tout ? Il ne faut point demander à une œuvre de qui elle est signée, mais si elle est bonne.

Le premier mérite de la pièce nouvelle, celui qui fait son succès près du public, c'est une si merveilleuse rapidité d'action que je ne crois pas avoir jamais rien vu de pareil au théâtre. Le drame est posé en deux scènes avec une décision, avec une netteté incomparable ; il vous prend tout de suite et ne vous lâche plus. Il court, il se précipite, et vous le suivez tout haletant, c'est comme une violente sensation d'angoisse ; on a le cœur serré, la gorge sèche, on ne respire plus !

La pièce ne dure guère qu'une heure et quart ; mais du premier mot on est saisi ; il n'est plus possible, après cela, d'avoir un seul moment de distraction ; l'émotion va toujours croissant, tandis que l'action est emportée, en droite ligne, comme un boulet de canon, avec une incroyable force de logique. Ce n'est qu'arrivé au bout que les nerfs se détendent ; il y a même je ne sais quoi de douloureux dans cette sensation si violente, si continue. On demanderait volontiers grâce.

Voici une petite fille de sept ou huit ans qui joue dans un salon. Deux hommes la prennent tour à tour dans leurs bras, lui donnant chacun une poupée ; car c'est le jour de sa fête. Elle dit à l'un : Papa ; à l'autre : Parrain ; tous deux la caressent, l'un avec la confiante plénitude d'affection d'un père ; l'autre avec une sorte de tendresse jalouse.

Vous en faut-il plus ? Vous savez le secret qui pèse sur

cette maison. Point d'explication, point de vain parlage ; vous êtes en cinq minutes au milieu du drame. Entre ces deux hommes est l'épouse, adorée du mari qu'elle a trompé et qui la regarde comme la plus sainte des femmes, éperdument aimée d'un amant qu'elle n'aime plus, qui lui est devenu le plus insupportable des tyrans, qu'elle souffre par habitude, par faiblesse, par peur du scandale.

Elle n'y tient plus ; elle veut fuir. — Allons en Italie, dit-elle à son mari ; je suis malade. — Allons en Italie, répond l'autre. Il a promis sur ce voyage le secret à sa femme. Mais il n'y a qu'un homme à qui il ne puisse s'en taire. C'est son ami intime, le parrain de sa fille, son associé, celui qui, il y a sept ans, l'a sauvé de la ruine en mettant un million dans sa maison de banque en péril.

Et l'amant va droit à la femme :

— Vous resterez, madame ; je vous défends de partir.
— Et de quel droit ?
— Du droit de mon amour !

Ainsi se pressent les situations, et nous ne sommes qu'au premier acte. La malheureuse femme n'envisage qu'avec horreur l'abîme où elle est tombée. Les bruits du monde qui reviennent à ses oreilles l'épouvantent sur la possibilité d'un éclat prochain ; la bonté de son mari, le sourire de son enfant, la lassitude d'un amour déjà usé, tout lui est un sujet de désespoir. Une lettre de son amant l'achève. Il lui apprend que le secret de leur liaison est percé à jour, qu'il sera bientôt connu du mari, que leur seule ressource est de fuir ensemble, avec leur fille.

Quelle effroyable nouvelle ! Où se sauver de tant d'horreurs ? Par un aveu ? à qui ? à son père ? Il la tuera. A sa mère ? elle en mourra de chagrin, la digne femme. Dans la mort ? mais elle n'ose pas ! Cela est si terrible, du sang, une cervelle répandue ! Oh ! elle tombe pâmée dans un fauteuil.

Le mari arrive souriant ; il donne une fête pour l'anniversaire de sa fille. Il est heureux ; il sent le besoin de s'épancher. Il voit sa femme. La voilà, cette admirable scène ! l'une des plus belles, des plus poignantes, des plus inattendues qu'on ait mises au théâtre. Ah ! comme nous avions tous le cœur pris dans un étau ! avec quelle horrible anxiété nous attendions, le cou penché, les regards fixes, ce qui allait advenir de tout cela. Non, je ne me rappelle pas avoir éprouvé une aussi cruelle émotion.

— Eh ! mais, qu'as-tu ? Tu es malade ? On m'a dit que tu avais reçu une lettre qui t'avait contrariée ! Est-ce une mauvaise nouvelle ?... ta mère est morte ?... Qu'est-ce donc alors ?

Et elle, à toutes ces questions, elle ne répond rien. Elle reste fixe, hébétée, idiote, agitée par une sorte de tremblement convulsif. — Mais cette lettre ! cette lettre ! dit le mari. — Et elle, comme par un mouvement machinal, cédant à une fatalité plus forte, semblable à l'homme qui cesse de lutter contre l'eau où il se noie, tire la lettre de sa ceinture, et la présente, sans savoir ce qu'elle fait.

Ah ! quels applaudissements furieux et prolongés ont éclaté de toutes parts ! Quelle leçon pour vous, mon cher Dumas ! Vous n'avez plus foi au drame, depuis la *Dame aux Camélias*. Vous vous obstinez à des études tristes et cruelles de la vie, admirables sans doute par la profondeur de l'observation et la logique du développement, mais qui nous font froid dans le dos.

Voyez ce que peut sur le même public un mouvement pathétique et vrai ! Tout le monde est emporté : femmes, bourgeois, amateurs et critiques ! On se récrie, on bat des mains, on ne sait plus où l'on en est : c'est que peu de gens ont de l'esprit, moins encore de la logique, tous ont un cœur :

Ah ! frappe-toi le cœur, c'est là qu'est le génie.

la moitié du génie, au moins. La situation ! Il n'y a que cela au théâtre, pour le gros du public, et c'est lui qui décide en souverain juge.

Celle-ci est terrible. L'étonnement du mari à cette lettre qu'il ne comprend pas d'abord, son désespoir quand il l'a comprise, ses reproches, ses imprécations, la douleur muette et désespérée de la femme, qui ne répond que par des mouvements de tête et des sanglots étouffés, toutes ces attitudes si douloureuses forment un tableau plein d'angoisses et de larmes.

— « Et depuis quand ? » s'écrie l'époux outragé. — La femme rappelle une circonstance qui fixe une date. — « Sept ans ! » répond-il, et, au milieu d'un torrent d'invectives, une idée lui traverse le cerveau : « Mais alors, ma fille ! » Point de réponse. Elle baisse la tête et plie les genoux.

Et c'est alors que la petite Jeanne entre, insoucieuse, le sourire aux lèvres. — « Emmenez cette enfant ! emmenez cette enfant ! » s'écrie le père d'une voix étouffée. Elle se jette à son cou, et il l'embrasse furieusement, suffoqué de larmes et de sanglots sourds. Je n'ai pas vu les yeux des autres, mais je sais bien comme étaient les miens.

Le troisième acte est au niveau des deux autres. Le mari fait venir les deux coupables ! Il passe en revue toutes les solutions qu'autorise la loi et l'usage. Il en montre, avec une implacable force de raisonnement, la stupide inanité.

— Un duel ? mais si je ne vous tue pas, où est l'expiation ? Si vous me tuez, où est la justice ?

Cette logique enflammée a produit sur le public un effet extraordinaire ! Il a éclaté en longs applaudissements, qui se sont répétés encore au dénouement. Je ne vous le dirai pas, ce dénouement. Il vaut mieux vous laisser le plaisir de l'entendre au théâtre. Mais il a porté au comble l'enthousiasme de la salle.

Ce triomphe, si vif, si inattendu, ressemblait à une surprise : c'en était une à certains égards. Il y a bien à dire à ce drame quand on y a réfléchi, mais sur le moment il enlève tout pouvoir de réfléchir. On ne voit plus rien, on suit aveuglément, fatalement, une émotion trop poignante pour qu'on la discute.

Et c'est bien ici que se découvre à plein une de ces lois de l'art dramatique à laquelle je reviens si souvent. C'est qu'au théâtre tout défaut qui n'est pas senti n'existe pas. Arrêtez-vous un instant sur ce drame : les objections naissent de toutes parts.

Comment cette femme est-elle tombée, ayant un mari si parfait! et, en admettant même un chute, comment ce commerce dure-t-il depuis sept ans, avec un homme qu'elle abhorre? Où avez-vous trouvé des amants si enragés que cet Alvarez, qui, après sept ans de liaison, menace une femme mariée de la tuer, si elle le quitte, surtout après qu'elle lui a dit sur tous les tons qu'elle ne l'aimait pas?

Je sais bien qu'Alvarez a du sang espagnol dans les veines, mais on ne fait plus d'Espagnols comme ce farouche. Il me rappelle Odry dans je ne sais quelle parodie ramenant sur ses yeux son manteau couleur de muraille, tordant un poignard dans sa main, et disant de son ton de bonhomie narquoise : « Suis-je assez Espagnol? »

Tout le drame est bâti sur des impossibilités flagrantes. Oui, mais on ne vous laisse pas le temps de les voir. Et c'est là qu'est l'habileté de l'écrivain. M. de Girardin, qui, avec beaucoup d'esprit, n'a pas l'expérience de la scène, avait voulu répondre à toutes les objections qu'il croyait bien que le public ne manquerait pas de se faire.

Ainsi, quand le mari disait à la femme : « Eh ! comment avez-vous pu céder ? » elle le disait : elle contait... eh ! mon Dieu ! ce qui devait être la vérité. Elle était au salon, un soir de printemps, assise sur le canapé, Alvarez à côté d'elle. Ils étaient seuls, l'air était parfumé ; bref, l'histoire de bien des chutes.

Voyez-vous d'ici comme eût été accueilli cet aveu ! Vrai, tant qu'on voudra, il eût blessé le public ; car, en choquant toutes les convenances, il eût heurté les conventions dramatiques. Je ne saurais assez le répéter : la vérité vraie n'a ses entrées à la scène que sous le couvert de la convention.

Il est absolument contre toutes les conventions qu'une femme cède à une surprise des sens. Il y a bien d'autres choses qui, vraies dans la réalité, cessent de l'être au théâtre. Ainsi, dans la pièce primitive, Alvarez prenait à part l'enfant, lui demandait comment son père et sa mère avaient, la veille, passé la soirée : s'étaient-ils retirés dans leur chambre à coucher ? ensemble ? et l'enfant répondait.

Quoi de plus vrai ! mais aussi quoi de plus hideux ! il n'est resté de cette scène que juste ce que la convention permet au public d'en supporter :

— Hier soir, demande Alvarez à la petite fille, qui est-ce qui est venu voir ton père et ta mère ?

— Je ne sais pas, dit l'enfant ; on m'a envoyé coucher à neuf heures.

La scène est indiquée, et l'imagination du public peut travailler sur ce simple trait. Mais elle n'est pas froissée dans ses susceptibilités les plus délicates. Les idées honteuses que le dialogue soulève ne se présentent plus à l'esprit que dans le lointain, à travers un brouillard. Cela suffit pour la perspective du théâtre. Songez que, dans un sujet pareil, il suffit d'un mot mal sonnant pour que la pièce culbute!

Ce mot n'a pas été dit : il faut donc louer sans réserve toute la vigoureuse logique de la composition, qui est la part de M. de Girardin, l'habileté de l'exécution, où se révèle la main de Dumas fils.

Ce drame n'apporte rien de nouveau : le sujet est vieux ; les développements, sauf la scène de la lettre, qui est originale, sont connus tous : mais il y a dans la manière de poser le drame une audace de main, et, dans la déduction passionnée des scènes, une puissance de logique qui sont des plus remarquables. Le *Supplice d'une Femme* n'est donc pas un chef-d'œuvre, et je le mets, pour ma part, après réflexion, bien au-dessous de comédies qui n'ont pas excité les mêmes transports ; mais il séduit, il entraîne ; il aura pour lui toutes les femmes et la grande moitié des hommes.

8 mai 1865.

II

Nous avons donc enfin entre les mains les pièces du procès. Non pas toutes, il est vrai ; mais assez pour nous former une opinion. Le *Supplice d'une Femme* vient de paraître en librairie. M. de Girardin a fait précéder l'œuvre commune d'une préface très longue, où il a intercalé, pour donner matière aux comparaisons, quatre grandes scènes de sa pièce à lui, telle qu'il l'avait primitivement écrite, ou, pour parler plus exactement, telle qu'il l'avait réécrite, car les personnes qui semblent être le mieux au courant de cette bizarre affaire assurent que la version présentée ici par M. de Girardin n'est que la seconde, celle qu'il avait déjà refondue une première fois sur les indications de ses amis.

La préface seule est signée; le *Supplice d'une Femme* ne porte toujours point de noms d'auteurs, et ce qu'il y a de plaisant, c'est que le procès va s'engager entre les deux collaborateurs, précisément sur la propriété d'une œuvre qu'ils répudient l'un et l'autre. Ils sont d'accord sur les droits à toucher; tous deux sont d'ailleurs assez généreux pour que cette question leur soit d'un médiocre intérêt. Mais où ils ne s'entendent plus, c'est que chacun d'eux prétend annexer à ses œuvres et garder pour soi un drame qu'ils n'ont voulu signer ni l'un ni l'autre. Dumas déclare qu'il mettra le *Supplice d'une Femme* dans son théâtre complet, et il exige que M. de Girardin lui en reconnaisse le droit dès aujourd'hui; M. de Girardin refuse.

Là-dessus, les amis communs s'entremettent. On va à Dumas :

— Voyons, mon cher Dumas, c'est un enfantillage. La pièce est vendue, selon l'usage en pareil cas, pour trois ans; vous ne pourrez donc user que dans trois fois 365 jours de l'autorisation de Girardin. A quoi bon l'exiger aujourd'hui? Il est de mauvaise humeur, mais cela passera. L'intérêt de Lévy sera naturellement d'augmenter vos œuvres complètes d'un drame resté célèbre; cet intérêt même vous répond de son assentiment et de son zèle. Allons! cédez, laissez dormir cette affaire!

Mais non, Dumas n'en veut pas démordre. La pièce m'appartient, elle est à moi, je la veux, et je la veux tout de suite. — On retourne chez Girardin.

— Eh! bien! il paraît que votre pièce...

— Ma pièce! s'écrie Girardin furieux, ce n'est pas ma pièce! Il n'y a pas un mot de moi là dedans.

— Allons! tant mieux; notre négociation n'en deviendra que plus facile.

Et on lui expose ce dont il s'agit.

— Jamais, répond Girardin avec sa logique ordinaire. La pièce n'est pas de moi, donc je la garde. Je n'y suis pour rien, et c'est pour cela justement que je ne la veux pas céder. Je viens d'écrire cent cinquante pages pour démontrer qu'elle est absurde, que le public avait eu tort de l'applaudir, et les critiques de la louer; aussi restera-t-elle dans mes œuvres. C'est mon dernier mot.

On retourne chez Dumas; on le met au courant, et l'on ajoute que si Girardin parle aujourd'hui de cette façon, il y a gros à parier qu'il dira précisément tout le contraire dans trois ans; qu'il a constamment fait ainsi, et, pour preuve, on apporte la collection de la *Presse*. On montre que, sur toutes les questions, il a toujours soutenu le contre d'abord, puis le pour, avec une égale force de raisonnement, à moins pourtant qu'il n'eût commencé par le pour, ce qui le mettait dans la nécessité de finir par le contre.

— Pourquoi M. de Girardin changerait-il en cette unique circonstance? C'est un homme très conséquent. Ce qu'il a fait une fois, il le fera toujours. Car la logique est la logique; et qui a plus de logique que le directeur en chef de la *Presse?*

Dumas ne se laisse point persuader, et voilà, à l'heure où j'écris, où en sont les choses. Il en est du *Supplice d'une Femme* comme du *Fils naturel* d'Alexandre Dumas. Il est venu au monde sans nom, et deux pères se disputent ensuite, au grand amusement de la galerie, l'honneur de lui en donner un. Chacun d'eux a des droits, et qu'il ne me semble pas impossible de déterminer assez exactement.

Le premier, le principal, est à M. de Girardin; cela me paraît incontestable; dans toute œuvre d'art, il y a un mouvement général de toutes les parties vers un certain but, et c'est ce mouvement qui constitue l'œuvre qui en est le fond.

M. Ingres disait à ses élèves : « Quand vous voyez tomber un maçon d'un toit, prenez vite, tandis qu'il est en l'air, les quatre lignes, celles qui indiquent le mouvement. » Ces quatre coups de crayon, c'est le tableau tout entier, car c'en est le dessin général. Vous pourrez, après cela, être plus ou moins heureux dans l'exécution du détail, il n'importe : l'œuvre est là ; le reste est affaire de métier, de soin et de patience.

Ce qui est vrai de la peinture l'est de tous les ouvrages de l'esprit.

Tenez ! un feuilleton... Ce n'est certes pas grand'chose qu'un feuilleton, et beaucoup de gens en font l'excellents, qui n'en sont pas plus fiers. Mais encore y a-t-il des écrivains très distingués qui ne viendront jamais à bout d'en écrire un qui soit passable. C'est qu'ils n'ont pas le mouvement. Un article de journal ne vaut pas par le détail ; tant mieux si ce détail est joli, spirituel, agréable. Mais là n'est point le mérite ni l'effet de l'article.

Il est dans le mouvement qui emporte l'idée, et en même temps l'esprit du lecteur, d'un point à un autre. Et cela est si vrai que dans un feuilleton bien venu, les ciseaux de la censure peuvent couper à tort et à travers ; il en reste toujours quelque chose ; et quoi donc ? le souffle, ce je ne sais quoi d'insaisissable que l'on n'a pu retrancher, qui en était comme l'âme, qui en déterminait l'allure et le mouvement.

A plus forte raison, pour une œuvre considérable, pour une œuvre de théâtre. Là, le détail est très important ; car un mot peut culbuter un succès, comme un petit caillou fait trébucher lourdement un homme lancé à toute vitesse. Mais enfin ce n'est point la perfection du détail qui constitue une pièce de théâtre, qui en est le grand ressort caché, et, pour ainsi dire, la vie intime.

Ce n'est pas même, comme vous pourriez le croire, l'idée

générale du drame. Voyez que l'idée de M. de Girardin est celle de tout le monde. Le ménage à trois, qu'y a-t-il de plus vieux ? de plus usé ? Non, c'est le mouvement. Les quatre lignes ont été dessinées par M. de Girardin d'une façon qui lui est toute personnelle et qui, par cela même, est originale. La manière nette et rapide de poser les personnages et de précipiter les événements sur une situation franche et terrible à la fois ; voilà ce qui est la part de M. de Girardin, ce que personne ne pourra lui ôter. Quand il serait prouvé que de la pièce primitive il ne reste plus un seul mot, que tous les détails en ont été changés, elle n'en appartiendrait pas moins à M. de Girardin, parce qu'il lui a donné son allure générale.

Peut-être ces idées sont-elles difficiles à comprendre à ceux qui ne s'occupent pas de littérature, ni d'art. Un détail, on le voit, on le touche; on s'en rend compte. Mais ce mouvement dont je parle, cela n'a point de corps ; on ne peut le saisir, à un endroit plutôt qu'à un autre : c'est le grand ressort d'une montre fermée. Vous ne le voyez point ; il agit pourtant, et que vous changiez les aiguilles, le cadran, les ornements extérieurs de la montre, tout enfin, ce n'en est pas moins lui qui donne la vie à la machine. C'est à l'homme qui l'a montée que vous devez le plaisir de savoir l'heure.

Le mérite, et ce mérite n'est pas mince, d'Alexandre Dumas fils, c'est d'avoir travaillé dans le sens de ce mouvement premier. Il l'a fait avec une adresse merveilleuse et un art exquis. M. de Girardin l'accuse dans sa préface d'avoir dénaturé son œuvre ; je ne saurais au contraire assez admirer avec quelle précision le collaborateur a saisi l'allure indiquée, la faisant encore plus vive, redressant ses écarts, et la précipitant au but avec plus de force.

M. de Girardin nous donne la grande scène du 1er acte,

entre Alvarez et Mathilde, telle qu'il l'avait écrite, et il nous dit : Voyez la différence! Comme, chez moi, tous les sentiments sont creusés! Par combien d'explications de toutes sortes se marque le double supplice de l'amant et de sa maîtresse, la jalousie chez l'un, la lassitude chez l'autre! Que reste-t-il de tout cela dans la scène qu'on joue tous les soirs devant vous? Deux mots à peine.

Mais qu'importe, je vous prie, si ces deux mots suffisent! N'est-ce pas vous qui, le premier, avez donné à la pièce son allure rapide? qui avez écrit en tête du morceau : *Allegro appassionnato?* Votre collaborateur suit le mouvement et le presse encore; et il a raison. Elle est passable, votre scène, mais elle eût été, quoi que vous en puissiez dire, horriblement dangereuse.

Vous vous arrêtez là, dès le début du drame, sur une situation affreuse; vous nous la tournez et retournez impitoyablement sous les yeux; nous n'avions pas encore eu le temps d'être émus et de nous intéresser à personne. Croyez-vous que nous eussions supporté ce spectacle, que nous ne nous fussions pas écriés : Qu'ils lavent leur linge sale entre eux, sans nous mettre ainsi de la partie!

Ah! que votre collaborateur a été plus prudent et plus habile! Il indique d'un trait la jalousie de l'amant; il fait terminer l'acte sur ce cri de la femme : *Quel supplice, mon Dieu! quel supplice!* Il laisse à nos imaginations à deviner le reste, et court à la situation principale, à celle qui, nous donnant où nous intéresser, ouvrira la source des pleurs. Il réserve tous les développements de passion pour le moment où Mathilde livrera à son mari la lettre fatale.

Là encore, nous avons les deux scènes : M. de Girardin a mis la sienne en regard du texte, qui a été adopté par la Comédie-Française. On voit tout à plein que le mouvement général de cette admirable scène est en effet du premier auteur. Mais comme celle du collaborateur l'emporte et par la force de l'expression et par le pathétique des sentiments ! M. de Girardin appelle Dumas son *élagueur :* Va pour élagueur ! mais avec quel goût il a élagué une quantité de dissertations inutiles.

Dans ce dialogue très serré qui s'engageait entre le mari et la femme, M. de Girardin, emporté par ses habitudes de polémiste, les avait fait se prendre sur toutes les questions que soulevait l'entretien; alinéa contre alinéa.

— Vous m'avez ravi, s'écriait Dumont parlant à sa femme, mon honneur et mon bonheur.

— Dites votre bonheur, répondait la femme. Mais, ne dites pas honneur; l'honneur d'un homme ne dépend pas de la fidélité d'une femme.

C'est une maxime très vraie sans doute. Mais qui ne voit que ce sont des journalistes ivres de logique, qui parlent ainsi, et non deux époux dans une situation terrible ? Ainsi va M. de Girardin, attachant un premier-Paris à chacune des idées qu'il met dans la bouche de ses personnages.

Tout cela a disparu : l'élagueur a-t-il eu si tort? En revanche, il a, même dans cette scène, ajouté un certain nombre des choses qui montrent qu'il n'est pas seulement un élagueur habile. L'étonnement du mari à cette lettre qu'il ne comprend pas, la succession des sentiments par où il passe, tout ce tableau si naturel, si vrai, si poignant, est de Dumas.

Et ce jeu de scène qui a transporté la salle le premier soir : Dumont, comparant les dates, un doute lui traverse l'esprit comme un éclair ; il saisit la tête de sa femme, à genoux devant lui, la relève, l'interroge d'un regard ; un regard lui a tout appris ; il tombe suffoqué de douleur. Rien de plus beau que ces yeux plongés dans les yeux, ce terrible secret s'échappant d'une scène muette. Le public en a tressailli tout entier. Qu'eût-il dit s'il eût écouté cette conversation :

— Chaque baiser de ma fille, dit Mathilde, me brûlait comme un remords.

— Ainsi cette enfant que j'aimais si tendrement, elle n'était pas ma fille... elle était la fille...

— D'Alvarez! s'écrie la femme.

— D'Alvarez! vous l'aimez donc bien.

Est-ce que cette honte révélée par la femme même n'ôte pas à l'intérêt qu'elle inspire? est-ce qu'elle ne blesse pas certaines susceptibilités intimes? Est-ce que Dumas, en rendant la situation plus rapide, ne l'a pas rendue plus douloureuse?

Que de fois aussi n'a-t-il pas donné plus de vigueur et d'énergie à l'expression. Si vous voulez comprendre ce qu'est un mot mis à l'optique du théâtre, comparez ces deux dialogues. Il n'y a pas d'étude plus curieuse.

Le mari annonce à l'amant le châtiment qu'il a trouvé pour lui. Il le condamne à une action qui doit le déshonorer devant le monde.

— Mais, s'écrie Alvarez dans la pièce de M. de Girardin, ce sera mon déshonneur!

— Suis-je tenu, répond Dumont, d'avoir pour votre honneur plus de scrupule que vous n'en avez eu pour le mien?

La réplique est d'une logique foudroyante. Il semblait qu'on n'y pût rien ajouter. Écoutez Dumas :

— Mais c'est une infamie que vous me proposez là!

— En êtes-vous à les compter?

Le premier mot est d'un logicien très serré, qui confond un argument par un autre argument; le second est d'un homme passionné qui pousse à bout la vérité et la dépasse encore, qui jette toute sa haine, tout son mépris dans une injure. L'un serait d'un grand effet dans un article de polémique ; l'autre a fait éclater au théâtre les applaudissements de toute la salle.

— C'est vous que j'ai toujours aimé, dit Mathilde à son mari, qui vient d'apprendre sa faute.

— Si cela est vrai, répond-il, à quel sentiment avez-vous donc cédé?

Voilà Girardin. Voici Dumas à présent.

— Je n'ai jamais aimé que vous.

— Si cela est vrai, quelle femme êtes-vous donc?

C'est la même idée assurément, mais comme on sent dans la seconde version la main d'un homme qui sait le théâtre.

Et cette phrase, célèbre aujourd'hui, qui, le premier soir a soulevé les acclamations du public, et que tous les journaux ont citée : « Si je ne vous tuais pas, où serait la réparation? si vous me tuiez, où serait la justice? » cette phrase où semble se résumer, comme en un trait de feu, la logique passionnée qui emporte le drame d'un souffle violent, elle est des deux auteurs à la fois.

— Si je ne vous tuais pas, où serait la réparation? avait écrit M. de Girardin.

Et c'est Dumas qui ajoute :

— Et si vous me tuiez, où serait la justice?

Et voilà deux hommes qui se font un procès! N'est-il pas étrange qu'on s'entende si mal quand on se complète si bien! M. de Girardin est exaspéré contre le dénoûment de Dumas, et regrette que le sien n'ait pas prévalu. C'est toujours une chose qui confond d'étonnement les gens impartiaux, que de voir à quel point un homme d'esprit se trompe sur ses intérêts les plus chers. Croiriez-vous que, d'après M. de Girardin, le mari pardonne à tout le monde, à l'amant, dont il presse la main ; à sa femme, qui a essayé de se brûler vive et qui n'a pas réussi, fort heureusement pour elle.

Le récit de ce faux incendie eût reçu du public un joli accueil! La petite fille ne paraît dans ce dernier acte que pour dire : Maman a brûlé le bas de sa robe! et aussitôt un autre personnage arrive, qui annonce que madame est éteinte. Vous voyez d'ici le fou rire qui se fût emparé de la salle.

Je ne prétends pas que le dénoûment adopté par la Comédie-Française soit exempt, sinon de toute critique, au moins de toute discussion. Ce qu'il y a de plus difficile à trouver dans une pièce de théâtre, comme dans un récit, c'est le dénoûment. Et la raison en est simple. La réalité n'en donne jamais. Rien ne se termine dans la nature, tout se continue...

Repassez dans votre mémoire les drames ou comédies auxquelles vous avez été mêlé; avez-vous jamais pu marquer un point précis où l'action prenait son terme? La vie humaine est une rivière où le flot presse le flot, d'un mouvement tantôt plus rapide, tantôt plus lent, mais sans interruption.

Une œuvre d'art doit avoir une fin. Il faut la trouver, et partant il faut suspendre à un endroit arbitraire le cours du fleuve! La mort seule ou le mariage sont des accidents assez définitifs pour qu'on s'y arrête : aussi est-ce le dénoûment ordinaire de toutes les actions dramatiques. Mais quand une comédie ne souffre aucun de ces deux temps d'arrêt, il n'y a pas de dénoûment qui ne prête à des objections.

Celui de Dumas peut être attaqué, mais il est pathétique, et il a le mérite de faire entrevoir dans le lointain une réconciliation possible entre la femme et le mari; il supprime l'amant, il le punit. Car il lui refuse, même au moment de la séparation suprême, la consolation d'embrasser sa fille.

Dans la pièce de M. de Girardin, c'est le mari qui pousse la petite Jeanne dans les bras de l'amant, et qui lui dit : Embrasse-le. Cela était-il acceptable ?

C'est que M. de Girardin a fait œuvre de polémiste.

Il a écrit une pièce, voulant qu'elle fût une thèse philosophique et sociale. Dumas est arrivé, qui a retranché tout ce qui était polémique, qui a insisté au contraire sur ce qui était action et drame. Il a rendu un double service en coupant et en ajoutant, en atténuant et en renforçant.

A l'un, la pièce appartient parce qu'il a donné le plan premier, le mouvement général, les quatre lignes, sans compter la scène principale, celle autour de laquelle l'action tourne.

A l'autre, elle appartient également, parce qu'il l'a récrite tout entière, parce qu'il l'a développée dans le sens où elle avait été jetée d'abord, parce que, sans lui, elle fût tombée ; parce que, au théâtre surtout, la conception n'est rien sans l'exécution.

Qu'ils la signent donc l'un à côté de l'autre. Que chacun d'eux la garde, dans ses œuvres complètes, s'il lui plait, à la condition d'indiquer le nom de son collaborateur. Et pour nous, public, que ces querelles de ménage n'intéressent guère, réjouissons-nous qu'un homme aussi profondément original que M. de Girardin, appliquant au théâtre ses éminentes facultés, ait rencontré juste à point pour en corriger l'excès et les compléter, un génie, non moins vif, et aussi rompu au métier que l'était l'auteur de la *Dame aux Camélias*.

15 mai 1865.

HENRI DE BORNIER

LA FILLE DE ROLAND

I

L'événement de la semaine, c'est l'apparition de la *Fille de Roland* à la Comédie-Française. La *Fille de Roland* est un drame en vers; on pourrait même dire, si le mot n'était passé le mode, une tragédie en quatre actes, de M. Henri de Bornier.

Elle a obtenu le premier soir un éclatant succès. J'étais d'avance presque certain du résultat. Voilà sept ou huit ans que j'ai commencé de remarquer chez le public un goût renaissant pour cette vieille et noble forme de l'art dramatique si longtemps abandonnée. Tous les essais que l'on faisait dans ce genre réussissaient également, bien que le mérite des œuvres fût très inégal. J'avais été très frappé du plaisir qu'avait semblé prendre la foule à la *Conjuration d'Amboise*, une tragédie assez médiocre de Louis Bouilhet. Les tirades en avaient été écoutées avec un respectueux empressement; et depuis, toutes les fois qu'un drame historique s'était produit, revêtu de la livrée de la poésie, il avait retrouvé la même faveur. On avait remis à la scène les grands drames de Victor Hugo, et ils avaient réussi par delà ce qu'on avait espéré.

C'étaient de belles œuvres assurément ; mais elles n'étaient pas moins belles à l'époque où elles avaient paru la première fois ; et tout le monde sait qu'en plein mouvement romantique elles n'avaient obtenu qu'un succès houleux et contesté, qu'on avait été obligé de les retirer de l'affiche après un petit nombre de représentations. Le goût du public n'y était pas ; ce public portait en lui, sans bien s'en rendre compte, un désir très vif de comédie, et le premier jour où il lui fut possible de le manifester clairement, lorsqu'il trouva des auteurs pour le satisfaire, il se jeta tout entier de ce côté. Le règne de la comédie a duré plus d'un demi-siècle ; il est probable que, par des raisons que nous ignorons, il s'est fait dans les esprits un mouvement d'idées qui les a de nouveau reportés vers le drame.

Voyez avec quelle ardeur on écoute les tragédies classiques que le Théâtre-Français remet de temps à autre à la scène ! Comme toutes les tentatives faites en ce genre remuent le public parisien ! Souvenez-vous du succès inattendu de *Jeanne d'Arc !* Depuis dix ans, on refusait partout la pièce à son auteur, sous prétexte qu'elle était ennuyeuse. Offenbach la joue, plutôt pour boucher un trou que par conviction. Elle obtient un succès qui l'étonne, qui même, en se prolongeant au delà de toute prévision, le gêne et qu'il est obligé d'arrêter de force pour ainsi dire. Qu'a-t-on applaudi dans *Libres*, de Gondinet, et applaudi avec transport ? deux ou trois morceaux de poésie, qui n'étaient que des accessoires dans l'œuvre. Si le drame eût été tout entier écrit dans la langue du vers, je ne fais nul doute qu'il n'eût réussi.

Le public, cela est certain, a soif de vers héroïques, et

depuis bien plus longtemps qu'il ne le croit lui-même. On serait tenté d'attribuer la renaissance de ce goût aux malheurs de la dernière guerre. Il est possible que les terribles événements dont nous avons été les témoins aient hâté cette révolution. Mais les commencements en datent de plus loin. Les personnes qui me font l'honneur de suivre ce feuilleton peuvent se rappeler avec quelle insistance j'ai recueilli et signalé ces curieux symptômes, dans les dernières années de l'empire. Je ne cessais de répéter que le règne de la tragédie était proche. J'encourageais les jeunes artistes à tenir compte de ce mouvement. Il fallait, leur disais-je, rompre avec cette théorie funeste, qui leur conseillait de briser le rythme du vers, de le rendre le plus semblable qu'il se pourrait à la prose. Le temps est venu, au contraire, où le public voudra qu'on fasse sentir, par l'ampleur et la musique du débit, l'énergie de la période de poétique. Il est l'heure de remonter aux magnifiques traditions de la vieille déclamation française, qui était une sorte de chant.

Le succès de la *Fille de Roland* m'enfonce plus avant encore dans ces idées. Je voudrais qu'il éveillât l'attention des jeunes gens qui écrivent en ce moment les pièces de l'avenir et qu'il ouvrît les yeux des directeurs. La comédie durera longtemps encore, en vertu de l'impulsion donnée d'abord, et puis parce qu'après tout c'est une forme de l'art qui est tout aussi belle, tout aussi féconde que l'autre et qui de tout temps a donné des chefs-d'œuvre. Mais c'est du côté de la tragédie et du grand drame héroïque que souffle le vent. C'est par là qu'il faut ouvrir sa voile.

La *Fille de Roland* est assurément une œuvre de mérite, et de grand mérite. Je ne veux rien ôter de la juste estime que l'on en doit faire. Mais il est évident qu'elle a profité de ces heureuses dispositions du public, de ce goût secret et mal satisfait jusqu'à ce jour, qui le porte vers les œuvres héroïques. Savez-vous bien que si l'on avait des acteurs capables de jouer les *Burgraves* de Victor Hugo, c'est à ce drame, tombé jadis, que je voudrais que l'on s'attaquât aujourd'hui. Je répondrais presque d'un éclatant succès, et ce succès serait dû précisément aux qualités et aux défauts qui ont jadis fait tomber l'œuvre. La génération actuelle est toute prête pour ce drame étrange, surhumain, dans le goût d'Eschyle. Il y a telle tirade, qui n'a excité jadis que des huées, et qui nous ferait tous crier d'admiration. Ainsi va le monde, et telles sont les révolutions du goût. L'essentiel est sans doute, pour une œuvre, d'être excellente, mais il faut aussi qu'elle arrive à son heure.

La *Fille de Roland* a eu cette bonne fortune. L'effort au grand y est visible, et c'est ce qui a séduit par-dessus tout les hommes de 1875. La magnificence du cadre, l'héroïsme de l'action, la noblesse des sentiments exprimés, la laborieuse tension du vers, toujours sonore, alors même qu'il n'est pas plein, nous ont ravis le premier soir, et nous avons applaudi sans réserve; il y en aurait eu quelques-unes à faire.

J'ai déjà exposé plus d'une fois cette théorie que tout sujet pouvait indifféremment, selon la façon dont il était pris, se traiter sous forme de comédie ou sous forme de drame. La *Fille de Roland* nous en apporte une preuve nouvelle. Le drame de M. Henri de Bornier est fondé sur la même idée dont Émile Augier s'est servi pour composer les *Effrontés* et *Ceinture dorée*. De quoi s'agit-il dans ces deux dernières pièces? d'un homme qui a commencé sa fortune par une affaire véreuse, par une manière de vol, sur laquelle s'est expliquée la police correctionnelle. Mais ces débuts ont été oubliés; le millionnaire a eu, dans la première comédie, un fils, dans la seconde, une fille; dans toutes deux, un enfant qu'il a élevé dans les plus sévères principes de la probité et de l'honneur, qui ne sait rien de sa faute et de sa honte, et qui va dans le monde le front levé, s'enorgueillissant du nom qu'il porte. La révélation de l'infamie paternelle tombe comme un coup de foudre sur des projets de mariage qu'elle réduit en poussière.

Transportez ce sujet dans le domaine du drame héroïque, vous aurez la *Fille de Roland*. Le traître Ganelon a livré, par jalousie contre Roland, l'arrière-garde de l'armée de Charlemagne aux coups des Sarrasins. Il a été puni, pour cette noire félonie, d'un supplice étrange : il a été attaché sur un cheval furieux que l'on a lancé dans la forêt. Tout le monde le croit mort; mais il a été recueilli vivant par des moines, dont l'un d'eux l'a guéri et absous, mais sans pouvoir rendre la paix à cette âme bourrelée de remords. Il a dérobé son vrai nom sous celui d'Amaury; il a revêtu la personnalité d'un écuyer devenu comte par le legs que lui a fait de son domaine de Montblois un chevalier mort en guerroyant contre les Sarrasins. Il assiste, vivant, à son déshonneur; il entend les malédictions dont on ne cesse d'accabler autour de lui le traître Ganelon; il est forcé de s'y joindre. C'est un supplice affreux.

Pourquoi le supporte-t-il? Il a un fils, une fleur de chevalerie, à qui il a enseigné les vertus héroïques; il a le plaisir et la douleur en même temps de voir ce jeune homme passionné pour la grande figure de Roland, la prendre pour modèle et détester le nom du traître de Roncevaux.

Supposez maintenant que ce fils sauve une belle princesse, nièce de Charlemagne, en tombe amoureux et qu'il en soit aimé. Rien ne s'oppose à ce mariage, que la crainte incessante du père d'être reconnu. Grâce à l'obscurité dont il a enveloppé sa vie, il a échappé aux regards des hommes; son visage est si changé que les indifférents ont pu passer près de lui sans le reconnaître. Mais Charlemagne ! mais ses anciens compagnons d'armes ! il lui faudrait avouer son vrai nom, rougir devant ce fils, si loyal et si fier !

Le drame est là.

Il est évident, la pièce ayant quatre actes, que c'est au troisième qu'il faudra mettre la scène à effet, celle qui est le pivot nécessaire sur lequel le drame doit tourner : la scène où Ganelon est reconnu. Le premier acte sera tout de préparation ; le second nous fera assister aux angoisses du père, obligé de s'opposer à l'amour de son fils ; le quatrième nous donnera le dénoûment. Si le drame avait eu cinq actes, et je crois qu'il eût gagné à cette coupe, c'est au quatrième acte qu'il aurait fallu placer la reconnaissance. Ce plan est si naturellement indiqué par le sujet, qu'il ne semble pas qu'il puisse y en avoir un autre. Aussi est-ce celui qu'a adopté l'auteur.

On voit par là que le drame comporte trois rôles principaux dont le premier est sans contredit celui de Ganelon, sous le nom du comte Amaury ; les deux autres sont celui du jeune héros et celui de Berthe, la nièce de Charlemagne. Les autres ne sont qu'épisodiques ; le moine qui a converti Ganelon et qui, sachant son secret, rappelle les confidents de l'antique tragédie ; un Saxon, dont Ganelon a jadis tué le père en combat singulier, et qui, bien qu'enfant à cette époque-là, a conservé un souvenir profond du visage de l'homme qui l'a fait orphelin ; enfin Charlemagne, dont quelques personnes auraient voulu imposer le nom au drame. Il est vrai que c'est un grand nom, mais Charlemagne n'est qu'une magnifique décoration à cette tragédie dont l'action pourrait se poursuivre et se dénouer sans lui.

On a déjà reproché à l'auteur d'avoir pris de grandes

libertés avec Charlemagne et avec l'histoire. Je ne cesserai de répéter que ce sont là de mauvaises chicanes. C'est, je crois, l'éminent critique Lessing en sa Dramaturgie, qui, le premier, a fait remarquer que l'auteur dramatique ne devait jamais transporter l'histoire vraie au théâtre, mais seulement ce que le public de son temps tenait pour vrai, ce qui est bien différent. Corneille et Racine ont peint les Romains et les Grecs, tels que les supposaient leurs contemporains. Nous avons, nous, hommes de 1875, d'autres préjugés, qui ne sont peut-être pas mieux fondés, sur les mœurs de ces vieux peuples. Nous sommes donc obligés, quand on nous représente une des tragédies classiques du règne de Louis XIV, de nous transporter par la pensée, non pas dans le siècle où vivent les héros qui parlent sur la scène, mais dans celui où vivait l'écrivain qui les a fait parler.

Que savons-nous, en 1875, de Charlemagne et de Roland? Je parle du gros public. Nous n'avons sur ces temps éloignés que des notions confuses, et ce sont précisément celles que M. Henri de Bornier a mises en œuvre dans son drame. Nous savons vaguement la trahison — vraie ou fausse, il n'importe! — de Ganelon, la mort de Roland à Roncevaux; les noms de Durandal et de Joyeuse sont familiers à nos oreilles; on nous a appris aussi au collège que Charlemagne fit de nombreuses guerres contre les Saxons, qu'il força Witikind à embrasser le christianisme, qu'il était le chef d'un très grand empire, où nous nous plaisons, par une confusion patriotique, à voir l'empire des Francs. Que tout cela soit plus ou moins conforme aux derniers travaux des savants, le poète n'a point à s'inquiéter de ce détail. Il s'adresse au public, et c'est dans le public qu'il cherche son point d'appui. Il a devant lui douze cents personnes, rassemblées par hasard, de toutes les classes de la société. Son devoir est d'évoquer les images qu'elles portent déjà au fond de leur âme, de les leur rendre plus saisissantes et parées de plus riches couleurs. Il n'a donc pas à tirer la vérité de son puits; ce n'est pas là qu'elle est pour lui. Où donc est-elle? Au cœur même de ce public, qui le traiterait d'imposteur, s'il allait la chercher autre part.

Non, ce n'est pas là la critique que j'adresserai au rôle de Charlemagne. Il en est une autre bien plus grave. Ce Charlemagne n'est pas seulement inutile à l'action, à laquelle il n'est rattaché que d'une façon peu adroite : c'est ce qu'on appelle, en style de théâtre, un bénisseur, un Géronte. Un Géronte héroïque, je le veux bien, mais un Géronte. Le bonhomme est d'un paterne, qui, dans la comédie, le classerait parmi les ganaches. Il veut se battre contre le Sarrasin; Gérald arrive; il se rassied et l'envoie à sa place. Il reconnaît Ganelon; et comment le reconnaît-il? de la façon la plus piteuse du monde. On ne l'a jamais vu paraître qu'environné de toute la cour, en grande pompe. Il vient de quitter la scène, suivi de tout son cortège, pour célébrer les fiançailles de Gérald et de sa nièce; cinq minutes après, on le voit qui rentre tout seul cette fois, comme un bon bourgeois qui a oublié son mouchoir dans la chambre d'où il est sorti à l'instant. Ganelon y est entré lui-même, on ne sait pourquoi; car c'est le seul endroit où il ne devrait pas être. Il s'y livre, dans le mystère de la solitude, aux douceurs du monologue; Charlemagne tourne autour de lui, écoute et s'écrie : C'est Ganelon! Sa première idée est d'appeler le bourreau; mais il s'attendrit, il pardonne et lui impose un pèlerinage en Palestine.

— Mon père ne verra donc pas mon mariage? s'écrie Gérald, qui survient.

— C'est juste, répond cet excellent homme. Qu'il reste jusqu'à demain.

Il garde le secret caché à toute sa cour; le Saxon le révèle et Charlemagne avoue qu'il a eu tort de ne pas le prévenir, les rois devant la vérité à leurs peuples. Les barons, consultés, décident tous que Gérald a lavé l'infamie paternelle et qu'il peut épouser Berthe ; Charlemagne opine dans le même sens; mais Gérald déclarant qu'un tel mariage est impossible, ce brave empereur le loue de ses sentiments. Il est de l'avis de tout le monde, et avec une bonté larmoyante, qui friserait presque le ridicule, si elle n'était rachetée par la tristesse majestueuse de la langue poétique.

Le caractère de Ganelon a été profondément fouillé par M. Henri de Bornier, et il lui fait honneur. La monotonie était l'écueil de ce rôle, et elle n'a pas toujours été évitée. L'expression du remords est difficile à varier; mais l'auteur a su tirer bon parti de la situation singulière où il avait placé ce personnage. A chaque instant, il se rencontre des circonstances où Ganelon est sur le point d'être reconnu, et elles sont mises en scène avec habileté.

Souvent il assiste à des scènes, où son nom, voué à l'exécration, lui est jeté à la face, sans qu'il puisse rien faire que courber silencieusement la tête : à un instant même l'imprécation va passer par la bouche de Gérald, quand le moine se précipite et arrête les paroles fatales sur les lèvres de ce fils impie sans le savoir. Ce sont là des coups de théâtre dont quelques-uns sont ingénieux, et d'autres émouvants.

La figure la mieux mise en lumière est celle de Gérald. Un souffle de Corneille anime ce nouveau Cid. Il est charmant de jeunesse et de générosité chevaleresque, au premier acte, quand il traîne aux pieds de Berthe le

Saxon vaincu par lui et qu'il lui fait grâce, sur sa prière.

Son entrée au troisième acte est superbe : c'est au moment où le benoist Charlemagne a déclaré qu'il se battrait lui-même en champ clos avec le Sarrasin ; la cloche d'argent, qui annonce l'arrivée d'un chevalier sans peur et sans reproche, retentit à la porte du palais, et Gérald paraît.

Il réclame l'honneur de vaincre le mécréant, qui tient en sa possession Durandal, cette Durandal, qu'il a quelques heures auparavant chantée en vers magnifiques : un beau morceau de poésie lyrique, qui a transporté la salle.

Ce combat est un des épisodes les mieux imaginés. L'auteur, par un artifice renouvelé d'*Ivanhoë*, nous montre Charlemagne et Berthe regardant le duel du haut d'un balcon et se récriant sur les diverses péripéties de la lutte.

J'ai parlé d'*Ivanhoë*, parce qu'il est bien difficile de n'y pas songer, en écoutant cette scène très curieuse et très émouvante. Mais l'idée dramatique est bien plus ancienne ; vous en trouverez dans le *Rudens*, de Plaute (première scène du premier acte), un des plus curieux exemples que nous ait légués l'antiquité.

Le quatrième acte est de tous le plus beau pour Gérald. C'est là qu'il pardonne à son père, dans une scène qui est pleine de grandeur superbe et de mélancolie touchante. C'est là aussi qu'il refuse, accablé du poids de la honte paternelle, la main de la nièce de Charlemagne. Ce dénoûment a été, je le sais, fort admiré. J'avoue que celui du *Cid* me plaît mieux :

> Laisse faire le temps, ta vaillance et ton roi.

Celui de M. de Bornier a tout au moins l'inconvénient de traîner en longueur. Je me demande à quoi sert Charlemagne s'il n'a pas même le pouvoir de trancher le débat d'un mot de son autorité souveraine. Horace disait :

> Nec deus intersit nisi dignus vindice nodus.

Et moi je dirais volontiers : Ne faites intervenir un dieu que si le nœud est digne d'être dénoué par lui, et si c'est lui qui le dénoue.

Le rôle de Berthe est pâle et insignifiant. Berthe, dans ce drame, qui affecte des allures cornéliennes, est loin des héroïnes de Corneille, Chimène, Émilie ou Pauline. Elle a cependant un beau mouvement : Gérald, le fils d'un simple écuyer devenu comte, ne saurait aspirer à la main de la nièce de Charlemagne. Le respect doit lui fermer la bouche. C'est elle qui, la première, avec une chasteté hardie, s'adressant au jeune héros, lui dit avec une fierté mêlée de pudeur :

— Je vous aime.

C'est elle encore, lorsque Amaury, pour les raisons que l'on sait et qu'il ne saurait avouer, élève des objections, qui répète, avec la sécurité de l'innocence : « Je l'aime, il m'aime ; donnez-le-moi pour mari ; je réponds de Charlemagne. »

C'est l'honneur de cette pièce, en dépit des critiques que je ne lui ai pas ménagées, comme on voit : elle abonde en traits de magnanimité qui surprennent et qui éblouissent ; il se lève de temps à autre sous les pieds des vers qui font frissonner toute une salle.

Un seul exemple : Charlemagne s'offre à combattre le Sarrasin, et comme toute la cour le détourne de ce projet aussi insensé qu'héroïque :

> A me survivre ainsi j'aurais trop de remord ;
> Quand ils n'ont plus la gloire, il reste aux rois la mort,

s'écrie-t-il, et ces deux vers ont été soulignés par une longue salve d'applaudissements.

Le Saxon n'a qu'un rôle assez court; mais il est énergique, violent, et l'effet en a été très vif le premier soir. Il faut dire aussi qu'il a été joué à merveille par Laroche, qui venait d'être le matin même nommé sociétaire à la Comédie-Française, et qui a tenu à justifier le choix qu'on avait fait de lui.

Rien de farouche comme ce visage encadré de cheveux blonds, où brillent des yeux tout pleins de l'astuce et de l'énergie du sauvage. La parole est brève et sifflante, l'allure brusque et décidée. Ce personnage, d'une composition savante, a été très goûté des amateurs.

A côté de Laroche paraissait, dans le rôle de Berthe, Mlle Sarah Bernhardt, qui venait d'être, comme lui, élevée aux honneurs du sociétariat. On doit lui rendre cette justice qu'elle a fait quelque chose de rien.

Elle a paru au premier acte dans un costume de voyage, d'une simplicité, d'une élégance merveilleuse. Elle a trouvé dans le second des accents d'une tendresse inexprimable et d'une fierté héroïque. Elle s'est montrée digne du titre qu'elle avait envié si longtemps et qu'elle venait de recevoir.

Mounet-Sully a continué ce soir-là même la série de ses succès. Disons tout de suite, pour que la critique ne perde point ses droits, qu'il ne surveille pas assez sa diction dans les passages où il ne cherche point d'effet. On peut *déblayer* une tirade, pour me servir du terme connu des comédiens, sans en manger la moitié.

Il y a là un point sur lequel j'appelle l'attention du jeune et brillant artiste. Mais de quel accent jeune, fier et enthousiaste il a dit la chanson des deux épées : Durandal et Joyeuse!

De quelle douleur respectueuse et tendre il a nuancé la scène du quatrième acte, où il ouvre ses bras à son père après l'aveu terrible! Et au troisième acte, de quel air modeste tout ensemble et assuré il demande la permission de combattre et de vaincre le Sarrasin.

Mounet-Sully sera, s'il le veut, s'il écoute les bons conseils qui lui sont prodigués, l'un des instruments les plus actifs et les plus glorieux de la révolution que j'ai signalée au commencement de cet article.

Si l'on me demandait à résumer mon impression, je serais fort embarrassé. J'ai la plus vive estime pour l'auteur et pour l'ouvrage; je ne saurais que conseiller à toutes les mères de famille d'aller l'entendre avec leurs fils et leurs filles, et cependant... que voulez-vous? il manque à cela le coup d'aile, le coup de pouce du génie. Jamais le talent soutenu de l'honnêteté parfaite ne s'élèvera plus haut. C'est l'au-delà dont le besoin tourmente, dans une œuvre de cette espèce.

22 février 1875.

II

L'œuvre a produit sur le public de 1890 une impression tout aussi forte que sur celui de 1875; on l'a écoutée d'un bout à l'autre avec une émotion profonde; elle est vraiment très belle, et je crois qu'on peut dès aujourd'hui lui donner une place dans le grand salon carré des tragédies glorieuses, qui sont l'honneur de notre théâtre classique. La magnificence du sujet, la noblesse des sentiments, l'héroïque grandeur des personnages, la variété superbe du spectacle, sans parler de l'heureux aménagement de la pièce qui est très solidement et très adroitement construite, la majestueuse tristesse du dénouement, le nombre prodigieux de beaux vers, laborieusement forgés sur l'enclume par un maître ouvrier, le goût d'héroïsme chevaleresque et patriotique qui se dégage de ce poème, tant de qualités fortes assignent au drame de M. Henri de Bornier une place très honorable, sinon à côté, assez près au moins des vers de Corneille et de Victor Hugo. Ah! si chez lui la trame du style était d'un maître comme en sont quelques vers isolés; s'il avait ce qu'on appelle aujourd'hui l'envolée poétique! Mais on ne saurait tout avoir. Jamais le talent ne toucha de si près au génie, et je suis convaincu que l'ouvrage, classé au répertoire par cette reprise, y demeurera aussi longtemps que l'on jouera à la Comédie-Française la tragédie et le drame historique. C'est le plus bel effort vers le grand qui ait été fait en ces cinquante dernières années.

23 juin 1890.

INDEX ALPHABÉTIQUE

A

About, 158.
Agar, 2.
Alarcon, 221.
Amants, 174.
Amel (Mme), 307, 309.
Ami des Femmes (l'), 177, 293, 307.
Ami Fritz (l'), de 123 à 143.
Andromaque, 171.
Angelo, 194.
Angelo (Mlle), 6.
Antony, 179.
Arlincourt (d'), 277.
Arnould-Plessy (Mme), 15.
Augier (Émile), de 1 à 103, 172, 179, 272, 364.
Avare (l'), 253.
Aventurière (l'), 3, de 7 à 15.
Aymard (Gustave), 295.

B

Baillet, 320.
Bajazet, 182.
Balzac, 24, 73, 137, 160, 163, 182, 248.
Barré, 22, 135.
Barretta (Mme), 23.
Barrière (Théodore), 112, 118, 120, de 143 à 168, 172.
Bartet (Mlle), 319, 325, 326, 337, 338.
Beaumarchais, 35.
Beauvallet, 15.
Bernès, 165.
Bernhardt (Sarah), 2, 186, 187, 189, 190, 191, 192, 193, 194, 195, 196, 197, 198, 201, 204, 206, 275, 277, 295, 372.
Berton, 19, 20, 22, 23.
Bertrand et Raton, 325.
Bornier (Henri de), de 361 à 374.
Bouchardy, 169, 181.
Bouilhet (Louis), 361.
Bourdaloue, 68.
Bourgeois gentilhomme (le), 250.
Brantôme, 334.
Bressant, 19, 20, 22, 240.
Broglie (de), 67, 68.
Brohan (Madeleine), 214.
Brunetière, 171.
Burgraves (les), 5, 364.

C

Coquette (la), 158.
Capendu, 158.
Capus (Alfred), 150.
Ceinture dorée, 364.
Cellier (Mlle), 23.
Chaumont, 165.
Chevé, 83.
Cid (le), 8, 9, 156, 171, 370.

Ciguë (la), de 1 à 6, 78.
Claretie (Jules), 151, 339.
Closerie des Genêts (la), 158.
Cœur et la Dot (le), 89.
Conjuration d'Ambroise (la), 361.
Contagion (la), 88.
Coppée (François), 2, 4.
Coquelin, 135.
Coquelin cadet, 308, 318, 320, 339.
Corneille, 8, 111, 188, 221, 244, 276, 278, 367, 369, 371, 374.
Corneille (Thomas), 276.
Courrier de Lyon (le), 29, 158.
Cousine Bette (la), 163.

D

Dalila, de 105 à 111, 190.
Dame aux Camélias (la), 153, 169, 170, 171, 172, 173, 174, de 184 à 207, 346, 360.
Daphnis et Chloé, 171.
Dancourt, 250.
Defodon (Mme), 147.
Delannoy, 158, 159.
Delaunay, 22, 23, 139, 140.
Demi-Monde (le), 173, 174, 177, 180, 185, de 208 à 242, 247, 250, 339.
Demi-Vierges (les), 173.
Demoiselles de Montfermeil (les), 146.
Denise, 176, 177, 180, de 301 à 321.
Député de Bombignac (le), 151.
Derval, 206.
Desclée (Mlle), 28, 209, 213, 215, 216, 218, 219.
Deux Ménages (les), 151.
Diane de Lys, 173, 209.
Dickens, 163, 164.
Diderot, 111.
Dinah Félix, 28.
Doche (Mme), 190, 197, 203.
Dolorès, 55.
Don Juan, 119.
Donnay (Maurice), 150, 174.

Donoso-Cortès, 67, 68.
Duc Job (le), 89, 99, 139, 140.
Dugué, 181.
Dumas (père), 169, 179, 181.
Dumas fils, 24, 31, 136, 153, 159, de 169 à 360.

E

Effrontés (les), 36, 37, 41, 42, 50, 54, 81, 364.
Ennery (d'), 181, 300.
Erckmann-Chatrian, de 123 à 143.
Eschyle, 364.
Essler (Jane), 147.
Étrangère (l'), 181, 277, de 289 à 300, 307, 322.

F

Fargueil (Mlle), 108.
Fausses confidences, 112, 113, 114, 116, 117, 118, 119.
Faux Bonshommes, 143, de 158 à 168.
Favart (Mlle), 15, 18, 53, 57, 108, 109, 110, 343.
Febvre, 109, 110, 134, 338.
Féline ou l'Homme de bien, 78, 80.
Femme de Claude (la), 182, de 275 à 280.
Femmes savantes (les), 174.
Féraudy (de), 21.
Feu au couvent (le), 145, 163.
Feuillet (Octave), de 105 à 122.
Fille de Roland (la), de 361 à 374.
Fils de Giboyer (le), 17, de 35 à 70, 81, 102.
Fils naturel (le), 175, 176, 189, de 243 à 255, 352.
Flaubert, 137.
Folle Journée (la), 318.
Fourberies de Scapin (les), 22, 253.
Fourchambault (les), de 88 à 103.
Foussier, 26.

Francillon, 180, 181, de 322 à 339.
Fréville, 134.
Froufrou, 209.

G

Gabrielle, 3, 89.
Garraud, 135.
Gavarni, 151.
Geffroy, 15, 85.
Gendre de M. Poirier (le), de 16 à 23, 102, 105.
Girardin (Émile de), 340, 341, 342, 343, 348, 350, 351, 352, 354, 355, 356, 357, 358, 360.
Gondinet, 6, 362.
Got, 6, 21, 22, 53, 54, 55, 80, 85, 87, 134, 140, 320.
Grammont (duc de), 232.
Grandes Demoiselles (les), 6.
Granger (Pauline), 87, 320.
Guitry, 194.

H

Hernani, 156.
Hervieu (Paul), 174.
Homère, 221.
Homme de bien (l'), 5.
Horace, 73, 221, 278, 371.
Hugo (Victor), 5, 188, 362, 364, 374.

I

Ibsen, 278, 279.
Idées de Madame Aubray (les), 176, 177, de 256 à 274, 302, 303, 304.
Il ne faut jurer de rien, 139.
Ingres, 353.
Ivanhoé, 370.

J

Jacobites (les), 4.
Jeanne d'Arc, 362.
Jocrisses de l'Amour (les), 145.

Joliet, 23.
Jouassain, 135.
Joueur (le), 250.

K

Kalb (Mlle), 339.
Karr (Alphonse), 160.

L

La Bruyère, 25, 69, 107.
Laffore, 73, 74, 76, 77, 78.
La Fontaine, 7, 66.
Lafontaine, 196, 197, 198, 199, 200, 201, 203, 206, 207.
Lambert (Albert), 151, 156.
Lambert-Thiboust, 145.
Laroche, 339, 372.
La Rochefoucauld, 25.
Lavedan (Henri), 150, 174.
Leconte (Mlle), 151, 152, 153, 155, 156.
Lemaître (Jules), 71, 72, 167.
Lesage, 250.
Lessing, 137, 367.
Lesueur, 18, 21, 23.
Lévy (C.), 354.
Libres, 362.
Lionnes pauvres (les), de 21 à 34, 88.
Ludwig (Mlle), 153, 154.

M

Madame Caverlet, 88.
Maître Guérin, de 74 à 87.
Malefille (Félicien), 181.
Malot (Hector), 73, 107.
Manon Lescaut, 174, 184, 188.
Marais, 201.
Marchal, 134.
Marco, 172.
Mariage de Figaro (le), 35, 49.
Mariage de Victorine (le), 22.
Mariage d'Olympe (le), 9, 28, 88, 172.
Marivaux, 112, 115, 118, 119, 120, 237.

Mars (Mlle), 214.
Massin (Mlle), 13.
Maubant, 210.
Meilhac, 154.
Mercadet, 208.
Métromanie (la), 112, 113, 114, 117, 119.
Misanthrope (le), 25, 175, 220, 221, 222, 241, 242, 276.
Misanthropie et Repentir, 111.
Molière, 7, 17, 25, 50, 66, 80, 111, 153, 159, 163, 167, 168, 172, 175, 178, 213, 220, 233, 237, 239, 240, 241, 242, 244, 247, 250, 253, 254, 255, 257.
Monnier (Henry), 135.
Monsieur Alphonse, de 281 à 288.
Montaigne, 66.
Montaland (Mlle), 6.
Montigny, 136, 243.
Mounet-Sully, 372, 373.
Mozart, 119.
Murger (Henry), 112, 116, 147, 148, 154, 156, 160.
Musset (Alfred de), 4, 151, 154.

N

Nancy Martel, 153.

O

Odry, 318.
Offenbach, 362.
On ne badine pas avec l'amour, 22.
Oscar ou le mari qui trompe sa femme, 151, 322, 323.
Ours et le Pacha (l'), 323.

P

Pailleron (Édouard), 4.
Parasites (les), 4.
Parisiens de la Décadence (les), 143.
Pasca (Mme), 216, 218, 219, 220.

Passant (le), 2, 4.
Paul et Virginie, 171.
Paulin Ménier, 29.
Père Prodigue (le), 178, 180.
Perrin, 124, 133, 139, 141, 321, 339.
Phèdre, 276.
Philiberte, 3, 6.
Piano de Berthe (le), 143.
Pierre de touche (la), 88, 272.
Pierson (Mlle), 6, 206, 321, 338.
Pigott (M.), 189.
Piron, 112, 115, 120.
Plaute, 254, 370.
Plessy (Mme), 50, 51, 52, 55.
Polyeucte, 8.
Ponsard, 5.
Ponson du Terrail, 300.
Précieuses ridicules (les), 159.
Premier mouvement (le), 4.
Prévost (l'abbé), 185.
Prévost (Marcel), 173.
Princesse de Bagdad (la), 182.
Princesse Georges (la), 180, 181.
Provinciales (les), 177.
Provost, 18, 19, 53, 139.
Pujol, 231.

Q

Question d'argent (la), 182

R

Rabelais, 5, 69, 126, 266.
Racine, 182, 183, 221, 233, 367.
Regnard, 17, 250.
Régnier, 15, 342, 344.
Reichemberg, 6, 134, 320, 338, 339.
Réjane (Mme), 28, 29, 30.
Roman d'un jeune homme pauvre (le), de 112 à 122.
Roméo et Juliette, 171.
Rose-Chéri, 18, 216.
Rousseau (J.-J.), 260.
Rudens, 370.

S

Saint-Marc-Girardin, 121.
Samson, 15, 52, 53.
Sand (George), 74, 126.
Sandeau (Jules), 17, 272.
Sardou, 32, 144.
Scribe, 322, 323, 325, 334, 336.
Second (Albéric), 115.
Séjour (Victor), 12.
Severo Torelli, 4.
Sévigné (M⁽ᵐᵉ⁾ de), 66.
Shakespeare, 172, 178, 233, 244, 247, 248.
Soulié (Frédéric), 169, 181.
Spinosa, 268, 269.
Stendhal, 106, 233.
Supplice d'une Femme (le), 180, 181, de 340 à 360.
Swetchine (M⁽ᵐᵉ⁾), 67, 69.

T

Tartufe, 174, 239.
Taxile Delord, 67.
Tenailles (les), 174.
Térence, 254.

Thénard (M⁽ᵐᵉ⁾), 135.
Théodora, 321.
Thiénot, 2.
Thierry (Édouard), 85, 311.
Thiron, 23, 338.
Thuillier (M⁽ᵐᵉ⁾), 117.
Tolstoï, 324.
Truffier (Jules), 135, 338.

V

Veuillot (Louis), 58, 59, 60, 61, 62, 63, 64, 65, 66, 67, 69, 70.
Vicomtesse Alice (la), 115.
Vie de Bohème (la), 112, 113, 114, 120, 144, de 147 à 157, 160.
Virgile, 221.
Visite de Noce, 179.
Viveurs (les), 174.
Voltaire, 188.

W

Watteau, 116.
Wagner, 267.
Weber (P.), 279.
Worms, 22, 23, 320, 338.

TABLE DES MATIÈRES

EMILE AUGIER

	Pages
La Ciguë	1
L'Aventurière	7
Le Gendre de M. Poirier	16
Les Lionnes pauvres	24
Le Fils de Giboyer	35
Réponse à Louis Veuillot	58
Maître Guérin	71
Les Fourchambault	88

OCTAVE FEUILLET

Dalila	103
Le Roman d'un jeune homme pauvre	112

ERCKMANN-CHATRIAN

L'Ami Fritz	123

THÉODORE BARRIÈRE

Étude générale	143
La Vie de Bohème	147
Les Faux Bonshommes	158

ALEXANDRE DUMAS FILS

Étude générale	169

TABLE DES MATIÈRES

	Pages.
La Dame aux Camélias	184
Le Demi-Monde	205
Le Fils naturel	243
Les Idées de Madame Aubray	256
La Femme de Claude	275
Monsieur Alphonse	281
L'Étrangère	289
Denise	301
Francillon	322
Le Supplice d'une Femme	340

HENRI DE BORNIER

La Fille de Roland	361

P. VINSONAU, 15, Saint-Georges.

TYPOGRAPHIE FIRMIN-DIDOT ET Cⁱᵉ. — MESNIL (EURE).

www.ingramcontent.com/pod-product-compliance
Lightning Source LLC
Chambersburg PA
CBHW050437170426
43201CB00008B/703